Themis
Revista de Direito

Director
Maria Lúcia Amaral

Redacção
Ana Prata, António Manuel Hespanha, Armando Marques Guedes,
Carlos Ferreira de Almeida, Miguel Poiares Maduro, Rui Pinto Duarte,
Teresa Pizarro Beleza

Secretária da Redacção
Isabel Falcão

VII.12 (2006)

THEMIS
REVISTA DE DIREITO

EDITOR
EDIÇÕES ALMEDINA, SA
Rua da Estrela, n.º 6
3000-161 Coimbra
Tel.: 239 851 904
Fax: 239 851 901
www.almedina.net
editora@almedina.net

PRÉ-IMPRESSÃO • IMPRESSÃO • ACABAMENTO
G.C. – GRÁFICA DE COIMBRA, LDA.
Palheira – Assafarge
3001-453 Coimbra
producao@graficadecoimbra.pt

Outubro, 2006

DEPÓSITO LEGAL
149844/00

*Apesar do cuidado e rigor colocados na elaboração da presente obra,
devem os diplomas legais dela constantes ser sempre objecto
de confirmação com as publicações oficiais.*

Toda a reprodução desta obra, por fotocópia ou outro qualquer processo,
sem prévia autorização escrita do Editor,
é ilícita e passível de procedimento judicial contra o infractor.

Nota da Redacção

Há quase dois anos que a *Themis* segue o mesmo rumo editorial. Sempre que possível, a secção dos «Artigos» é organizada de forma a que pelo menos os seus primeiros textos apresentem alguma uniformidade temática. Filosofia do Direito e Teoria da Justiça são os temas, ambiciosos, deste Número 12. Rawls, Kant, Dworkin, Cohen e Nozick aparecem por isso aqui re-lidos em trabalhos de proveniência vária. A verdadeira pluridisciplinaridade de um *número* assim organizado reflecte-se desde logo na diversidade dos modos de citar. Entendeu-se que, perante diferentes práticas disciplinares, cada autor deveria seguir o modo tradicionalmente usado pela sua própria disciplina. Para o facto pedimos a atenção e a benevolência do leitor, esperando que a desvantagem da desarmonia possa vir a ser compensada pelo interesse da edição.

Artigos

TEORIA DA JUSTIÇA E ÉTICA[*]

JOSÉ DE SOUSA E BRITO[**]

O entendimento da relação entre a teoria da justiça, no sentido de Rawls, e a ética determina o que Rawls pretende com a sua teoria e que estatuto lhe dá e é, por isso, essencial para a compreensão e a crítica do seu pensamento. Um exemplo de radical incompreensão é a crítica de Hare ao livro *A Theory of Justice*.[1] Segundo Hare, devido a falsas ideias de metodologia filosófica, Rawls não prestou suficiente atenção à análise do significado das palavras morais e da natureza e propriedades lógicas dos conceitos morais e, por isso, faltava-lhe o equipamento necessário para tratar eficentemente da metodologia da moral; por consequência, o que diz sobre questões morais normativas, por muito popular que se revele, não é suportado por quaisquer argumentos sólidos. Rawls nunca respondeu a esta crítica, mas dois anos depois, no seu discurso como presidente à American Philosophical Association sobre "A Independência da Teoria Moral" veio dizer que não se verifica uma relação de prioridade metodológica entre a teoria do significado, a epistemologia e a filosofia do espírito, por um lado, e a filosofia moral, por outro. Pelo contrário, uma parte central da filosofia moral é o que Rawls chama a teoria moral, que consiste no estudo comparativo de concepções morais, o qual é, em grande parte, independente.[2] A independência da teoria da justiça, que é uma espécie de teoria moral, perante não só as referidas partes da filosofia mas perante a própria ética será depois acentuada no artigo "Justice as Fairness: Political Not Metaphysical",[3] que apresenta a posição final de Rawls, desenvolvida no livro *Political Liberalism*[4] e nas lições publicadas sob o título *Justice as Fairness: a Restatement*.[5] Proponho-vos o estudo deste argumento do último estádio do pensamento de Rawls como primeiro passo para determi-

---

[*] Texto da conferência proferida na Faculdade de Direito da Universidade Nova de Lisboa a 12 de Fevereiro de 2003, num colóquio de homenagem a John Rawls.

[**] Professor Convidado da Faculdade de Direito da Universidade Nova de Lisboa

[1] "Rawls Theory of Justice" (1973), em R. M. Hare, *Essays in Ethical Theory*, Oxford, Clarendon Press, 1989, 145.

[2] "The Independence of Moral Theory" (1975) (abr.: IMT), em John Rawls, *Collected Papers*, Samuel Freeman, ed., Cambridge, Mass., Harvard University Press, 1999, 301.

[3] (1985) (abr.: JFPNM), em *Collected Papers*, 388.

[4] New York, Columbia University Press, 1993 (abr.: PL)

[5] Erin Kelly, ed., Cambride, Mass., Harvard University Press, 2001 (abr.: JFR).

nar, não o estatuto que a teoria da justiça pretende, mas o estatuto que ela deve pretender numa reconstrução racional dos seus argumentos. Trata-se assim de uma tentativa filosófica, a melhor forma para mim de homenagear Rawls. Vai, aliás, num sentido exactamente contrário à estratégia argumentativa do último Rawls. Em vez de defender o género de investigação de que *A Teoria da Justiça* é um exemplo eminente por meio da diminuição do seu valor de conhecimento, negando que pretenda a verdade moral e atribuindo-lhe apenas a tarefa de moderar os conflitos ideológicos, de orientar os pensamentos e reconciliar os cidadãos com os seus ideais, o que seria, afinal, um exercício retórico, vou fazer essa defesa tentando demonstrar que é a boa maneira de fazer ética.

I

A teoria da justiça do liberalismo político, segundo a última posição de Rawls, é uma concepção moral que tem como objecto específico a estrutura básica de uma sociedade democrática. Dentro do campo da moral restringe-se ao da política no sentido tradicional, com exclusão da família e de outros agrupamentos sociais menores, mas estende-se, num segundo momento, à sociedade internacional.[6]

A justiça como equidade ou liberalismo político, não obstante ter como objecto uma parte do campo da ética, não é ética aplicada, não aplica ao seu particular domínio princípios de uma doutrina abrangente de moral filosófica.[7] Nos seus cursos de história da filosofia moral Rawls apresentou uma tipologia de doutrinas abrangentes, em que distinguia o perfeccionismo, o utilitarismo, o intuicionismo e o construtivismo kantiano.[8] O liberalismo não se situa no mesmo plano das várias especificações dessas doutrinas, como o intuicionismo racional de Aristóteles ou de Ross, ou o utilitarismo de Bentham ou de Mill, porque não pretende alcançar a verdade moral. Também não diz, nem pode dizer, que não há uma doutrina abrangente verdadeira, ou que não existe a melhor concepção do bem.[9] Nas palavras de Rawls: "a justiça como equidade deliberadamente fica à superfície, filosoficamente falando. Dadas as profundas divergências de convicção e de concepções do bem pelo

---

[6] JFR, 14, 26.

[7] JFR, 14, 182.

[8] John Rawls, *Lectures on the History of Moral Philosophy*, Barbara Herman, ed., Harvard University Press, 2000, XII.

[9] JFR, 84.

menos desde a Reforma, temos de reconhecer que, tal como nas questões de doutrina religiosa e moral, não se pode obter acordo público sobre as questões básicas da filosofia sem que o Estado infrinja as liberdades fundamentais. A filosofia como a busca da verdade acerca de uma ordem metafísica e moral independente não pode, creio, fornecer uma base de trabalho partilhada para uma concepção política de justiça numa sociedade democrática."[10] É o que Rawls chama "aplicar o princípio da tolerância à própria filosofia"[11]: assim como o Estado não toma posição em religião, a teoria da justiça do liberalismo político, que é para Rawls a boa filosofia política, não toma posição em filosofia, pelo menos em metafísica e em ética.

No entanto, Rawls pensa que as conclusões da sua teoria da justiça são, ou antes, podem e devem e tendem a ser no futuro suportadas pelo consenso por coincidência de todas a doutrinas filosóficas e religiosas que tendem a persistir numa sociedade constitucional democrática mais ou menos justa.[12] Rawls reconhece que esta ideia de um consenso por coincidência nas conclusões de raciocínios que partem de premissas parcialmente diferentes em diferentes sistemas de pensamento não se encontra no livro *A Teoria da Justiça*. Esta obra nunca discute se se entende a si própria como uma teoria ética abrangente ou como uma concepção política da justiça. Numa passagem chega a dizer que "o próximo passo seria estudar a concepção mais geral sugerida pelo nome 'rectitude como equidade' (*rightness as fairness*)", sendo certo que esta teoria mais ampla só abrangeria as nossas relações com outras pessoas, deixando de fora como nos devemos comportar para com os animais e o resto da natureza.[13] O leitor poderia razoavelmente concluir daqui – reconhece Rawls – que a teoria da justiça era parte de uma concepção mais abrangente a desenvolver mais tarde.[14]

A diferença fundamental entre as teorias éticas e o liberalismo político é formulada por Rawls dizendo que as primeiras procuram a verdade enquanto que o último usa uma ideia diferente, a de justificação pública.[15] O ponto decisivo da diferença não está, se bem entendo, numa diferença de objectivos, em que as primeiras visam uma certa forma de objectividade, ao passo que o último visa um certo acordo subjectivo entre os cidadãos. A justiça como

---

[10] JFPNM, 395.

[11] *Ibidem*. Parece que Rawls não resistiu aqui ao *beau mot*, em face do que diz em IMT, 287.

[12] JFR, 187-189; JFPNM, 390; "The Idea of an Overlapping Consensus"(1987) (abr.: IOC), em *Collected Papers*, 447.

[13] *A Theory of Justice*, Cambridge, Mass., Harvard University Press, 1971, 17; rev. ed., 1999, 15.

[14] JFR, 186.

[15] JFR, 28-29.

equidade tem uma concepção própria de objectividade.[16] Rawls afasta uma interpretação hobesiana, meramente prudencial, do consenso por coincidência, segundo a qual se trata de um simples *modus vivendi* que permite aos grupos em consenso por coincidência que prossigam o seu próprio bem sujeitos a certas restrições para eles vantajosas dadas as circunstâncias.[17] A diferença decisiva está nos raciocínios admitidos ou na forma da razão. Justificação pública é a que se faz através da razão pública, isto é, através de modos de raciocínio apropriados a questões políticas fundamentais e fazendo apelo a convicções, fundamentos e valores políticos, isto é, partindo de premissas que também para outros é razoável reconhecer. A teoria da justiça especifica as condições de uma cooperação social equitativa entre cidadãos., estabelecendo, a partir das ideias fundamentais implícitas na cultura política das sociedades democráticas, uma base pública de justificação que todos os cidadãos como pessoas razoáveis e racionais podem adoptar a partir das doutrinas abrangentes que adoptem. Se assim for, teremos um consenso por coincidência de doutrinas razoáveis e, do mesmo passo, teremos a teoria adoptada em equilíbrio reflexivo. É esta última condição de reflexão raciocinada que, entre outras coisas, distingue, segundo Rawls, a justificação pública do simples acordo.[18]

Com que argumentos defende Rawls que a sua teoria da justiça é ainda filosofia? Eu distingo três argumentos.

Em primeiro lugar, a teoria da justiça responde à questão fundamental da filosofia política para um regime constitucional democrático: qual é a concepção política de justiça mais aceitável?[19] Especifica assim os termos de cooperação que consideramos aqui e agora como equitativos e suportados pelas melhores razões, sendo compatível nesta medida com objectivismo em certo sentido.[20]

Em segundo lugar, realiza as seguintes quatro tarefas ou funções práticas da filosofia política: de moderação, descobrindo as bases de acordo ou de aproximação entre opiniões que dividem a sociedade, como no conflito entre o primado da liberdade e o primado da igualdade em democracia, de modo a manter a cooperação social;[21] de orientação – como no ensaio de Kant "Was

---

[16] PL, 110 ss..

[17] JFPNM, 410.

[18] JFR, 27, 29.

[19] JFR, 7-8.

[20] JFR, 17-18; "Kantian Constructivsm in Moral Theory" (1980), em *Collected Papers*, 354-356.

[21] JFR, 1-2; JFPNM, 395, 398.

heisst: sich im Denken orientieren?"[22] – no sentido de que compete à razão, tanto teórica como prática, orientar-nos no espaço conceptual de todos os fins possíveis;[23] de reconciliação, no sentido hegeliano de *Versöhnung*, do sentimento que resulta da descoberta ou antes da esperança de racionalidade do real; finalmente, de utopia realista, do pensamento da justiça possível numa sociedade pluralista.[24]

Em terceiro lugar, a filosofia política distingue-se da política porque olha a sociedade como um sistema de cooperação tendencialmente perpétuo. O político olha para a próxima eleição, o estadista para a próxima geração, o filósofo para o futuro indefinido.[25]

II

Passando agora para uma breve reflexão crítica sobre o exposto, direi que Rawls defende uma concepção desnecessariamente pobre da filosofia política para obter sem sucesso a aceitação consensual da sua teoria.

Desde logo, não parece possível caracterizar a filosofia política através das quatro funções práticas ou tarefas que lhe são apontadas por Rawls. Os mesmos resultados de moderação, orientação, reconciliação e utopia realista podem ser alcançados por qualquer ideologia política ou religiosa, no sentido negativo usado por Marx de sistema de pensamento ao serviço de interesses particulares – e que Rawls procura demonstrar ser inaplicável à teoria da justiça –[26], desde que disponha de um sistema eficaz de propaganda ou de condicionamento mental. São, além disso, geralmente obtidos pelas modernas constituições políticas programáticas, ou com amplas declarações de direitos fundamentais, as quais não se transformam por isso em filosofia.

O carácter filosófico da teoria não é, contudo, irrelevante, porque se não pretende alguma forma de verdade ou validade objectiva, a aceitabilidade da teoria é posta em causa: nunca convencerá ninguém que acredite na verdade de qualquer doutrina ética ou religiosa.

A teoria da justiça do liberalismo político de Rawls ou é reinterpretada como parte da ética e da verdadeira filosofia política, mas então falta-lhe explicitar uma concepção geral da ética, ou é um exercício de retórica política

---

[22] (1786), *Akademie-Ausgabe*, 8, 131.

[23] JFR, 2-3.

[24] JFR, 4, 13, 185.

[25] IOC, 447.

[26] JFR, 121, 176 ss.

moderadora de conflitos e então não exerce estavelmente a função moderadora que considera essencial.

Tudo depende da validade da razão pública, através da qual alcança a suas conclusões, como método filosófico ou razão ética. Trata-se, segundo Rawls, de argumentar de forma que cada um pense poder esperar que seja aceite pelos outros cidadãos. Quer dizer que não se faz apelo a toda a verdade, mas apenas àquela parte da verdade que se pode esperar que seja reconhecida por qualquer sistema razoável de princípios, isto é, por qualquer doutrina filosófica, religiosa ou ideológica que seja razoável. Esta restrição que cada cidadão faz no interior da sua verdade, àquela parte que considera aceitável pelos outros, resulta, segundo Rawls, dos grandes valores políticos da liberdade e da igualdade e do dever de civilidade. Este último dever implicaria a obrigação de argumentar perante os outros cidadãos e de aceitar os argumentos dos outros em fungão do que eu chamaria o consenso constitucional, o qual é para Rawls um "consenso por coincidência", a que cada um chega a partir da sua própria doutrina, desde que razoável, e não por compromisso ou acordo de renúncia parcial.[27] Este é o ideal de uma cidadania democrática.

O modelo institucional exemplar de razão pública é primeiramente para Rawls o tribunal constitucional – a *Supreme Court* nos E.U.A. –, porque a "razão pública é a única razão que o tribunal exercita". "Dizer que o tribunal é o modelo exemplar de razão pública significa que é tarefa dos juízes tentar desenvolver e exprimir nos seus votos fundamentados a melhor interpretação da constituição que podem fazer, usando o seu conhecimento do que é exigido pela constituição e pela jurisprudência constitucional. Aqui a melhor interpretação é a que melhor se ajusta ao corpo relevante das fontes de direito constitucional, e o justifica em termos de concepção pública de justiça ou de uma variante razoável da mesma".[28]

Importa distinguir, indo para além de Rawls, a razão pública da teoria da justiça da razão pública do direito e da razão pública da política. Posso dar um exemplo: a questão de saber se os portugueses têm o direito de votar em referendo sobre uma lei do aborto que decrete a não punibilidade do aborto nas primeiras doze semanas de gravidez pode responder-se com razões válidas para o direito português na razão pública do direito; ou com razões válidas para o direito que devia existir em Portugal na razão pública da política; ou com as razões válidas para uma comunidade ideal de pessoas motivadas por razões éticas universais em equilíbrio reflexivo e, neste sentido, com razões filosóficas, na razão pública da teoria da justiça. Na razão pública do

---

[27] PL, 218 e cap. IV, §§ 1, 2 e 8.

[28] PL, 235.

direito a limitação hermenêutica às fontes do direito e processual às normas do processo legislativo e judicial é eticamente fundada pelo princípio democrático e pela necessidade de decisão em tempo útil. Na razão pública da política a limitação ao foro dos cidadãos é também eticamente fundamentada.

O argumento a favor de uma interpretação não ética, ou não filosófica, mas retórica do liberalismo político resulta da falsa interpretação da ética como sistema dedutivo.

A teoria do equilíbrio reflexivo descreve, contudo, a prática do silogismo prático guiado pela virtude da prudência ou *phronesis,* integrada pela aceitação do igual valor das pessoas, que é uma condição da possibilidade da razão ética.

Rawls tem, portanto, os instrumentos filosóficos necessários para uma reinterpretação da sua teoria da justiça como verdadeira filosofia política como parte da ética filosófica. E esta interpretação ética do liberalismo político não impede, antes reforça, o consenso por coincidência.

O Problema Fundamental da Semântica Jurídica de Kant

Zeljko Loparic[*]

1. O conceito de filosofia prática do Kant tardio

Kant define o filósofo como "legislador em nome da razão humana" (KrV, B 867). Essa legislação tem dois objetos, a natureza e a liberdade, e contém, por conseguinte, tanto as leis da natureza (leis naturais) como as da liberdade (leis morais). As primeiras determinam *a priori o que é* e constituem o sistema da natureza; as segundas, *o que deve ser* e compõem o sistema da liberdade.[1] A filosofia teórica ou especulativa encarrega-se das primeiras; a prática, das segundas.

Nos escritos de Kant tardio, a filosofia prática é divida em "metafísica dos costumes" e "antropologia moral" (1797a, p. 12). Da primeira parte, constam princípios *a priori* que dispõem sobre a "liberdade tanto no uso externo quanto interno do arbítrio".[2] Por isso, ela é também chamada de "antroponomia".[3] A segunda parte, a antropologia moral, consiste no estudo das condições subjetivas, pertencentes à natureza humana, quer favoráveis quer contrárias à *execução* das leis da razão prática (1797a, p. 12).

Essa distinção é uma novidade em relação à primeira *Crítica*. Nesta obra, Kant opõe a filosofia prática, em particular a moral pura – que trata de prin-

---

[*] Unicamp/PUCSP/PUCRS.

[1] Cf. *Crítica da razão pura*, B 869 e *Princípios metafísicos da doutrina do direito*, 1797a, p. 13. Por razões que não cabe explicitar aqui, no presente trabalho estou seguindo o texto original dessa última obra na edição de Weischedel.

[2] Kant 1797b, pp. 7 e 14n. Do ponto de vista da origem da obrigatoriedade, a legislação moral é dividida em jurídica e ética. Na primeira, a origem da obrigatoriedade é a coerção externa; na segunda, a coerção interna. Segue-se daí que a legislação jurídica concerne tão--somente ao uso externo, enquanto a ética se aplica tanto ao uso interno quanto ao externo (ações internas e externas do arbítrio, *ibid.*, p. 13).

[3] Kant 1797b, p. 47. Os atos do livre-arbítrio podem ser considerados do ponto de vista formal ou do ponto de vista dos seus objetivos. De acordo com isso, a metafísica dos costumes se divide em doutrina do direito e doutrina da virtude ou ética. A primeira concerne apenas ao "aspecto formal [*das Förmliche*] do livre-arbítrio a ser cerceado pelas leis da liberdade na sua relação externa" (1797b, p. III). A ética, por outro lado, "oferece ainda a matéria (um objeto do livre-arbítrio), um fim da razão prática" (*ibid.*, p. 4).

cípios "que determinam e tornam necessários *a priori* o fazer e o deixar de fazer" – à antropologia, concebida como um teoria empírica de caráter científico, ao afirmar que "a metafísica dos costumes é propriamente a moral pura, na qual nenhuma antropologia (nenhuma condição empírica) é colocada como fundamento" (KrV, B 869-70). Essa tese é mantida em *Metafísica dos costumes* (1797). Entretanto, aqui, o problema da fundamentação e da validade das leis *a priori* da doutrina do direito e da virtude é formulado de acordo com os resultados obtidos em *Crítica da razão prática* (1788), passando a exigir a demonstração da aplicabilidade *imanente* das leis práticas, isto é, da possibilidade de sua vigência no domínio das ações efetivamente executáveis pelo agente humano livre.[4] Essa mudança de enfoque reflete-se na observação de Kant de que, "embora a metafísica dos costumes não possa ser fundamentada na antropologia, contudo, ela pode ser aplicada a esta" (1797a, p. 11). Uma das principais inovações da *Metafísica dos costumes*, inspirada na segunda *Crítica*, é precisamente a de acrescentar ao *domínio de objetos possíveis*, especificado pela primeira *Crítica*, o *domínio de ações executáveis livremente*, abrindo o caminho para a elaboração de uma *teoria a priori de aplicação* dos conceitos e leis da metafísica dos costumes nesse último domínio, isto é, para uma *semântica a priori* como parte da filosofia prática de Kant. Essa é uma tarefa imprescindível. Kant escreve:

> Mas do mesmo modo que hão de existir, numa metafísica da natureza, também princípios de aplicação [*Prinzipien der Anwendung*] daquelas proposições universais supremas sobre uma natureza em geral aos objetos da experiência, uma metafísica dos costumes tampouco poderá permitir que faltem esses mesmos princípios, de modo que teremos de tomar como objeto a *natureza* particular do homem, que é conhecida somente pela experiência, a fim de mostrar nela as conseqüências dos princípios morais universais. (1797a, p. 11)

Em outras palavras, a constituição de uma metafísica dos costumes, tal como proposta em *Princípios metafísicos da doutrina do direito*, implica, como subtarefa necessária, a elaboração dos princípios de aplicação das proposições fundamentais da *metafísica dos costumes* no domínio de ações humanas. Essa incumbência é concebida, por Kant, em exato paralelo com a tarefa, executada em *Princípios metafísicos da ciência da natureza*, em 1786, de fornecer

---

[4] Na filosofia prática de Kant, o conceito de ato de arbítrio desempenha a mesma função que o conceito de objeto na "ontologia" ou filosofia teórica: assim como esta última começa pela divisão de objetos em "algos" e "nadas" (*Etwas und Nichts*), assim também a filosofia prática inicia-se pela distinção entre atos do livre arbítrio conformes e não-conformes às leis da liberdade (1797a, p. 14n).

regras para determinar "a realidade objetiva, isto é, significado e verdade" dos conceitos e das proposições fundamentais da *metafísica da natureza* (Kant 1786, p. XXIII). Desta maneira, foi prestado um serviço "excelente e indispensável" à essa metafísica, na medida em que foram providenciados "exemplos (casos in concreto) que realizam os conceitos e os teoremas desta última", isto é, "atribuem sentido e significação [*Sinn und Bedeutung*] a meras formas de pensamento" (*ibid.*).

Esse paralelo não elimina, mas sublinha uma diferença significativa entre a teoria kantiana do "sentido e significado" dos conceitos *a priori* naturais e morais: enquanto os primeiros são interpretados sobre os objetos da experiência, os segundos são referidos a ações exeqüíveis livremente, objeto de estudo da antropologia moral ou pragmática. Em oposição à antropologia "fisiológica", isto é, à antropologia como parte da ciência da natureza, "que pesquisa aquilo que a *natureza* faz do homem", a pragmática estuda "aquilo que *ele*, enquanto ser que age livremente, faz de si mesmo ou pode e deve fazer" (1798b, p. IV).[5]

2. A ORDEM DOS PROBLEMAS NA DOUTRINA DO DIREITO

O objetivo último total – e não o inicial e apenas parcial – da doutrina do direito, elaborada nos limites da mera razão, é o estabelecimento da paz universal e permanente. Por que a paz perpétua? Porque a regulamentação racional da vida social exige que seja *garantido*, de maneira segura, o que é meu e o que é seu, e, numa multidão de seres humanos vizinhos uns dos outros, somente o estado de paz, assegurado pelas leis, oferece tal garantia. Bem entendido, trata-se de leis jurídicas *a priori*, reunidas numa constituição civil, de acordo com o ideal "de uma vinculação dos homens sob leis públicas em geral" (1797a, p. 235).

A solução do problema da paz perpétua, formulada em termos de uma doutrina do direito, pressupõe, portanto, a solução de problemas relativos à posse privada, em particular, o problema de saber *se e como* é possível a razão *legitimar* que algo seja meu. Não parece ser problemático afirmar *a priori* que algo que estiver em minha posse física – algo de que sou detentor – possa ser, também, legítima e mesmo legalmente, meu, pois tudo faz pensar que a negação dessa possibilidade equivale à supressão pura e simples do uso externo do livre-arbítrio. Muito mais difícil se afigura justificar, unicamente com fundamento na razão pura prática, que algo seja meu mesmo sem estar em minha

---

[5] Salvo indicação do contrário, os itálicos nas citações de Kant são os do original.

posse física. Esse modo de ter algo como meu é chamado por Kant de "meu em termos de mero direito" (*bloss-rechtlich*) ou "meu inteligível" (*intelligibel*), expressões que designam um conceito básico da razão prática. A significação objetiva prática desse conceito deve ser assegurada, visto que ele é usado nos juízos do tipo: "Este objeto externo é meu", que enunciam os *primeiros atos* legislativos do direito natural kantiano. Quando faço tal declaração, eu entendo por "meu ex terno" algo tal que "a perturbação do meu uso desse algo seria uma lesão, *mesmo que eu não esteja em sua posse* [física] (não detenha esse objeto)" (1797a, p. 61; cf. p. 58). Aqui temos um ato de legislação, diz Kant, por meio do qual "é imposta a todos uma obrigação que eles não teriam, a de se absterem do uso desse mesmo objeto" (1797a, p. 69). Kant reafirma o mesmo ponto ao dizer: "Quando declaro (por meio de palavras ou pela ação) que quero que algo externo deva ser meu, obrigo todos os outros a se absterem [do uso] do objeto do meu arbítrio: essa é uma obrigação que ninguém teria sem esse meu ato jurídico" (p. 72). Tal declaração inclui uma presunção à *legitimidade* da posse, uma prerrogativa do direito (p. 75), que impõe a todos um dever de direito (*Rechtspflicht*), previamente à existência de leis positivas que pudessem garantir a sua *legalidade*.

Por não poder ser derivado do conceito de uso externo da liberdade (do livre-arbítrio), o enunciado dessa presunção é *sintético*; e por pretender ser universalmente válido e necessário, ele é *a priori*. Daí surge a "tarefa para a razão de mostrar que um tal juízo [*a priori*], que amplia [a posse] além do conceito de posse empírica, é possível" (p. 64). Kant a formula da seguinte maneira: "Como é possível um juízo *sintético a priori* do direito?", no qual ocorre o termo "meu" na acepção de "meu em termos de direito natural" (p. 63).

A dedução da possibilidade de juízos desse tipo é condição primeira para tratar do problema da possibilidade de todos os outros juízos do direito natural, tanto privado quanto público ou civil, constitutivos da doutrina kantiana do direito, elaborada nos limites da mera razão e baseada tão-somente em princípios *a priori* da razão prática com o fim último de garantir a paz perpétua.[6] Além disso, a tarefa de assegurar a possibilidade desses juízos antecede a de decidir se as pretensões de direito que eles expressam são válidas ou não. Os juízos do tipo "Este objeto externo é meu" podem, portanto, ser conside-

---

[6] Na filosofia prática do Kant tardio (cf. Kant 1795 e, sobretudo, Kant 1798a), o que garante a paz perpétua não é a natureza ou a providência, tal como em textos anteriores (cf. Kant 1784), mas a aceitação, por parte do gênero humano – aceitação *sensificada* pelo entusiasmo diante dos progressos em direção da constituição republicana, realizados na época de Kant – do dever moral-jurídico de viver em paz.

O PROBLEMA FUNDAMENTAL DA SEMÂNTICA JURÍDICA DE KANT

rados como *básicos* na doutrina kantiana do direito, e a tarefa de mostrar que esses juízos são possíveis, o *problema fundamental* desta doutrina.

Mostrar que um juízo sintético qualquer *a priori* é possível (que *pode ser* objetivamente válido ou inválido) significa, segundo Kant, explicitar as condições nas quais ele pode ser aplicado num domínio de dados *sensíveis*.[7] Da mesma forma, um conceito *a priori* é dito possível se o seu referente e o seu significado puderem ser sensificados dessa mesma maneira. Juízos e conceitos *a priori* possíveis são ditos terem *realidade objetiva*, teórica, se eles forem teóricos, e prática, se forem práticos. A possibilidade ou realidade objetiva[8] dos primeiros é assegurada pela *dabilidade* de objetos;[9] a dos segundos, pela *exeqüibilidade* de ações.[10] A dabilidade é assunto da teoria kantiana da experiência possível; a exeqüibilidade, da antropologia moral ou pragmática.

De acordo com a interpretação que expôs em vários trabalhos anteriores, a explicitação das condições da validade objetiva de juízos e conceitos *a priori* faz parte da semântica *a priori* desses juízos. Portanto, o problema da possibilidade dos juízos *a priori* básicos do direito é o problema fundamental da *semântica jurídica* de Kant.[11]

De acordo com a primeira *Crítica*, a "tarefa geral" da filosofia transcendental é o problema da possibilidade dos juízos sintéticos *a priori* teóricos (KrV, B 73). As observações que acabo de fazer permitem concluir que, ao desenvolver o projeto de filosofia transcendental, Kant tardio estendeu esse problema para abranger, além de juízos *a priori* teóricos, todos os outros juízos sintéticos *a priori*, de modo que a tarefa generalizada da filosofia transcendental passou a ser a seguinte: como são possíveis juízos sintéticos *a priori* em geral? A resposta a essa pergunta visa, ainda, um outro objetivo:

---

[7] Todo juízo empírico é por definição possível.

[8] Aqui, "realidade" significa "conteúdo", de modo que a expressão "realidade objetiva" é sinônimo de "conteúdo objetivo", isto é, sensível. A realidade objetiva pode ser teórica (conteúdos acessíveis no domínio de objetos da experiência possível) ou prática (ações exeqüíveis pelo agente humano livre). A realidade objetiva nem sempre é efetiva (*wirklich*), de modo que podemos distinguir entre a realidade objetiva e a efetividade de um conceito ou juízo. Em contextos de prova, essa distinção desempenha um papel essencial.

[9] A fim de que um conceito ou um outro "conhecimento" teórico seja possível, não basta que ele seja logicamente consistente. Ele tem de ter, ainda, a "realidade objetiva", isto é, "deve referir-se a um objeto qualquer e ter nele sentido e significado". Para tanto, "o objeto tem de poder ser dado de algum modo", isto é, ser dável (*dabile*) no domínio de experiência possível (KrV, B 194).

[10] Sobre a sinonímia entre possibilidade prática, realidade objetiva prática e exeqüibilidade, cf., por exemplo, Kant 1793a, pp. 432, 436, 467; 1795, pp. 36, 69 e 91; e 1797b, pp. 46-7.

[11] Em Kant, a solução do problema semântico de possibilidade é condição para a solução do problema de decidibilidade ou de demonstrabilidade (cf. Loparic 2002, cap. 1).

fundamentar os *procedimentos de decisão* para esses juízos, isto é, os procedimentos pelos quais é possível determinar se eles são válidos ou não. Em certos casos, por exemplo, no caso de juízos teóricos e morais, esses procedimentos fornecem *provas*; em outros – tal como ocorre com os juízos estéticos –, decisões fundamentadas tão-somente em certas estratégias de argumentação reflexiva.[12]

3. A DEFINIÇÃO DO CONCEITO DE AÇÃO EXTERNA RESTRITIVA LEGÍTIMA

Visto que o juízo sintético *a priori* em que enuncio que um objeto externo é meu "em termos do direito natural" é um ato unilateral meu, pelo qual eu imponho uma obrigação ou dever a todos e, portanto, limito a liberdade externa de todos, torna-se necessário determinar, também *a priori*, as condições em que atos legisladores desse tipo podem ser justificados. Em outras palavras, o estudo semântico dos juízos básicos do direito exige que seja esclarecido o conceito de *ação externa restritiva legítima*. Kant se dedica a essa tarefa já na Introdução de *Princípios metafísicos da doutrina do direito*, primeira parte de *Metafísica dos costumes*, deixando claro que se trata de uma análise preliminar ao estudo do problema central que, conforme acabamos de ver, é o da possibilidade dos juízos que enunciam os atos de tomada de posse inteligível.

Kant define o conceito de ação externa restritiva legítima em termos de condições que a razão pura prática impõe às relações interpessoais externas práticas entre seres humanos. Essas condições fazem parte da legislação externa da razão prática, que é o objeto de estudo da ciência do direito. Nesse contexto, os seres humanos são considerados agentes dotados de livres-arbítrios. O arbítrio é a capacidade de agir ou de deixar de agir segundo o nosso bel-prazer, conectada com a consciência da capacidade de executarmos ações que produzem objetos ou modificações em objetos. Um arbítrio é livre se puder ser determinado pelas leis da razão pura, em particular, pela lei moral (1797a, p. 5). O conceito de direito pressuposto pela legislação externa elaborada pela doutrina kantiana do direito é, portanto, um conceito moral, sem que isso implique que as leis do direito sejam, elas próprias, leis morais.

Tais relações entre pessoas dotadas de arbítrios livres são estudadas de três pontos de vista. Primeiro, na medida em que elas são afetadas pelas ações dos seres humanos que, "enquanto *facta*", isto é, enquanto *feitos* humanos livres, "podem ter influência (imediata ou mediata), umas sobre as outras". Por

---

[12] Essas teses foram expostas com mais detalhes e defendidas em Loparic 1999 e 2002.

exemplo, o ato pelo qual declaro ser meu um objeto externo influencia as ações dos outros no sentido de lhes impor a abstenção do uso desse objeto.[13] Segundo, trata-se tão-somente das relações mútuas entre arbítrios (capacidades de agir livremente sobre o que está fora de mim), não de relações entre o arbítrio de um e os desejos ou as necessidades dos outros. Terceiro, a matéria, isto é, os fins perseguidos pelos arbítrios livres, não é levada em conta, mas apenas a forma da relação entre eles, ou seja, a condição de "a ação de um dos do is se deixar unir com a liberdade do outro segundo uma lei universal" (AB 33).[14]

Isso posto, Kant define o direito (*das Recht*) como "o conjunto de condições sob as quais o arbítrio de um pode ser conciliado com o do outro segundo uma lei universal de liberdade" (1797a, pp. 32-3).[15] A ciência do direito é "o conhecimento *sistemático*" dessas condições (p. 31). Assim concebido, o direito trata de princípios fundamentais da legislação externa da razão prática que garantem direitos e deveres no uso externo da liberdade, impondo restrições sobre este uso.

A doutrina jurídica é fundamentada no "critério universal" pelo qual é possível reconhecer se uma ação que impõe restrições ao livre-arbítrio de outros é legítima (*recht*) ou não-legítima (*unrecht*).[16] Esse critério é explicitado por Kant na forma do seguinte "princípio universal do direito": "Uma ação é legítima [*recht*], se *ela* ou *a sua máxima* permitir que a liberdade

---

[13] Kant está retomando aqui, no contexto da teoria do direito, a sua doutrina do antagonismo natural entre agentes humanos livres, formulada anteriormente à *Metafísica dos costumes*, por exemplo, em Kant 1784, proposição 4.

[14] O conceito de "ação legítima", buscado por Kant, não é, portanto, um conceito *a priori* inteiramente abstrato, pois ele se refere às ações enquanto *facta* antropológicos do tipo explicitado. Mas ele, tampouco, é apenas *a posteriori*, pois se refere às ações *livres*, o conceito de liberdade sendo aquele que é provado praticamente real pela lei moral. Trata-se de um conceito misto, que possui notas *a priori* e *a posteriori*, tal como são certos conceitos teóricos, por exemplo, o conceito de mudança (ou movimento). Na segunda edição da primeira *Crítica*, Kant escreve: "Dos conhecimentos *a priori* denominam-se puros aqueles aos quais nada de empírico está mesclado. Assim, por exemplo, a proposição: cada mudança tem sua causa é uma proposição *a priori*, só que não pura, pois mudança é um conceito que só pode ser tirado da experiência" (KrV, B 3).

[15] Uma definição semelhante do direito encontra-se em Kant 1793b, p. 234. Contudo, nesse texto ainda não estão enunciados nem o princípio de coerção mútua universal nem o postulado do direito (ver a seguir).

[16] Traduzo a expressão kantiana "rechte Handlung" por "ação legítima" e não por "ação justa", ou "ação legal", para deixar claro que a legitimidade de uma ação é um conceito de legalidade derivado diretamente dos princípios fundamentais da razão prática, no estado de natureza, previamente à elaboração de leis públicas positivas.

do arbítrio de cada um possa coexistir com a liberdade de todos os outros, segundo uma lei universal" (p. 34; itálicos meus). Esse princípio, também chamado de "axioma do direito" (p. 63), oferece, de fato, a *definição* da ação externa restritiva legítima em termos de uma propriedade formal de sua máxima, a saber, pela compatibilidade dessa máxima com as máximas de ações externas de todos os outros agentes livres, de acordo com uma lei universal não especificada.[17] Trata-se de uma definição apenas *nominal*, obtida pela análise da idéia da ação livre externa, que permite seja feita uma distinção conceitual entre ações legítimas e não-legítimas, mas que não especifica as condições de execução de ações legítimas. Como ocorre em geral, aqui também a análise dos conceitos dados *a priori* precede a solução do problema de sua síntese *a priori*; no presente caso, o problema de garantir a possibilidade de um ato de síntese pelo qual declaro algo ser legitimamente meu.[18]

Dessa definição analítica da ação legítima, e levando em conta a característica das ações externas de serem *facta* – isto é, de exercerem influências umas sobre as outras – pode-se tirar uma conseqüência que fornece elementos para uma definição *real* da ação legítima. Kant começa introduzindo o conceito de impedimento de ação legítima:

> Se, portanto, a minha ação ou, em geral, meu estado puder coexistir com a liberdade de cada um segundo uma lei universal, então fere o meu direito aquele que me impede nisso; pois esse impedimento (essa resistência) não pode coexistir com a liberdade segundo leis universais. (1797a, p. 33)

Depois de acrescentar que "tudo o que é não-legítimo é um impedimento da liberdade segundo leis universais", Kant prossegue:

> Portanto: se um certo uso da liberdade é um impedimento da liberdade segundo leis universais (ou seja, é não-legítimo), então a coerção que lhe é inter-

---

[17] Por essa razão, o princípio universal do direito é também chamado de "princípio de todas as máximas" do direito (1797a, p. 34; cf. 1797b, p. 7).

[18] O "princípio de todas as máximas" do direito pode ser formulado ainda na forma do seguinte *imperativo*: "Aja externamente de tal maneira que o uso livre do seu arbítrio possa coexistir com a liberdade de cada um segundo uma lei universal" (1797a, p. 34). Esse imperativo, chamado também de "lei universal do direito" ou de "postulado" do direito, difere do imperativo categórico da moral em pelo menos dois pontos. Primeiro, ele não exige que eu mesmo *deva* restringir a minha liberdade pelas máximas do direito, tal como a lei moral me pede *a mim* para agir segundo o dever, mas diz apenas "que ela [a minha liberdade], na sua idéia, é restringida por essa condição e que é lícito que seja efetivamente restringida pelos outros" (*idem*). Segundo, as máximas da ação legítima não precisam ser, tal como as máximas morais, elas próprias princípios de legislação universal, mas tão-somente compatíveis com uma lei universal da razão prática.

posta, enquanto *desimpedimento* de um *impedimento da liberdade*, concorda com a liberdade segundo leis universais, isto é, é legítima. (*Ibid.*, p. 35)

Daí se conclui que a *execução* de uma ação legítima é sempre acompanhada pela autorização de oferecer resistência *efetiva* ao impedimento da sua efetuação. Nas palavras de Kant, "o conceito de direito é conectado, *segundo a lei da não-contradição*, à autorização de exercer coação [*Zwang*] sobre quem infringir o direito" (p. 35). Do princípio geral do direito (mais precisamente, das máximas do direito) segue-se, portanto, analiticamente, um *princípio de coação externa*. Sendo uma conseqüência analítica da definição, isto é, do que está "na idéia" da liberdade externa, esse princípio deve ser considerado um juízo *analítico*. Kant o afirma explicitamente em *Princípios metafísicos da doutrina da virtude*. O "princípio supremo do direito" de que "a coerção externa, na medida em que esta é uma resistência oposta ao obstáculo da liberdade externa que concorda com as leis universais (um obstáculo ao obstáculo à liberdade), pode coexistir com os fins em geral" é claro "segundo a lei da não--contradição", não sendo preciso ir "além do conceito de liberdade externa para o conhecer", qualquer que seja o fim objetivado. Portanto, prossegue Kant, "o princípio do direito é uma proposição analítica" (1797b, p. 31). De acordo com essa análise, o direito de executar uma ação legítima pode também ser representado como "a possibilidade de uma coerção mútua universal [*durchgängig*] que concorda com a liberdade de cada um, segundo leis universais" (1797a, p. 35). Kant termina essa análise afirmando: "O direito e a autorização de coagir *significam*, portanto, o mesmo" (1797a, p. 36; itálicos meus).

4. A SEMÂNTICA DO CONCEITO DE COERÇÃO MÚTUA UNIVERSAL EXTERNA

Devido à sinonímia entre o direito natural de executar uma ação legítima fundamentada na mera razão e a autorização de exercer coerção – desde que amparada em uma lei universal – sobre os livres-arbítrios dos outros que se opõem a essa execução, a realidade objetiva do conceito *a priori* de *legitimidade* pode ser assegurada, garantindo a realidade objetiva do conceito *a priori* de *coercitividade* amparada em lei. Ocorre que ambos são conceitos da razão prática e, de acordo com a semântica transcendental exposta na primeira *Crítica*, de nenhum conceito da razão, teórica ou prática, pode ser exibido um *exemplo* adequado. Nenhum deles pode ser apresentado (*dargestellt*) em algum domínio de dados sensíveis fornecido pela intuição. Daí surge a suspeita de que esses conceitos possam ser vazios, com a conseqüência de, se esse for o caso, eles não deverem ser usados em juízos do direito feitos para fins doutrinais.

Contudo, alguns desses conceitos podem ser sensificados de modo *indireto*. Em particular, do conceito de coerção mútua universal externa pode ser dado um exemplo na "intuição *a priori*", embora não diretamente, mas apenas "por analogia", a saber, por analogia "com a possibilidade de movimentos livres de corpos [físicos] sob a lei de *igualdade de ação* e *reação*" (p. 37). A lei em questão é, obviamente, a "terceira analogia" do entendimento teórico.[19] Esse princípio, diz Kant, é "como que a construção" tanto do conceito da coerção universal, quanto – devido à sinonímia mencionada – do direito, o que possibilita a "apresentação" factual (sensível) desses dois conceitos da razão prática e, assim, a sua aplicação no domínio de ações executáveis.

Uma pequena digressão impõe-se aqui. No presente contexto, "construção" designa o modo pelo qual os conceitos teóricos são providos de referência e significado, isto é, esquematizados.[20] Um conceito do entendimento teórico – por exemplo, uma categoria – esquematizado é dito "realizado", isto é, referido diretamente ao domínio de experiência possível, recebendo assim uma realidade objetiva teórica (KrV, B 185-6, 221, 268). Esse procedimento de estabelecimento de referência e de sentido para os conceitos do entendimento teórico deve ser distinguido do *esquematismo por analogia* ou *simbolização*, empregado na sensificação das idéias da razão em geral.[21] "O símbolo de uma idéia (de um conceito da razão)", diz Kant, "é uma representação do [seu] objeto segundo a analogia" (Kant 1804, p. 63). Um conceito esquematizado por analogia ou simbolizado não é "realizado", pois o conteúdo ou a realidade objetiva que lhe é conferida preserva algo de ficcional. Sendo assim, tal conceito *não* pode ser usado para enunciar conhecimentos. Mesmo assim, a simbolização de conceitos da razão é de grande importância *operacional*, pois permite que essas idéias sejam empregadas na construção de do sistema da natureza – esse é o caso das idéias teóricas, que servem para *ordenar* o conjunto das leis naturais elaboradas pelo entendimento[22] – bem como no esta-

---

[19] Na primeira edição da *Crítica da razão pura*, esse princípio é chamado de "princípio de comunidade" e formulado da seguinte maneira: "Todas as substâncias, na medida em que existem simultaneamente, estão em comunidade universal (isto é, em interação mútua)". Trata-se, ao mesmo tempo, da versão kantiana da terceira lei de Newton, a da ação e reação (cf. KrV, B 256 e ss.).

[20] Na semântica kantiana de conceitos teóricos, o modelo da esquematização é a construção de conceitos na intuição pura, tal como praticada por matemáticos desde a antigüidade (KrV, B 299; 1797a, p. IX).

[21] Sobre esse ponto, cf., por exemplo, Kant 1793a, parágrafo 59.

[22] A teoria kantiana do uso sistêmico das idéias teóricas encontra-se exposta em Loparic 2002, caps. 8-9.

belecimento do sistema da liberdade, isto é, da regulamentação racional dos cursos do agir humano, que é a finalidade a que se prestam as idéias práticas sensificadas.

Uma vez aceita a analogia entre a coerção mútua universal prática e física, o que é *subsumido* sob o conceito de direito da razão pura prática não é diretamente essa ou aquela ação do livre-arbítrio, mas o conceito puro do entendimento *teórico* de ação e reação: a categoria da comunidade, empregada na formulação da terceira analogia (pp. 69 e 93). A vantagem dessa subsunção é que, mesmo não sendo uma representação empírica, a categoria em questão pode ser esquematizada (sensificada, tornada intuitiva) de duas maneiras: a) pelo seu esquema; b) pelos modelos matemáticos.[23] Kant dá por conhecido o esquema da categoria da comunidade e explicita apenas uma analogia matemática que representa a legitimidade das ações. Na matemática, só há uma reta entre dois pontos dados; no direito, só há um único modo de assegurar a legitimidade e a retidão da influência mútua entre dois agentes livres. Do mesmo modo, na matemática, só uma vertical pode ser construída sobre uma reta dada; no direito, só há uma maneira de decidir: a imparcialidade.[24]

O estabelecimento da analogia entre o conceito prático de coerção mútua universal externa – que concorda com a liberdade de cada um segundo uma lei universalmente válida – e a categoria da comunidade de objetos físicos – que corresponde ao princípio *a priori* de ação e reação do entendimento – é a peça-chave da semântica kantiana dos conceitos *a priori* da doutrina do direito e da doutrina da virtude. Kant sublinha a importância dessa simbolização quando diz, no início de *Princípios metafísicos da doutrina da virtude*, que, na teoria do dever jurídico, "o *meu* e o *seu* devem ser determinados com precisão, na balança da justiça, segundo o princípio de igualdade da ação e da reação e, por isso, ser análogo à medição matemática" (1797b, p. IV). Essa analogia matemática apoia-se, em parte, no fato, tirado da experiência, de que os homens "devem ser considerados como existindo uns com os outros [*als Mitmenschen*], isto é, como seres racionais necessitando de ajuda, reunidos, pela natureza, numa mesma morada com fins de amparo mútuo" (1797b, p. 124).

---

[23] Poder-se-ia acrescentar, como Kant faz ocasionalmente em *Princípios metafísicos da doutrina do direito*, uma outra forma de sensificação do mesmo conceito, que considera o fato de que os seres humanos não podem evitar entrarem em "interação" com os outros seres humanos (1797a, p. 163).

[24] É interessante observar que, segundo Kant, há casos em que se assume direito sem coerção explicitável e coerção sem direito, de modo que nenhum juiz pode decidir sobre os mesmos (1797a, pp. 39-42).

Kant estende esse ponto de vista sobre toda a sua teoria dos deveres, isto é, toda a metafísica dos costumes, dizendo:

> Quando falamos em leis do dever (não em leis da natureza) e, em particular, da relação externa entre os homens, consideramo-nos num mundo moral (inteligível), no qual, segundo a analogia com o mundo físico, a conexão entre os seres racionais (na terra) é realizada pela atração e repulsão. (1797b, p. 117)

A esquematização por analogia – esse ponto é muito importante para a compreensão da semântica jurídica de Kant – não torna o conceito do direito um conceito teórico, nem mesmo precisamente determinado. Ele continua um conceito prático e não-aplicável diretamente ao domínio das ações executáveis.

5. A EXPOSIÇÃO DE CONCEITO DE "MEU EXTERNO"

Depois de fazer essa análise semântica do conceito de ação externa legítima, Kant passa a considerar, já no corpo da primeira parte de *Princípios metafísicos da doutrina do direito*, dedicada ao direito privado, o problema da legitimidade de atos que declaram algo como meu "meramente em termos de direito natural" (*bloss-rechtlich*). Para tanto, ele se pergunta, em primeiro lugar, o que *significa* dizer que um objeto externo é meu ou seu. Ou seja, ele passa a tratar da semântica do predicado "meu" tal como usado no direito natural.

Kant começa notando que, a fim de poder chamar algo de legitimamente meu, eu devo ter *posse* legítima desse algo. Assim surge um novo problema: que significa possuir algo em geral e, em particular, possuir legitimamente? A resposta a essa pergunta implica a especificação do que são os possíveis objetos de posse. Os objetos de posse podem ser externos ou internos. Um objeto de posse *externo* é algo *fora de mim*, expressão que tem dois sentidos: por um lado, ela designa algo distinto de mim, enquanto sujeito humano; por outro, algo que se encontra em um outro lugar, no espaço e no tempo (1797a, p. 56). Objetos tomados no primeiro sentido são meramente inteligíveis; os outros, necessariamente sensíveis.

O objeto de posse *interno* é um só: a minha liberdade inata, isto é, a independência da coerção por um outro arbítrio, "na medida em que ela pode coexistir com a liberdade de todos os outros segundo uma lei universal" (*ibid.*, p. 45). Aqui, a liberdade não é definida mediante a lei moral, nem como possibilidade de agir a seu bel-prazer, nem simplesmente como livre-arbítrio (capacidade apetitiva ligada à consciência da capacidade de executar ações de produção de objetos e determinada pela razão pura prática), mas pelo axioma do direito explicitado acima. Trata-se da liberdade do arbítrio ou da liberdade na medida em que ela é objeto da legislação externa da razão prática, daquela, portanto, que incide sobre a liberdade no seu uso externo, enquanto origem de ações externas, que afetam outras pessoas e objetos de uso externos.[25]

A liberdade interna de agir externamente, representada pelo conceito de liberdade do direito natural, é *legitimamente* minha, ou seja, eu a possuo amparado diretamente na razão prática. Tal posse se fundamenta em um *direito natural* "que compete a todos pela natureza, independentemente de todo e qualquer ato jurídico" (*ibid.*, p. 44), isto é, um direito que decorre do axioma do direito. Sendo assim, trata-se de um direito *inato* sobre a liberdade que é igualmente inata e que diz respeito a ações que afetam objetos externos e outras pessoas livres (nesse mesmo sentido) de executar ações externas. O direito inato da liberdade inclui a igualdade inata e várias outras autorizações, implicando, de acordo com o axioma do direito, a de opor resistência a todos os obstáculos ao uso externo da liberdade jurídica interna (do meu interno), à toda violação do direito inato da liberdade.[26]

Kant distingue dois conceitos de posse de um objeto externo, algo que merece um destaque especial. Um objeto externo é dito estar em minha *posse física* (empírica, sensível, *possessio phaenomenon*) se ele for meu fisicamente, por exemplo, nas minhas mãos ou no alcance dos meus canhões. Posse física de uma coisa é sinônimo de *poder físico* sobre essa coisa, que é um certo tipo de "ligação física" com o objeto. Isso implica que o objeto de posse seja também empírico e que existam relações espaço-temporais entre mim e o objeto.

Por outro lado, eu não posso deixar de considerar que permanece meu um objeto de quem eu fui o primeiro a tomar posse e que declarei meu, quer pelas palavras quer de alguma outra maneira, mas do qual, *depois* disso, eu me afastei fisicamente. Nesse caso, trata-se de *posse inteligível* ou *possessio noumenon* de um objeto externo considerado, também ele, como inteligível. Essa posse é tomada no sentido de "ligação da vontade do sujeito com um objeto, *independentemente da relação com o mesmo no espaço e no tempo*" (p. 69; itálicos meus). Aqui, o predicado "inteligivelmente meu" é aplicado a um objeto externo "com o qual eu estou ligado de tal maneira que o uso que uma outra

---

[25] Cf. 1797a, pp. 62, 67 e 87. Existem, portanto, em Kant, várias definições do conceito de liberdade, de modo que é necessário, em cada contexto, determinar com clareza qual dessas definições está pressuposta.

[26] Segundo Kant, não seria correto dizer que eu *possuo* o direito inato da liberdade, pois o direito fundamental "já é em si a posse inteligível", e possuir uma posse é uma "expressão sem sentido" (p. 62).

pessoa fizesse desse objeto sem o meu consentimento me lesaria", feriria o meu direito (natural) (p. 55).

Nos dois casos, o objeto externo possuído pode ser numericamente o mesmo (p. 56). Entretanto, quando se fala em posse empírica, tanto a relação de posse quanto o objeto possuído obedecem as condições de intuição, em particular, o objeto deve poder ser conhecido empiricamente e ser objeto dos sentidos, um aparecimento (p. 93). Por outro lado, o objeto de posse legítima deve ser pensado como coisa em si mesma (*Sache an sich selbst*), "não como fenômeno, tal como definido na analítica transcendental" (p. 62).[27] Na doutrina do direito, o objeto de direito, mesmo quando é cognoscível empiricamente, é sempre considerado como objeto do arbítrio, isto é, da liberdade no seu uso externo, determinado pela razão prática. Objetos desse tipo não são aparecimentos, mas "algos" aos quais sou ligado em termos de relações meramente jurídicas. Como essas relações são numenais, esses algos devem ser pensados também como numenais ou como "coisa s em si mesmas". Essa análise aponta um aspecto diferencial adicional da semântica jurídica de Kant: os objetos de posse referidos em juízos de direito básicos não têm, para usar uma expressão de Heidegger, o mesmo sentido de ser que os objetos acessíveis ao nosso aparelho cognitivo na experiência possível.

6. O PROBLEMA FUNDAMENTAL DA SEMÂNTICA DOS JUÍZOS SINTÉTICOS *A PRIORI* DO DIREITO NATURAL

Os exemplos típicos de *juízos básicos* de direito são "Este objeto externo é meu", "Este objeto externo não é meu " e "Este objeto externo é teu (não--meu)". Segue-se que, do ponto de vista de qualidade, esses juízos são afirmativos, negativos ou limitativos. Do ponto de vista da quantidade, relação e modalidade, eles parecem ser singulares, predicativos e assertóricos. Digo "parecem", pois uma análise mais fina mostra que há neles um quantificador universal oculto (pois, ao dizer "Este objeto de uso externo é meu", eu obrigo a *todos* que por ventura entrem em interação comigo a se absterem do uso desse objeto), não expressam um predicado monádico e sim uma relação (ser meu é uma relação), e enunciam uma obrigação não apenas afirmada, mas racionalmente necessária.[28]

---

[27] Kant chama o objeto de posse legítima de "*Sache an sich selbst*" e não de " *Ding an sich selbst*", que é uma expressão típica da crítica kantiana da razão teórica.

[28] A mesma diferença entre a sintaxe de superfície e a sintaxe profunda pode ser observada em outros casos, por exemplo, nos juízos teóricos (cf. Loparic 2002, cap. 6) e nos juízos de gosto (cf. Loparic 2001).

No presente contexto, não poderei articular a semântica kantiana de todos os momentos sintáticos dos juízos básicos de direito. Deter-me-ei exclusivamente na diferença entre juízos em que o *predicado* "meu", melhor dito, a *relação de posse*, é tomado no sentido empírico e aqueles em que essa relação tem o sentido meramente inteligível. Esse ponto é decisivo para todo o resto da análise semântica desses juízos oferecida por Kant em *Princípios metafísicos da doutrina do direito*.

Se "meu" significa fisicamente meu, no sentido explicitado anteriormente, então o juízo "Este objeto externo é meu" é *analítico*. Com efeito, nesse caso, o juízo básico do direito *diz* o seguinte: "Se eu detenho uma coisa física[29] (estou ligado fisicamente com ela), então, aquele que a afeta sem o meu consentimento (por exemplo, me arranca a maçã da mão) [também] afeta e restringe o meu interno (a minha liberdade)" (p. 63). Um juízo com esse conteúdo proposicional é analítico porque "não vai além do direito de uma pessoa com respeito a si mesma". Que direito é esse? O relativo ao "meu interno", à minha liberdade, que possuo em virtude de um direito inato. O uso externo do meu corpo – no exemplo de Kant, da minha mão – "concerne tão-somente à minha liberdade externa, portanto, apenas à posse de mim mesmo, não de uma coisa fora de mim" e, por conseguinte, baseia-se "apenas no direito interno" (p. 70). O axioma do direito aplica-se tanto ao direito interno, inato, quanto ao externo, adquirido por um ato. Sendo assim, a ação ou a máxima da ação que consiste em arrancar-me a maçã da mão não pode coexistir com a liberdade do meu arbítrio segundo uma lei universal. Ela contradiz o axioma do direito. Daí se segue, analiticamente, que eu tenho direito natural de resistir *fisicamente* à mencionada ação, ou seja, de defender fisicamente o que é meu fisicamente.

Consideremos agora o segundo caso, em que o predicado "meu" significa "inteligivelmente meu". Nesse caso, o juízo "Este objeto externo é meu" é sintético *a priori*. Ele é *a priori*, por empregar um termo da razão pura prática, "inteligivelmente meu", que não tem qualquer sentido sensível imediato. Ele é *sintético*, pois não pode ser derivado do axioma do direito, ou seja, da definição do conceito de legitimidade (p. 58). Esse axioma não permite "impor a todos os outros uma obrigação, que de outro modo eles não teriam, a de se absterem do uso de certos objetos do nosso arbítrio, porque nós os tomamos em nossa posse [física] *em primeiro lugar*" (p. 58; itálicos meus). A possibilidade da declaração de que um objeto externo é meu no sentido meramente inteligível levanta a presunção do direito, que, por ser *a priori*, quer ser entendida como universalmente válida e necessária, mas que, por ser *sintética*,

---

[29] No original: "*Sache*".

ainda precisa ser *justificada*. Assim fica determinada, com maior precisão, a *tarefa fundamental da semântica jurídica* de Kant: "como é possível um juízo *sintético a priori* [básico] do direito?" (p. 63).[30] Como veremos, essa tarefa reduz-se, no essencial, à de estabelecer a possibilidade do único conceito *a priori* usado em juízos desse tipo: o de posse inteligível.

7. A NATUREZA DO PROBLEMA E O PROCEDIMENTO DE SOLUÇÃO

É essencial recordar, aqui, algumas distinções essenciais da teoria kantiana da prova dos juízos sintéticos *a priori* em geral. Em primeiro lugar, o problema de provar a possibilidade de um juízo desse tipo é diferente do de garantir a sua validade: no primeiro caso, pergunta-se pelas suas "condições de possibilidade", isto é, condições nas quais ele pode valer ou não valer, no segundo, decide-se, a partir dessas mesmas condições, qual dessas duas possibilidades exclusivas é realizada (no caso de um juízo teórico, se ele é verdadeiro ou falso; no caso de uma proposição prática, se ela está vigorando ou não). No presente contexto, trata-se unicamente de provar a possibilidade de juízos do tipo: "Este objeto de uso externo é meu" – ou seja, de estabelecer que eles *podem* vigorar *a priori* e que é, portanto, possível legislar por meio deles – e não de decidir se esse ou aquele desses juízos de fato vigora ou não. Em segundo lugar, as condições de possibilidade e de decidibilidade, consideradas por Kant, são sempre definidas num domínio de dados sensíveis e, nesse sentido, objetivos: as dos juízos sintéticos *a priori* teóricos, no domínio de objetos da experiência; e as dos juízos sintéticos *a priori* práticos, no domínio de ações exeqüíveis pelo agente humano livre. Em decorrência disso, a *possibilidade* ou a *validade* procuradas e eventualmente provadas são também ditas "objetivas".

O método usado por Kant para resolver o problema da possibilidade objetiva dos juízos sintéticos *a priori* do direito – o único que nos interessa aqui – é análogo ao empregado, na primeira *Crítica*, para provar a possibilidade objetiva dos princípios do entendimento. Nos dois casos, a parte central do procedimento é a prova de que os conceitos *a priori* empregados nesses juízos – as categorias, nos princípios dos entendimento; o conceito de meu inteligível, nos juízos básicos da doutrina do direito – são objetivamente possíveis. De acordo com a tese geral da semântica kantiana dos conceitos puros, repe-

---

[30] Como é óbvio, a mesma pergunta precisa ser feita e respondida com respeito a todos os outros juízos sintéticos *a priori* do direito antes que sejam incluídos na doutrina do direito.

tida em *Princípios metafísicos da doutrina da virtude* (1797b, p. 6), a consistência lógica não é suficiente para garantir a realidade objetiva do conceito. Para tanto, é necessário mostrar a possibilidade real da coisa designada pelo conceito, ou seja, do seu referente, dando uma definição real do conceito. Na primeira *Crítica*, Kant prova isso, com respeito às categorias, em duas etapas: pela dedução transcendental desses conceitos e pelo esquematismo transcendental dos mesmos. Em *Princípios metafísicos da doutrina do direito*, Kant a procede, de novo, em dois passos: ele deduz a possibilidade objetiva *a priori* de posse inteligível e oferece um procedimento para sua aplicação no domínio das ações efetivamente executáveis.[31] Ambos procedimentos são análogos, mas de modo algum idênticos – como ficará claro a seguir – aos da dedução transcendental e do esquematismo transcendental das categorias, respectivamente.

8. O POSTULADO DO DIREITO

Kant deduz o conceito de posse inteligível mostrando que a sua possibilidade objetiva (realidade objetiva prática jurídica) é uma "conseqüência imediata" do postulado do direito da razão prática: "A possibilidade de uma tal posse e, com ela, a dedução do conceito de posse não-empírica fundamenta-se no postulado jurídico da razão prática" (1797a, p. 67). Numa das formulações, esse postulado reza: "É facultado [*möglich*] ter como meu todo objeto externo do meu arbítrio" (p. 56). Traduzo "*möglich*" por facultado porque, segundo Kant, o postulado do direito expressa uma capacidade ou faculdade moral de impor *unilateralmente* obrigações a todas as outras pessoas com as quais interagimos livremente (p. 44). Por isso, Kant chama o postulado de direito de postulado de facultação (*Erlaubnisgesetz*, pp. 58 e 93). O mesmo ponto é detalhado na observação:

> segundo o postulado da razão prática, a cada um é proporcionada a faculdade de ter como seu um objeto externo do seu arbítrio, cada detenção [*Inhabung*] sendo, portanto, um estado cuja legitimidade [*Rechtmässigkeit*] se fundamenta naquele postulado, mediante um ato de vontade antecedente. (1797a, pp. 75-6).

---

[31] Como se trata de um conceito *a priori* da razão *prática*, "todas as condições da intuição que fundamentam a posse empírica devem ser *descartadas*" (1797a, p. 66). Sendo assim, no domínio de experiência *teórica* possível, a realidade objetiva do conceito de posse meramente inteligível ou legítima não pode ser "provada", nem mesmo compreendida (*eingesehen*, p. 67; cf. p. 72).

O postulado de facultação da coação unilateral não é um mandamento (*lex praeceptiva*) nem uma proibição (*lex prohibitiva, lex vetiti*), mas uma autorização ou permissão (*lex permissiva*)[32]. Enquanto lei permissiva, o postulado legitima, em nome da razão pura prática, sobre a posse privada, impondo o dever de respeitar os atos legítimos pelos quais asseguramos a posse particular de objetos externos do livre-arbítrio (1797a, p. 64)[33]. Esse componente do significado do postulado está explícito numa outra formulação, que diz ser "o dever legal [*Rechtspflicht*] agir em relação aos outros de tal maneira que o externo (o utilizável) possa tornar-se o seu de qualquer um" (p. 67)[34]. A razão "quer que este tenha validade como princípio fundamental, enquanto razão *prática* que se amplia através desse seu postulado *a priori*" (p. 58).[35]

Se o conceito de "ter como meu" é interpretado no sentido empírico, em que "meu" significa "fisicamente meu" – meu em determinadas condições espaço-temporais –, o postulado do direito é um juízo *analítico*, não acrescentando nada ao que já está dito no axioma de direito que, conforme vimos anteriormente, é também uma proposição analítica. Com efeito, se aquilo que está em meu *poder físico* não pudesse também estar no meu poder legítimo, isto é, se a minha posse desse objeto não pudesse coexistir com a liberdade de cada um segundo uma lei universal, então a liberdade "se privaria ela própria do uso do seu arbítrio com respeito a um objeto, pelo fato de colocar os objetos utilizáveis fora de toda possibilidade de uso, isto é, aniquilaria estes do ponto de vista prático e os faria *res nullius*" (p. 57). Ora, continua Kant, uma razão prática, que não conhece outras leis senão as formais, não pode, com respeito a um objeto de livre-arbítrio enquanto tal, "conter nenhuma proibição absoluta, visto que isso seria uma contradição da liberdade externa consigo mesma" (*ibid.*).

---

[32] A mesma distinção é feita por Kant numa nota importante de *À paz perpétua* (1795, pp. 15-6), em que ele chama a atenção dos teóricos do direito para a significação sistemática do conceito de lei permissiva. Esse tema é retomado na Introdução de *Princípios metafísicos da doutrina do direito* (1797a, pp. 21-22)

[33] Se o objeto externo possuído é uma coisa corpórea substancial, a posse é chamada propriedade (1797a, p. 95). A posse de serviços de outras pessoas e a posse de outras pessoas "de modo real" não é propriedade.

[34] Desse postulado se segue, analiticamente, ser contrária ao direito (*rechtswidrig*) toda e qualquer máxima "segundo a qual, caso ela se tornasse lei, um objeto do arbítrio deveria tornar-se *em si* (objetivamente) *sem dono* (*res nullius*)" (1797a, p. 56).

[35] Deixarei provisoriamente aberta a questão de saber se essa vontade racional é de cada um de nós, ou se ela deve ser pensada como uma vontade geral ou como uma disposição natural do gênero humano no seu todo. Essas alternativas são explicitadas por Kant em 1797b, p. 18.

O PROBLEMA FUNDAMENTAL DA SEMÂNTICA JURÍDICA DE KANT

Entretanto, se o predicado "meu" é tomado no sentido de posse inteligível, o postulado do direito "não pode ser der ivado do mero conceito de direito em geral". Ele diz algo de novo e *amplia* o uso da razão prática, devendo, por conseguinte, ser considerado como um juízo sintético *a priori*.[36]

9. DEDUÇÃO DA POSSIBILIDADE DO CONCEITO DE POSSE INTELIGÍVEL

A realidade objetiva do conceito de posse inteligível é uma conseqüência imediata do postulado do direito na sua acepção sintética *a priori*. O argumento de Kant consiste numa única frase, construída de forma hipotética: "Se é necessário agir de acordo com aquele princípio do direito, então deve também ser possível a condição inteligível (de uma posse meramente legal)" (1797a, p. 67).

No presente contexto, o termo "princípio do direito" designa o postulado do direito, de modo que o antecedente da frase que enuncia a dedução fala da necessidade de agir de acordo com o postulado do direito. Da mesma forma, a expressão "condição inteligível", que ocorre no conseqüente da dedução, não é usada para afirmar ser possível algo que condicione a posse inteligível, mas, pelo contrário, que essa posse é implicada pela necessidade de agir de acordo com o postulado.

Esse procedimento de dedução difere em vários pontos essenciais do empregado por Kant na dedução transcendental das categorias. A prova da validade objetiva dos conceitos *a priori* de entendimento no domínio de objetos sensíveis, oferecida na primeira *Crítica*, consiste em mostrar, mediante análise conceitual, que esses conceitos são uma condição necessária da validade objetiva de juízos sintéticos em geral.[37] Kant encontrou essa solução perguntado pela possibilidade dos juízos sintéticos *a priori* da matemática pura (geometria euclidiana) e da ciência da natureza pura (física de Newton), considerados como *facta* ou produtos da razão pura teórica (1793b, p. 39). Embora de validade incontestável, esses juízos não deixam de ser, em si mesmos, casuais.[38] Diferentemente disso, o conceito de posse inteligível é deduzido

---

[36] Aqui permanece em aberto a questão de saber se e como pode ser justificado o postulado do direito quando tomado no sentido de juízo sintético *a priori*.

[37] "O esclarecimento da possibilidade dos juízos sintéticos" é "a mais importante tarefa da lógica transcendental", diz Kant na primeira *Crítica* (B 193).

[38] A circunstância de os *facta* da razão teórica serem casuais (*zufällig*, KrV, B 700) ou devidos à sorte (1793a, p. 39) deixa aberto o caminho das dúvidas céticas sobre eles. Essas dúvidas só são levantadas pela crítica da razão, isto é, pelo estudo dos limites da nossa capacidade cognitiva como tal (KrV, p. 789).

mostrando-se que a sua validade objetiva, no domínio de ações exeqüíveis por seres humanos, é implicada pela validade objetiva de um juízo prático *a priori* – a saber, o postulado do direito, reconhecido não como um feito casual da atividade igualmente casual da razão pura especulativa, mas como uma *imposição* aos agentes humanos livres feita pela vontade legisladora da razão pura. Essa diferença pode ser expressa da seguinte maneira: a razão teórica não quer, mas apenas possibilita, que a geometria euclidiana seja inteligível e, mesmo *a priori*, verdadeira para o nosso aparelho cognitivo; a razão prática quer (*will*) que a posse, "em termos do mero direito", seja praticável, sem garantir, contudo, a inteligibilidade de uma tal prática. Assegura-se apenas que não admitir a possibilidade da posse inteligível seria contrário à vontade da razão e, *nesse sentido prático*, irracional. A possibilidade de uma posse inteligível e, portanto, a do meu e do seu "não pode ser compreendida [*eingesehen*], tendo de ser concluída do postulado da razão prática" (1797a, p. 72).

Por outro lado, o procedimento de dedução da realidade objetiva prática da posse inteligível lembra fortemente aquele pelo qual Kant estabeleceu o mesmo resultado para o conceito de liberdade na segunda *Crítica*: lá, a realidade objetiva prática da liberdade é também estabelecida como conseqüência imediata de uma lei, a saber, a lei moral, considerada como imperativo *a priori*.[39] Nos dois casos, a dedução não garante a inteligibilidade do conceito deduzido, mas tão-somente a sua possibilidade prática.[40] O próprio Kant enfatiza esse paralelo ao dizer que ninguém deve estranhar o fato de as considerações sobre "o meu e o seu se perderem no inteligível", visto que "o conceito de liberdade, sobre o qual repousam, não é susceptível de nenhuma dedução teórica da sua possibilidade e pode somente ser derivado a partir da lei prática da razão (o imperativo categórico), enquanto um fato da razão" (*ibid.*, p. 67). Essa observação é particularmente instrutiva, pois realça o alcance da técnica de dedução essencialmente diferente da usada na primeira *Crítica*, aplicada pela primeira vez na *Crítica da razão prática*, no caso da idéia da liberdade, e empregada posteriormente em várias obras, por exemplo, em *Crítica da faculdade do juízo* e em *Metafísica dos costumes*.

Apesar do paralelo indicado, existe uma diferença importante entre a dedução da realidade objetiva da liberdade, com fundamento na lei moral, e a dedução da posse inteligível, no contexto do postulado de direito. A lei

---

[39] Retomado a sua tese exposta pela primeira vez na *Crítica da razão pratica*, Kant diz que "o imperativo categórico, tomado no sentido moral-prático, prova, como que por um ditado [*Machtspruch*] da razão, que nós, seres humanos, somos livres" (1797a, p. 113, nota).

[40] Mesmo depois de demonstrada praticamente possível e até efetiva, a liberdade permanece incompreensível (KpV, A 85).

moral é um imperativo ou postulado categórico. Ela diz que "se deve, incondicionalmente, proceder de uma determinada maneira", ordenando que nossas ações sejam governadas por máximas universalizáveis (KpV, A 55). O postulado do direito é também um imperativo, mas não categórico, e sim problemático, significando "aquilo que é compatível com uma razão prática meramente *possível*" (KpV, A 22). Sendo uma lei meramente permissiva, ele não nos impõe, mas apenas abre um espaço *a priori* para um determinado modo de vida.[41] Por conseguinte, o imperativo do direito não gera, como a lei moral, um fato (*factum*) da razão, mas tão somente permite que tais fatos sejam gerados por ações externas legítimas, isto é, ações cujas máximas podem ser compatibilizadas umas com as outras de acordo com uma lei universal.[42]

Essa diferença só pode ser devidamente apreciada no contexto de uma reconstituição mais detalhada do conceito kantiano de *facticidade da razão*. Destaco aqui dois pontos dessa reconstrução, por serem particularmente esclarecedores. Em primeiro lugar, convém considerar a distinção kantiana entre os *facta* da razão teórica, que acabo de mencionar, e "o único fato da razão pura", definido na segunda *Crítica* como consciência de sermos internamente coagidos a agir de acordo com máximas universalizáveis, consciência que é idêntica ao sentimento de respeito pela lei moral (1788, pp. 56-7). Essa distinção precisa, por sua vez, ser analisada à luz da tese do Kant tardio de que a *faculdade teórica* do ser humano, mas não a *faculdade de auto-obrigação moral*, pode muito bem ser "qualidade de um ente corpóreo vivo" e de que não podemos decidir nem pela experiência nem pela razão pura se a vida é ou não "uma propriedade da matéria". Nas relações morais, contudo, "revela-se a incompreensível propriedade da *liberdade* através da influência da razão sobre a vontade legisladora interna". O sujeito dessas relações não é o composto formado por alma e corpo, o homem enquanto ser sensível (*Sinnenwesen*), caraterizado por propriedades naturais e pertencente a uma espécie animal, mas o homem enquanto ser da razão (*Vernunftwesen*, Kant 1797b, pp. 65-6).

---

[41] O uso kantiano do termo "postulado" é inspirado na geometria grega (Euclides), onde designa uma ordem ou imperativo de executar uma *ação* suposta como facilmente exeqüível por todos (cf., por exemplo, KrV, B 285-7 e KpV, A 55). Durante o desenvolvimento do seu programa crítico, Kant ampliou o conceito de postulado para abranger proposições que postulam a possibilidade de *objetos* ou de suas propriedades, por exemplo, de Deus e da imortalidade da alma (KpV, A 23).

[42] A distinção kantiana entre os imperativos problemáticos e categóricos (apodíticos) é relacionada a suas considerações sobre a modalidade dos juízos práticos que, por sua vez, remetem à tábua das categorias da razão prática, ou seja, às categorias da liberdade (KpV, A 21--2, 117-8).

Em segundo lugar, cabe distinguir entre o fato da razão, tal como definido na segunda *Crítica*, e os fatos da razão que consistem em atos legislativos jurídicos *a priori* válidos ou ações externas decorrentes destes últimos, ou seja, naquilo que o homem, enquanto ser que age livremente – isto é, influenciado pela razão prática – *faz de si mesmo*. O conjunto *desses* fatos da razão constituem o objeto da história *a priori* do gênero humano, que, na sua essência, é uma história da racionalização moralizante e não da racionalização prático-técnica.

10. REGRAS DE APLICAÇÃO DO CONCEITO DE POSSE INTELIGÍVEL

A dedução do conceito de posse inteligível mostrou *que*, dado o postulado do direito, esse conceito é objetivamente possível, sem especificar, entretanto, *como* ele pode ser *aplicado* no domínio da práxis humana.[43] A fim de garantir a possibilidade de legislar sobre o meu e o seu, usando juízos do tipo "Este objeto de uso externo é meu", é necessário, ainda, identificar procedimentos pelos quais é possível tornar *praticamente real* a relação ou a ligação entre a minha vontade e o objeto externo, que é pensada *a priori* no conceito de posse inteligível. É só dessa maneira que a doutrina do direito poderá ir além dos pressupostos da razão prática e mostrar-se "frutífera" como guia do agir humano (p. 51).

Visto que o conceito de posse legítima é um conceito *a priori* da *razão*, ele "não pode ser aplicado *diretamente* aos objetos da experiência e ao conceito de *posse* empírica" (p. 68; itálicos no original). Em outras palavras, ele não pode ser esquematizado da mesma maneira como são esquematizadas, por exemplo, as categorias do entendimento teórico. Sendo impossível encontrar uma referência sensível *direta* e *adequada* do conceito de posse numenal, deve-se concluir que esse conceito é *vazio* de conteúdo, sem nenhuma realidade objetiva prática, ou tentar encontrar – é isso que faz Kant – um procedimento, menos direto e só parcialmente adequado, para garantir a sua aplicabilidade às ações humanas.

Em grandes linhas, a solução de Kant consiste de novo numa *esquematização por analogia*. O conceito de posse inteligível precisa, em primeiro lugar, ser referido a um conceito intermediário, também *a priori*, que é o conceito de possessão (*Begriff des Habens*), pertencente ao entendimento *teórico*, cujo

---

[43] Da mesma forma, a dedução transcendental das categorias (teóricas) estabelece tão-somente *que* elas contêm "os fundamentos da possibilidade da experiência", e não *como* elas tornam possível a experiência (KrV, B 176).

objeto é algo externo a mim e submetido à minha força coercitiva (*Gewalt*). Se eu *subsumir* o conceito de posse inteligível teórica sob o conceito de posse inteligível prática ou, inversamente, se eu *interpretar* este último pelo primeiro, então, a minha declaração de que um objeto externo é meu em termos de mero direito – por exemplo, que este campo é meu nesses termos, declaração pela qual presumo que ele é meu efetivamente, mesmo quando eu não o ocupo fisicamente – significa que eu me encontro "numa relação intelectual com esse objeto, na medida em que ele está sob a *minha força coercitiva* (que é um conceito do entendimento de posse, independente de determinações espaciais)" (1797a, p. 69; itálicos no original). Assim, a realidade objetiva prática do conceito de posse inteligível é garantida pela sua aplicabilidade no *domínio de ações causais físicas* pensadas teoricamente. Kant escreve:

> É precisamente nisto – no fato de, *abstraindo* da posse no aparecimento (da detenção) de um objeto do meu arbítrio, a razão prática querer que a posse seja pensada segundo conceitos do entendimento, não segundo os empíricos, mas segundo aqueles que contêm *a priori* as suas [da posse] condições – que repousa o fundamento da validade de um tal conceito de posse (*possessio noumenon*) valendo como uma *legislação* universal; pois uma tal legislação é contida no juízo: "Este objeto externo é *meu*. (*Idem*)

Ora, tal como qualquer outro conceito *a priori* do entendimento, o de força ou causa coercitiva também admite, pelo menos em princípio, ser aplicado aos conceitos empíricos, por exemplo, aos conceitos que designam *meus poderes causais físico-empíricos* sobre um objeto externo, tal como o poder das minhas armas. Dessa maneira, o conceito jurídico *a priori* de posse legítima passa a ser aplicável no domínio de ações (efetivamente) executáveis, o que assegura, ainda que de maneira indireta e apenas mediante uma analogia, a realidade objetiva prática dos juízos sintéticos *a priori* básicos da metafísica dos costumes no domínio sensível do agir humano. No essencial, o problema da aplicabilidade efetiva do conceito de posse inteligível da razão prática – que não deve ser confundido com o da dedução desse conceito, analisado anteriormente – é reduzido ao da aplicabilidade efetiva do conceito de força coercitiva do entendimento teórico. A legislação jurídica *a priori* sobre o meu e o seu pode ser interpretada e aplicada em termos de leis para o uso de nossas forças de coerção, pensadas em termos empíricos técnico-práticos.

Na segunda seção (*Hauptstück*) da "Doutrina do direito privado" – que pertence à parte inicial de *Princípios metafísicos da doutrina do direito*[44] – Kant dedica-se precisamente à tarefa de identificar os procedimentos empíri-

---

[44] Kant 1797a, parágrafo 10 e seguintes (p. 76 e ss.).

ZELJKO LOPARIC

cos (tomada efetiva de posse, uso de força individual ou de forças armadas, contrato, leis positivas anteriores a uma constituição civil etc.) pelos quais adquirimos e exercemos posse legítima sobre os diferentes tipos de objetos externos. Esses mesmos procedimentos são também usados como *instrumentos de prova*, isto é, de decisão sobre o que é legitimamente meu ou seu. Menciono, a título de ilustração, a tese de Kant de que, no estado de natureza – antes, portanto, do estabelecimento de uma constituição civil amparada na razão e no poder coercitivo do Estado –, eu não posso declarar ser legitimamente meu um objeto que não estou em condições de defender fisicamente, por exemplo, o alto-mar que está fora do alcance dos meus canhões (pp. 87-88).

A esquematização do conceito de posse inteligível é semelhante, mas não idêntica, à oferecida para o conceito de coerção mútua universal externa (cf. seção 4, acima). A semelhança está no fato de, nos dois casos, os conceitos jurídicos da razão prática serem interpretados por conceitos causais (relações causais) do entendimento teórico. A diferença reside na escolha desses últimos: o conceito de coerção mútua é esquematizado simbolicamente pela categoria da comunidade (causalidade recíproca, circular) e o de posse inteligível, pela categoria da causalidade (unilateral, linear). Essa diferença gera um novo problema: como posso estar *seguro* de que todos os outros vão reconhecer a legitimidade de meu ato unilateral e comportar-se de acordo com isso?

A solução de Kant começa pela observação de que o juízo pelo qual declaro algo externo meu em termos de direito contém "a reciprocidade da obrigatoriedade a partir de uma regra universal" (1797a, p. 73). Entretanto, visto que um ato de vontade unilateral – que diz respeito a uma posse externa e que é, portanto, acidental – não pode, por si só, servir de lei coercitiva para todos, temos de entender que "somente uma vontade que obriga a todos, sendo, portanto, coletiva, universal (comum) e detentora de poder é aquela que pode garantir para todos aquela segurança" (1797a, p. 73).[45]

Ora, o único modo de organização social em que existe uma legislação acompanhada de poder universal externo, isto é, publico, é o estado civil. Portanto, somente num estado civil pode haver o meu e o seu de modo seguro, sem implicar guerra. Antes do estabelecimento de uma organização social baseada em uma legislação pública, isto é, uma constituição civil, a minha posse inteligível de um objeto externo permanece legalmente *provisória*, e só se torna *peremptória* depois da realização efetiva de um Estado de direito.

---

[45] Esse ponto é de importância capital, pois marca a passagem da teoria do livre-arbítrio individual para a teoria da vontade geral. Para uma outra formulação da mesma tese, cf. 1797a, p. 85.

O PROBLEMA FUNDAMENTAL DA SEMÂNTICA JURÍDICA DE KANT

Quando tal ocorre, o meu ato unilateral passa a poder ser pensado como "contido na vontade coletiva unificada" (p. 85), ou ainda, como "proveniente da razão prática" (p. 78). Sendo assim, a permissão que é dada ao sujeito humano, pelo postulado do direito, de ter como seu todo e qualquer objeto de uso externo implica uma adicional: a de "*forçar* [*nötigen*] todo outro, com quem chega a se envolver num conflito sobre o meu e o teu relativamente a um tal objeto, a entrar com ele num estado governado por uma constituição civil" (p. 73).

11. PASSAGEM PARA UMA POLÍTICA E UMA HISTÓRIA *A PRIORI*

Essa mesma permissão *a priori* foi formulada por Kant já em 1795, numa nota ao primeiro artigo definitivo da paz enunciado em *À paz perpétua*. Visto que o estado de natureza é um estado de guerra, quem permanecer, vivendo ao meu lado, num estado de natureza, "lesa-me por esse mesmo estado", pois a falta de legislação é uma ameaça permanente para mim. Por isso "eu posso forçá-lo a entrar comigo num estado comunitariamente legal [*gemeinschaftlich-gesetzlich*] ou a se afastar da minha vizinhança" (1795, p. 19). Essa permissão é formulada por Kant no seguinte "postulado": "Todos os seres humanos, que podem exercer influência mútua uns sobre os outros, têm de pertencer a uma constituição civil qualquer" (*idem*).

Tal como o postulado do direito estabelece deveres do direito ou deveres legais, este novo postulado, que podemos chamar de *postulado político fundamental* de Kant, não enuncia apenas uma permissão, mas também um dever, a saber, o *dever político* básico de todo povo, expresso na fórmula: "Todo povo deve unir-se num Estado unicamente segundo os conceitos do direito de liberdade e de igualdade" (p. 86). Uma política desenvolvida a partir desse "comunitarismo", baseado em contrato social, estará "necessariamente ligada ao conceito de direito", sendo, no essencial, "a doutrina do direito em exercício [*ausübende Rechtslehre*]" (p. 71). Assim concebida, a política será sempre uma "política moral", a moral sendo entendida como doutrina do direito (p. 101). Claro está que as máximas dessa política não poderão ser tiradas de expectativas empíricas quanto ao bem-estar ou a felicidade dos cidadãos, mas derivadas "do puro conceito do direito (do dever, cujo princípio é dado *a priori* pela razão pura)" (p. 88). Esse é o caso precisamente dos três artigos definitivos em prol da paz perpétua. Todos eles enunciam deveres, a saber, *deveres jurídico-políticos*. Eles são justificados por considerações que remetem à doutrina kantiana do direito, estabelecida em 1797, e seu cumprimento promove o estabelecimento da paz perpétua internacional.

Dessa forma, abre-se a perspectiva para "uma política que possa ser conhecida *a priori*" (1795, p. 85). Que significa aqui poder "conhecer" *a priori* uma política? De acordo com a linha de interpretação do projeto crítico kantiano seguida no presente trabalho, significa estabelecer *a priori* a possibilidade e a vigência de princípios fundamentais dessa doutrina e garantir a sua exeqüibilidade mediante considerações de caráter antropológicopragmático. A primeira tarefa desdobra-se em duas: 1) mostrar que os princípios da doutrina do direito, pressupostos na teoria política, não são "pensamentos vazios de conteúdo" (*sachleere Gedanken*, p. 71); 2) mostrar o mesmo para as máximas da própria política, em particular, fazer ver que os artigos definitivos em prol da paz perpétua são possíveis e que, portanto, a idéia da paz perpétua não é "vazia", mas uma tarefa *humanamente factível*.[46]

Nos dois casos, o problema é o mesmo: mostrar que os princípios em questão "se deixam executar" (p. 91). Kant avança na direção de sua solução, apontando para o fato "de que o princípio moral no ser humano nunca se apaga, de que, além disso, do ponto de vista pragmático, a razão, capacitada para a execução de idéias do direito segundo aquele princípio [da paz perpétua], cresce constantemente através da cultura em progresso permanente" (p. 90).[47] Sendo assim, existe uma "esperança fundada" de que as sucessivas tentativas de criar um estado de paz perpétua "aproximam-se constantemente da sua meta (visto que os tempos, nos quais semelhantes progressos acontecem, tornam-se, como é de se esperar, cada vez mais curtos)" (p. 104).[48]

---

[46] O aspecto "realista" do pensamento político de Kant foi devidamente destacado por outros autores (cf., por exemplo, Beck 1957, Kersting 1993 e Heck 2000), embora não no contexto da problemática do "sentido e significado" dos juízos políticos.

[47] A idéia da capacitação ou aptidão (*Tüchtigkeit*) da razão para influenciar os seres humanos pela idéia da autoridade da lei, como se possuísse um poder coercitivo físico, explicitada em vários outros trechos de *À paz perpétua* (cf., por exemplo, 1795, pp. 72 e 104), retoma, por um lado, a doutrina kantiana do fato da razão exposta em *Crítica da razão prática* e, por outro, prepara o caminho para *Princípios metafísicos da doutrina da virtude*, onde a virtude é definida como "força da máxima no homem no cumprimento do seu dever" (1797b, p. 28). Tenho dificuldade, portanto, em concordar com Terra quando diz que, em *À paz perpétua*, Kant pensa a garantia da paz numa perspectiva reflexionante-teleológica (1997, p. 222) e que "o cruzamento no juízo político do juízo determinante com o reflexionante-teleológico e o estético-político marca a especificidade do campo da política" (*ibid.*, p. 231). Do ponto de vista de uma teoria do juízo, é difícil entender o que um "cruzamento" desse tipo pode significar.

[48] À luz dessa linha de interpretação da filosofia prática de Kant, centrada na sua semântica dos juízos *a priori* práticos, a filosofia política de Kant, tal como exposta em *À paz perpétua*, adquire uma consistência que lhe foi negada por certos autores guiados por outras hipóteses interpretativas. Refiro-me, em particular, a Hannah Arendt (1985), que menospreza a relevância da filosofia kantiana do direito para a compreensão de assuntos políticos, tratando

O PROBLEMA FUNDAMENTAL DA SEMÂNTICA JURÍDICA DE KANT

Essas teses sobre a possibilidade de realizar a tarefa de estabelecer a paz perpétua, definida em termos da doutrina do direito, preparam a resposta para uma outra pergunta necessária da razão prática: como é possível uma história *a priori*? Essa indagação, colocada por Kant pela primeira vez explicitamente em *O conflito das faculdades* (1798a, p. 132), pode ser reformulada da seguinte maneira: será que o *gênero* humano (no seu todo) progride constantemente para o melhor? "Melhor" pensado em termos de direito, ou seja, como qualificação de uma constituição civil comparativamente mais concorde com os interesses da razão prática. A resposta a essa pergunta é possível, e pode ser expressa "como narração histórica antecipadora [*wahrsagende Geschichtserzählung*] do que nos aguarda no tempo futuro", portanto, acrescenta Kant, "como uma apresentação [*Darstellung*] *a priori* possível dos acontecimentos que devem chegar" (*idem*). Às narrativas antecipatórias podem ser acrescentadas as referentes ao passado e ao presente (p. 142). A história *a priori* procurada por Kant, consiste, portanto, de *juízos narrativos antecipatórios, rememorativos* e *constatativos,* que repousam, todos eles, sobre o seguinte *juízo fundamental* da teoria kantiana da história: "O gênero humano tem progredido sempre para o melhor e continuará a progredir da mesma maneira no futuro" (p. 151).

Aqui se coloca necessariamente a pergunta central da filosofia crítica de Kant: como são possíveis os juízos sintéticos *a priori* da história? – pergunta de natureza semântica e que se torna, *ipso facto*, o *problema fundamental* da teoria kantiana da história. Trata-se de saber, em primeiro lugar, como é possível – e, sendo possível, como pode ser provado – o juízo fundamental *a priori* da história que acabo de enunciar, juízo que, como se vê facilmente, não é nem teórico, nem moral, nem jurídico, nem reflexivo. De acordo com a regra básica da semântica transcendental, a prova da possibilidade desse juízo exige que ele seja referido a uma experiência sensível. É precisamente essa exigência que Kant reafirma no título do parágrafo 5 de *O Conflito das faculdades*: "A história antecipatória do género humano tem de ser conectada com uma experiência [*Erfahrung*] qualquer". Logo em seguida, ele esclarece

---

À paz perpétua como um texto menor e recorrendo aos juízos teleológicos-estéticos da terceira *Crítica* para reconstruir a teoria kantiana da política. Na minha interpretação, a vida política, tal como concebida por Kant, é "comunitariamente legal" ou, alternativamente, "legalmente comunitária" (*gemeinschaftlich-gesetzlich*), no sentido de a sociedade civil dever ser fundada em máximas ditadas pela vontade racional coletiva, *sensificada* como gênero humano em progresso constante para o melhor, definido este a partir da doutrina do direito; na interpretação de Arendt, o caráter comunitário de uma política do tipo kantiano basear-se-ia em um senso comunitário análogo ao senso comunitário *estético*. Os meus resultados aproximam-se, entretanto, de certas leituras mais recentes, como a de Volker Gerhardt (1995).

de que tipo de experiência se trata: "Deve produzir-se no gênero humano alguma experiência que, como acontecimento [*Begebenheit*], indica sua [do gênero humano] disposição constitutiva e capacidade de ser a *causa* do seu progresso para o melhor e (já que isso deve ser o ato de um ser dotado de liberdade) *autor* do mesmo" (p. 141). A autoria do progresso é pensada por Kant como uma *tendência a priori* – em particular, de estabelecer constituições republicanas –, presente não em indivíduos, mas no gênero humano *no seu todo*. Aqui temos um novo conceito da filosofia prática de Kant, de caráter misto, pois designa, por um lado, a causa numenal que é a autora do progresso jurídico-político – a vontade racional coletiva, dotada de força de coerção universal – e, por outro, os modos concretos de manifestação dessa causa na história factual. A primeiro momento desse conceito é um acréscimo importante à metafísica dos costumes; o segundo, à antropologia pragmática. Ele encontra-se desenvolvido na parte final de *Antropologia* – obra publicada no mesmo ano de *O Conflito* –, que trata de traços fundamentais do caráter da *espécie humana*. Lá se lê que a humanidade, como espécie, tem a tendência, decorrente da sua natureza racional, "de realizar, *mediante a sua própria atividade*, o desenvolvimento do bem a partir do mal" (1798b, p. 329; itálicos meus).[49] É por isso que Kant pode dizer, em *O conflito das faculdades*, que uma *história a priori* é possível "se aquele que antecipa o futuro *faz e promove*, ele próprio, os acontecimentos que anuncia" (1798a, p. 132), tese que confere a esse tipo de desenvolvimento o caráter de *self-fulfilling prophecy*.

Sendo assim, é preciso "buscar um acontecimento que indique a existência [*Dasein*] de uma tal causa, bem como o ato da sua causalidade na história da humanidade, sem a determinação do mesmo com respeito ao tempo" (pp. 141-2). Existiria um acontecimento que poderia satisfazer a essas condições? Existe sim, responde Kant: trata-se da maneira como a opinião pública mundial experienciou as conquistas da Revolução Francesa. Essa experiência consistiu no desejo de participação (*Teilnehmung dem Wunsche nach*) que beirava o entusiasmo (p. 144).[50] O júbilo com o qual o gênero humano participou da evolução da constituição republicana, revelada pelos acontecimentos na França que marcaram o fim do século XVIII, é o "signo demonstrativo"

---

[49] Essa observação sugere a necessidade de se fazer uma história da antropologia pragmática de Kant, que leve em conta os avanços das suas considerações sobre os conceitos fundamentais da metafísica dos costumes e a sua aplicabilidade à "natureza humana".

[50] Segundo *Princípios metafísicos da doutrina da virtude*, a participação afetiva na promoção do bem é uma virtude individual que decorre da razão prática (1797b, parágrafo 34). A "participação no bem com afeto", da qual Kant fala em *O conflito das faculdades* (p. 145), só pode ser considerada virtude coletiva, atribuível a um sujeito coletivo – um tema que exigiria, portanto, uma extensão da metafísica dos costumes de 1797.

O PROBLEMA FUNDAMENTAL DA SEMÂNTICA JURÍDICA DE KANT

procurado de uma "disposição fundamental do gênero humano" (Kant não diz mais "do ser humano") de progredir para o que é moral e juridicamente melhor. Essa *experiência* é, ao mesmo tempo, um "signo rememorativo" – permitindo dizer, com base mais *feitos jurídico-políticos*, que, desde sempre, a humanidade progrediu dessa maneira – e "prognóstico", pois autoriza prever, *a priori*, que ela continuará progredindo assim.

Kant consegue aqui um avanço decisivo para a sua semântica dos juízos *a priori* políticos e históricos: não por ter introduzido a idéia abstrata de vontade geral unificada – esse passo já foi dado em *Princípios metafísicos da doutrina do direito* –, mas por ter elaborado a idéia de uma *vontade geral sensificada*, mais precisamente, o conceito de um *sujeito coletivo da história*, caracterizado por uma *tendência* para o moral e juridicamente melhor, dotado não apenas de propósitos e de capacidades de agir, mas também de outras faculdades até então comumente reservadas aos indivíduos, como a memória: a conquista da constituição republicana pelo povo francês é um fenômeno (*Phänomen*) da história da humanidade "*que não se esquece mais*" (p. 150; itálicos de Kant). A possibilidade de uma política e de uma história *a priori* pode, então, ser garantida pela aplicação de conceitos e juízos dessas duas doutrinas ao domínio de dados sensíveis constituídos pelo que pode fazer ou deixar de fazer o gênero humano.[51] Quando não apenas os indivíduos, mas os grupos organizados, e mesmo a humanidade inteira, habitando o globo terrestre como um sujeito coletivo real, passam a *fazer* o que a opinião pública considera que *deva* acontecer, por razões *a priori*, quando surge um *movimento universal* a favor da realização de nossos deveres legais e políticos, tornam-se possíveis, e mesmo demonstráveis, não apenas o juízo fundamental da história, mas também todos os juízos sintéticos *a priori*, de caráter narrativo, que antecipam *a priori* acontecimentos reais como resultados do progresso para o melhor (por exemplo, a diminuição da violência entre indivíduos e povos, o aumento do bem-estar social etc.).

---

[51] As conseqüências dessa mudança do domínio de interpretação dos juízos da história escaparam a vários comentadores. Weil, por exemplo, não conseguiu refazer o passo de Kant que consiste em reconhecer a humanidade como *sujeito* jurídico-moral, razão pela qual reserva a condição de "sujeito moral" tão-somente para o indivíduo (Weil 1982, p. 140). Philonenko – para citar mais um comentador de destaque – objeta a Kant o fato de este permanecer no campo da utopia histórica, pois entende que, mesmo nos escritos tardios, a razão prática kantiana continua sendo a *ratio cognoscendi* da Providência divina (Philonenko 1982, p. 72). Além de incompatível com as análises apresentadas, esta tese é irreconciliável com o parágrafo 4 de *O conflito das faculdades* e com tudo o que Kant afirmou sobre o fracasso inevitável de qualquer tentativa filosófica de produzir uma teodicéia (cf. Kant 1791).

Essas indicações bastam, creio eu, para tornar patente que os juízos da história, cuja semântica foi esboçada por Kant em 1798, constituem uma classe à parte de juízos *a priori*, pois diferem substancialmente dos juízos vaticinantes ou proféticos – inaceitáveis em qualquer doutrina que pretende passar pelo crivo da crítica kantiana –, bem como de todas as outras classes de juízos *a priori*, sejam eles teórico-preditivos, moral-determinantes, jurídico-legislativos ou mesmo reflexionantes, cuja semântica foi elaborada por Kant em suas obras anteriores.[52] O asseguramento do "sentido e significado" dessa novo tipo de juízo *a priori* não só permite a constituição de uma história como doutrina *a priori*, como abre perspectivas para uma releitura da filosofia política de Kant a partir da sua filosofia da história.

12. A FILOSOFIA PRÁTICA POSTA DENTRO DOS LIMITES DO PROJETO CRÍTICO

A análise que acabo de apresentar permite um retrospecto interessante sobre o caminho percorrido por Kant na busca da formulação e da resolução dos problemas da metafísica dos costumes no quadro do seu projeto crítico, ou seja, a partir da pergunta: como são possíveis os juízos sintéticos *a priori* em geral? Em *Crítica da razão pura* (1781), a filosofia prática é deixada inteiramente fora do projeto da filosofia transcendental e o problema da possibilidade dos juízos sintéticos *a priori* práticos não é nem ao menos formulado (KrV, B 833). Em *Idéia de uma história universal do ponto de vista cosmopolita*, de 1784, a história da humanidade é pensada como uma história natural, portanto, sem conexão com uma teoria de juízos práticos *a priori*. *Fundamentação da metafísica dos costumes* é a primeira obra de Kant que formula explicitamente o problema da possibilidade dos juízos *a priori* sintético-práticos (1785, p. 50), mas reconhecidamente fracassa na tentativa de solucioná-lo, em parte por buscar a resposta no estudo da "faculdade racional prática" do ser humano, recorrendo a considerações de ordem metafísica. A solução é encontrada tão-somente doze anos depois, na *Crítica da razão prática* (1788), e consiste na tese de que a consciência da necessitação da nossa vontade pela

---

[52] A presente reconstrução, decididamente programática, do caminho percorrido por Kant na elaboração de sua filosofia prática vale-se, no essencial, do mesmo material considerado por R. Terra em *A política tensa* (1995), obra que oferece uma abordagem mais doxográfica, incorporando um vasto espectro das discussões recentes sobre o tema. O leitor não poderá deixar de notar certas divergências tanto nos pressupostos – um deles diz respeito à natureza do programa kantiano de uma filosofia crítica – como nos resultados – um dos quais concerne à relevância da problemática de *juízos* sintético-práticos *a priori* para o desenvolvimento da filosofia prática de Kant e, em particular, da sua teoria da política e da história.

O PROBLEMA FUNDAMENTAL DA SEMÂNTICA JURÍDICA DE KANT

lei moral – necessitação a nos impõe a obrigação de agirmos segundo máximas universalizáveis – é a evidência factual ou sensível suficiente da efetividade dessa lei e, portanto, também da sua possibilidade. Em *À paz perpétua*, de 1795, esse tipo de abordagem, que substitui da considerações material-ontológicas por questões de exeqüibilidade de ações governadas por conceitos práticos, passa a ocupar, progressivamente, o primeiro plano no tratamento dos assuntos da filosofia política. Em *Princípios metafísicos da doutrina do direito*, publicados dois anos depois, a linha geral da investigação é dirigida precisamente para questões de *interpretabilidade* dos conceitos puros práticos do direito pelos conceitos puros teóricos do entendimento (relativos ao uso de força física) e de *aplicabilidade* prática dos primeiros, mediante esquemas puros e exemplos empíricos para os segundos. O mesmo deslocamento da problemática kantiana do campo da ontologia para o da semântica observa-se na teoria kantiana da história, estreitamente ligada às teorias do direito natural e da política, com a diferença de que, nesse caso, o domínio de interpretação não são os atos dos indivíduos mas do gênero humano.[53]

Essa *virada semântica* na abordagem das questões da metafísica dos costumes também permite ao Kant tardio resolver, de uma nova maneira, questões relativas à unidade do *sistema* da filosofia crítica. O problema da compatibilidade entre a natureza e a liberdade, por exemplo, não fica em aberto, como na primeira *Crítica*, nem permanece confinado aos juízos meramente reflexivos, como ocorre na terceira *Crítica*, mas recebe uma solução, ao mesmo tempo racional e sensificada, em termos da teoria da exeqüibilidade *física* de princípios *a priori* de política *moral*, teoria iniciada, como mostrei, em *À paz perpétua* e completada em *O conflito das faculdades*.

REFERÊNCIAS BIBLIOGRÁFICAS

ARENDT, Hannah 1985: *Das Urteilen. Texte zu Kants politischen Philosophie.* München, Piper.

BECK, Lewis W. 1957: "Introduction", in Kant 1957. Felipe, Sonia (orga.) 1998: *Justiça como eqüidade.* Florianópolis, Insular.

GERHARDT, Volker 1995: *Immanuel Kants Entwurf "Zum ewigen Frieden". Eine Theorie der Politik.* Darmstadt, Wissenschaftliche Buchgesellschaft.

HECK, José N. 2000: *Direito e moral. Duas lições sobre Kant.* Goiânia, Editora UFG.

HÖFFE, Otfried 1985: *Introduction à la philosophie pratique de Kant.* Albeuve, Castella.

KANT, Immanuel 1781: *Crítica da razão pura* (KrV). 2.ª ed. 1787 (B).

 – 1783: *Prolegômenos.*

 – 1784: *Idéia de uma história universal do ponto de vista cosmopolita.*

---

[53] Aqui seria o lugar de se perguntar, também, o que Kant tem a dizer sobre a possibilidade de uma pedagogia *a priori*.

ZELJKO LOPARIC

- 1785: *Fundamentação da metafísica dos costumes.*
- 1786: *Metaphysische Anfangsgründe der Naturwissenschaft.*
- 1788: *Crítica da razão prática* (KpV, A).
- 1791: *Über das Misslingen aller philosophischen Versuche in der Theodizee.*
- 1793a: *Crítica da faculdade do juízo.* 2.ª edição.
- 1793b: *Über den Gemeinspruch: das mag in der Theorie richtig sein, taugt aber nicht für die Praxis.*
- 1795: *À paz perpétua. Um projeto filosófico.*
- 1797a: *Metaphysische Anfangsgründe der Rechtslehre.*
- 1797b: *Metaphysische Anfangsgründe der Tugendlehre.*
- 1798a: *O conflito das faculdades.*
- 1798b: *Anthropologie in pragmatischer Hinsicht.*
- 1804: *Welches sind die wirklichen Fortschritte die die Metaphysik seit Leibnizens und Wolffs Zeiten in Deutschland gemacht hat.*
- 1957: *Perpetual Peace.* Indianapolis, Bobbs-Merrill.

KERSTING, Wolfgang 1993: *Wohlgeordnete Freiheit. Immanuel Kants Rechts-und Staatsphilosophie.* Frankfurt/M, Suhrkamp.

LOPARIC, Zeljko 1998: "Sobre a interpretação de Rawls do fato da razão", in Felipe (orga.) 1998.
- 1999: "O fato da razão – uma interpretação semântica", *Analytica*, v. 3, n. 2, pp. 13-55.
- 2001: "Acerca da sintaxe e da semântica dos juízos estéticos", *Studia kantiana*, v. 3, pp. 49-90.
- 2002: *A semântica transcendental de Kant.* 2.ª edição. Campinas, CLE.

PHILONENKO, A. 1982: *Études kantiennes.* Paris, Vrin.

ROHDEN, Valério (org.) 1997: *Kant e a instituição da paz.* Porto Alegre, Goethe-Institut.

TERRA, Ricardo 1995: *A política tensa. Idéia e realidade na filosofia da história da Kant.* São Paulo, Iluminuras.
- 1997: "Juízo político e prudência em *À paz perpétua*", in Rohden (org.) 1997, pp. 222-32.

WEIL, Eric 1982: *Problèmes kantiens.* Paris, Vrin.

Da Justiça e do Estado em Robert Nozick

Manuel Martins[*]

Introdução

No Livro III do Tratado da Natureza Humana, David Hume deixa uma constatação e uma tese e acrescenta-lhes um desafio: *"As pessoas geralmente prendem-se mais aos bens que possuem do que àqueles de que nunca beneficiaram: por essa razão, é mais cruel despojar uma pessoa de qualquer coisa do que não lha dar. Mas quem afirmará que é este o único fundamento da justiça?"* (Hume, 2001:557). Corria o ano de 1740 e Hume especulava sobre se a justiça é uma virtude "natural" ou "artificial", não pretendendo oferecer uma tese sobre a justiça distributiva.

Mas a pergunta remete-nos para a questão de saber se é mais injusto desapossar alguém do que é seu (no pressuposto de que foi legitimamente adquirido) ou não dar a outrem aquilo que precisa. Esta é, de uma forma simplista, a opção entre uma tese libertária, que assume a força absoluta dos direitos individuais legitimamente adquiridos e uma posição de benefício da justiça distributiva, que privilegia uma sociedade ao menos tendencialmente igualitária. Dito de outra forma: uma sociedade igualitária pode ser uma sociedade de homens livres?

Chamando as coisas pelos nomes e colocando-nos do ponto de vista político prático, confrontamos John Rawls (1921-2002), o liberal defensor do Estado de bem-estar, com Robert Nozick (1938-2002), o conservador libertário, no que constitui a discussão com mais claras alternativas da agenda política americana dos anos 70 e seguintes, designadamente no que à justiça distributiva respeita (Sandel, 2005: 99), que ainda hoje mantém actualidade.

O presente trabalho trata precisamente da justiça distributiva, das questões da igualdade *versus* liberdade e da teoria que sobre elas Robert Nozick apresentou em *Anarchy, State and Utopia* (1974).

Um comentarista de Nozick dá conta das duas reacções que maioritariamente as teses expostas no livro provocavam nos estudantes: ou achavam as conclusões tão repugnantes (obviamente por recusarem a tarefa redistributiva do Estado e, consequentemente, as políticas sociais públicas), que partiam do princípio que não deviam ser tomadas a sério enquanto filosofia política; ou, se, pelo contrário, as tomavam como tal, sentiam-se na obrigação de demonstrar a todo o custo que eram falsas (Wolff, 1991:*vii*).

---

[*] Doutorando da Faculdade de Direito da Universidade Nova de Lisboa.

O modelo de Nozick assenta em três pilares essenciais: (*i*) justificação moral do *minimal state*; (*ii*) demonstração da insustentabilidade moral de uma forma de Estado mais extensa que o *minimal state*; e (*iii*) conformação da justiça a uma teoria sobre processos de justo título – a *entitlement theory of justice*. Retirar daqui consequências de política prática é uma tarefa tentadoramente simples: a não justificação do Estado Social e a ilegitimidade de uma política de redistribuição do rendimento e da riqueza são as mais sonantes. As teses de Nozick são assim frequentemente atacadas por razão dos efeitos sociais que às políticas neo-liberais, em voga nos anos 80 (desde logo por influência das administrações Reagan e dos consulados Teacher) e com ele, Nozick, aparentadas, são por muitos atribuídas – um efeito destrutivo nas vidas de grande número de pessoas (Wolff, 1991: *viii*).

Anarchy, State and Utopia apareceu em 1974. Em mais de trinta anos caiu o muro de Berlim e boa parte dos mitos que ainda sobravam do século XX. E, hoje, a análise das últimas três décadas permite-nos, no mínimo, ter dúvidas sobre a putativa relação de consequência necessária entre a crise económica e as políticas neo-liberais. É que, na sua concretização em políticas práticas, as teorias igualitárias e da redistribuição (gloriosas no norte da Europa nas décadas de crescimento económico até aos choques do petróleo dos anos 70) não mostraram melhor destino nem, tão-pouco, capacidade de resposta à crise das economias, como hoje comprovam as gerais dificuldades de sustentabilidade dos sistemas públicos de segurança social, a resistência ao pleno emprego ou, pelo menos, a um nível de desemprego socialmente aceitável, enfim, o progressivo abandono do modelo do Estado Providência. Em contraponto, parece até que os casos de algum sucesso económico (sejam a Espanha, a Irlanda, o Reino Unido ou, apesar de tudo, os EUA) não resultaram do reforço dos modelos redistributivos (incluindo as soluções de "terceira via" dos trabalhistas britânicos com Blair).

Não é este, porém, o nosso ponto.

Interessa-nos antes verificar a racionalidade do modelo de Nozick – o que, se não implica uma visão politicamente neutral (é possível, desejável, intelectualmente honesto, deixar de lado – ou pretender deixar de lado – as nossas concepções mais profundas sobre o ser humano e sobre a sociedade, como parece pretender Rawls na sua proposta de *thought experiment* na posição original sob o véu da ignorância, quando se discute uma questão tão intimamente ligada a um e a outra como é a justiça?...) não deixará porém de se afastar de uma análise a partir dos supostos efeitos (considerem-se positivos ou negativos) que a sua aplicabilidade prática (ou a aplicabilidade prática de um modelo próximo) implicaria.

1. A velha questão: o que é uma sociedade justa?

Em 1971 John Rawls publica *Uma Teoria da Justiça*. Segundo as intenções confessadas do autor, Rawls propõe-se *"generalizar e elevar a um ordem superior de abstracção a teoria tradicional do contrato social, representada por Lock, Rousseau e Kant"* (Rawls, 1971: 13), fornecendo *"uma análise sistemática alternativa da justiça"* que permita ultrapassar as concepções dominantes do utilitarismo (Rawls, 1971: 13).

Uma Teoria da Justiça reencontra-se assim com uma questão clássica do pensamento político ocidental, velha de séculos: o que deve ser uma sociedade justa ou, dito de outra forma, quais *"os princípios da justiça que hão-de regular uma sociedade bem ordenada"* (Rawls, 1971: 31).

Na *República*, Platão (429-347 a.C.) procurara indagar a essência da justiça, individual ou colectiva, desenvolvendo a sua aplicação à sociedade. A sociedade ideal não há-de alicerçar-se nas razões da utilidade, do interesse ou da conveniência, não sendo esses os critérios da justiça (Platão: I, 331a, 336). *"Certamente que cada governo estabelece as leis de acordo com a sua conveniência (...) Uma vez promulgadas essas leis, fazem saber que é justo para os governos aquilo que lhes convém e castigam os transgressores (...)"* (Platão: I, 338e, 339). Daqui decorreria que *"há um só modelo em todos os Estados – o que convém aos poderes constituídos"* (Platão: I, 338e, 339). Ora, não é esta a solução que Platão adianta, uma vez que a justiça não há-de confundir-se com o puro poder normativo do Estado, pois que *"nenhum chefe, em qualquer lugar de comando, na medida em que é chefe, examina e prescreve o que é vantajoso a ele mesmo, mas o que o é para o seu subordinado, para o qual ele exerce a sua profissão e é tendo esse homem em atenção e o que lhe é vantajoso e conveniente, que diz o que diz e faz tudo quanto faz"* (Platão: I, 342e). Platão procura assim a justiça em algo que está fora e para além dos interesses dos indivíduos e, como é basilar na sua compreensão do mundo, sempre decorreria da precedência das ideias, assimilando-se a um sonho – *"o nosso sonho, aquilo que nós suspeitávamos, que logo que começássemos a fundar a cidade, podíamos, com auxílio de algum deus, ir dar a qualquer princípio e modelo da justiça"* (Platão: IV, 443b).

Na geração seguinte do pensamento grego encontraríamos a ideia de justiça como o suporte do equilíbrio ou da proporção entre as pessoas. Aristóteles (384-322 a.C.), falando de justiça em sentido lato como o exercício de todas as virtudes na relação com o seu semelhante, entende a justiça em sentido estrito como uma virtude entre as demais. Nela distingue entre a *justiça correctiva* (ou sinalagmática) – que respeita à vontade dos interessados, aos contratos (justiça comutativa) e ao desrespeito pela vontade legítima de um dos interessados (justiça judicial) – e a *justiça distributiva*, que entende como uma virtude exercida na relação entre a sociedade como um todo e os cidadãos. No capítulo V de *Ética a Nicómano*, construindo o que poderemos dizer de uma teoria da justiça, Aristóteles ensina que "*é necessário, pois, que a justiça implique pelo menos quatro termos, a saber, duas pessoas, no mínimo, para quem é justo que algo aconteça e duas coisas enquanto partes partilhadas. E haverá uma e a mesma igualdade entre as pessoas e as partes nela implicadas, pois a relação que se estabelece entre as partes é proporcional à relação que se estabelece entre as duas coisas partilhadas*" (Aristóteles: V, 1131a20), para adiante concluir que "*«justo» neste sentido é então a proporção*" (Aristóteles: V, 1131b15).

A justiça – justiça distributiva – não se justifica, como em Platão, por um valor exterior ao ser humano. Tão pouco se ancora numa regra de igualdade de distribuição: tal como São Tomás de Aquino (1225-1274) reafirmará séculos mais tarde, a regra da distribuição justa é o mérito de cada um.

2. A VELHA QUESTÃO TORNA-SE NOVA: JOHN RAWLS

A importância e o marco que *Uma Teoria da Justiça* representa na filosofia política moderna são singelamente atestados pelas palavras de Nozick: "*A Theory of Justice is a powerful, deep, subtle, wide-raging, sistematic work in political and moral philosophy witch has not seen its like since the writings of John Stuart Mill, if then. (...) Political philosophers now must either work within Rawls' theory or explain why not*" (Nozick, 1974: 183).

De forma diversa a Platão, Rawls renuncia à procura da justiça em qualquer conceito exterior ao indivíduo: vai antes partir dos interesses dos cidadãos e do equilíbrio interpessoal para encontrar algo que neles está enraizado. Uma concepção pública de justiça – que é, na tese rawlsiana, uma das condições para uma sociedade bem ordenada (Rawls, 1971: 28) – pressupõe "*que, por um lado, cada um aceita, sabendo que os outros também aceitam, os mesmos princípios da justiça e, por outro, que, no geral, as respectivas instituições básicas satisfazem esses princípios, sendo respeitadas como tal*" (Rawls, 1971: 28). Em síntese, o que é justo tem de ser aceite pelos indivíduos, não havendo outros interesses a que se deva recorrer para determinar o tipo de estrutura social mais justa. [Valerá no entanto referir que, assumindo embora esta forma de individualismo moral, Rawls se demarca de outras formas de individualismo moral extremo – quer a concepção que valoriza o facto de se produzir o bem *nas* pessoas, de forma atomística, como sugere a doutrina utilitarista, quer a concepção que valoriza o facto de se produzir o bem *de acordo com as pessoas*. E tal ocorre nomeadamente por força da ideia e da preocupação de solidariedade, expressa desde logo na proposta de redistribuição de rendimentos (Kukathas e Pettit, 1995: 24 ss.)] Em *A Theory of Justice*, Rawls propõe que tal distribuição deva ser igual, a menos que uma distribuição desigual faça aumentar o produto por forma a resultar na melhoria da situação dos que menos têm, desde que, em qualquer caso, estes não vejam, em consequência de tal distribuição desigual, os seus rendimentos diminuídos e, pelo contrário, beneficiem em algo – ainda que pouco – do aumento da produção verificado (Rawls, 1971: 209 ss., 237-248).

A justiça está inexoravelmente voltada para a redistribuição da riqueza. A velha questão – o que é uma sociedade justa? – reaparece central na filosofia política.

2.1. A filosofia política de Rawls

Para Rawls os indivíduos e os grupos sociais (seja uma família, uma associação ou a sociedade política), em consequência da sua razoabilidade e racionalidade, tomam decisões de acordo com as prioridades ou a razão de cada um desses grupos. De acordo com a tese que desenvolve em *Political Liberalism* (1993), as sociedades democráticas têm, nesse aspecto, uma particularidade da maior importância: as suas prioridades são o bem do povo em geral, aquilo que Rawls designa por *razão pública* – "*a razão dos seus cidadãos, daqueles que partilham o estatuto de igual cidadania*" (Rawls, 1993: 209) – cujo conteúdo é formulado por uma *concepção política da justiça* amplamente liberal, ou seja, (*i*) que especifica certos direitos, liberdades e oportunidades básicos característicos dos regimes constitucionais democráticos, (*ii*) que atribui prioridade a esses direitos, liberdades e oportunidades, sobretudo no que toca a interesses do bem geral e (*iii*) que assegura a todos os cidadãos os meios adequados para efectivo uso dessas liberdades e oportunidades (Rawls, 1993: 218).

Há, pois, em Rawls uma estreita ligação entre o processo decisório de uma sociedade democrática e a justiça tomada nesta concepção política, à qual estão subjacentes os valores da igual liberdade política e civil, da igualdade de oportunidades, da igualdade social, da reciprocidade económica, da preeminência do bem comum. Mas como chegam os cidadãos a optar por estes valores, porque conformarão eles, necessariamente, as nossas sociedades? A resposta de Rawls remete-nos para o modelo constante de *A Theory of Justice*.

2.2. Contratualismo, posição original e estratégia maximin

Como se determinam os contornos de uma sociedade justa (*bem orde-nada*)? Rawls propõe que se faça um *thought experiment* (Rawls, 1971: 33, 108 ss.): comecemos por admitir que existe uma sociedade original, antes da qual não existira outra. Colocados nesta *original position*, vamos encontrar as regras para que essa sociedade seja justa.

Ponto prévio é que estas regras serão necessariamente aceites por todos: definidas as regras, pode haver decisões por maioria; mas as regras básicas têm de ser assumidas por unanimidade, no pressuposto, aliás, de que as partes são guiadas por critérios de racionalidade, estão numa hipotética situação de igual liberdade e protegidas sob um *véu de ignorância*.

Este requisito do véu de ignorância permite ocultar uma série de informações específicas das partes na posição original, sem o que o processo negocial encontraria problemas inultrapassáveis. Colocados na posição original, o véu impede-nos de ver ou conhecer algumas informações fundamentais acerca de nós e dos outros. Impede-nos, desde logo, de conhecer o resultado da "lotaria genética" (a combinação dos nossos genes é aleatória e irrepetível) – nada sabemos, pois, sobre as nossas aptidões ou inclinações, embora saibamos que elas são distintas de pessoa para pessoa. Impede-nos, outrossim, de conhecer o lugar de cada um na sociedade (a nossa ocupação, o nosso capital cultural, o nosso lugar na estratificação social), embora saibamos que existem posicionamentos distintos. Impede-nos, enfim, de conhecer as nossas (e dos outros) "concepções particulares do bem" – sejam decorrentes de crenças religiosas, de padrões de comportamento moral, de convicções políticas, de valores – sabendo embora que existem diferentes concepções do bem.

Só o véu de ignorância torna possível às partes escolherem unanimemente uma concepção particular de justiça (Rawls, 1971: 123), libertando-as dos constrangimentos que o conhecimento dos seus interesses e concepções individuais necessariamente comportariam para a negociação de quais as regras básicas que definirão a *estrutura básica da sociedade*, ou seja, "*a forma pela qual as principais instituições sociais se articulam num único sistema e como garantem direitos e deveres essenciais e moldam a divisão dos benefícios emergentes da cooperação social*" (Rawls, 1971: 47).

> Valerá referir que o conceito de *estrutura* não é de todo unívoco, designadamente no discurso filosófico. Assim, significando no léxico comum a *organização ou modo como as diferentes partes estão dispostas entre si*, tem na filosofia o sentido de *conjunto cujas partes são funções umas das outras* (Mora, 1982: 138). Uma estrutura é por isso composta mais por membros do que por partes, do que resulta ser mais um todo que uma soma. É especialmente a partir do romantismo que se

generaliza o conceito de estrutura para explicar o mundo real, aparecendo uma visão estruturalista da realidade (por oposição a uma visão atomista) que olha não só os organismos biológicos como os complexos psíquicos, as configurações de objectos dentro de um contexto como as colectividades humanas na sua totalidade e complexidade, que não nos elementos componentes (Mora, 1982: 138 ss.) O conceito operacional de *estrutura* usado por Rawls em *A Theory of Justice*, que parece próximo do aqui exposto, denota uma clara tendência de observar o indivíduo a partir do grupo (pese embora a teoria de Rawls ter um cunho de marcado individualismo moral, uma vez que só os interesses dos indivíduos contam na avaliação das estruturas sócio-políticas), opção que, como a seu tempo veremos, suscitou forte oposição de Nozick que questiona *"why individuals in the original position would choose a principle [refere-se ao princípio da diferença, que adiante exporemos] that focuses upon groups, rather than individuals"* (Nozick, 1974: 190) e assume que os indivíduos vivem vidas separadas, daí retirando a conclusão de que é moralmente inaceitável sacrificar uma pessoa por causa de outra (Wolff, 1991: 7).

Se, colocados nas condições da posição original, sob o véu da ignorância, formos capazes de identificar a estrutura que escolheríamos – a que resultaria de uma escolha em cujo processo decisório não pudéssemos introduzir o peso do nosso interesse particular – justificaremos a pretensão de termos encontrado uma estrutura justa (Kukathas e Pettit, 1995: 34) e potencialmente estável.

A concepção subjacente a esta proposta é – facilmente se intui – a da tradição contratualista. Tal tradição radica em Hobbes (1588-1679), com o seu pessimismo antropológico que o faz considerar que, em estado de natureza, ou seja, *"durante o tempo em que os homens viverem sem um poder comum que os mantenha em respeito"* (Hobbes: I, 13), a sociedade se reduziria a um permanente conflito de terror entre grupos e indivíduos, seja por competição, por desconfiança, ou por vaidade (Hobbes: I, 13); daqui e da constatação de que a sobrevivência é a preocupação primeira do homem e a primeira lei da Natureza (Hobbes: I, 14), retira o filósofo a segunda lei da Natureza, pela qual os homens consentirão em prescindir mutuamente da porção de liberdade necessária para garantirem a paz e a defesa (Hobbes: I, 14). Para o concretizarem, os indivíduos transferirão para uma pessoa ou para uma instituição os poderes e a força que antes detinham individualmente, assim dando origem e legitimando, por via deste contrato social, o Estado (Hobbes: II, 17). A tradição contratualista vai ainda entroncar em Locke (1632-1704), com uma distinta concepção do estado de natureza: nele os indivíduos estão numa situação de perfeita igualdade e liberdade apenas limitada pelo respeito pela lei natural, a qual, por via da razão, os obriga a não ofender os outros na sua vida, propriedade, liberdade e saúde (Locke: II, 5, 6); a fim de evitarem os riscos de parcialidade e violência que sempre representaria a justiça privada, os indivíduos concordam em pôr fim ao estado natural, unindo-se numa comunidade e dando origem a um corpo político (Locke: II, 14). A mesma tradição passa por Rousseau (1712-1778), que parte, ao invés de Hobbes, de uma perspectiva de optimismo antropológico, ou seja, da consideração de que o homem é naturalmente bom, sendo razões sociais e políticas – que nada têm a ver com a sua natureza – que lhe trazem infelicidade. Daqui faz decorrer Rousseau um pacto estabelecido entre cada indivíduo e a comunidade, por via do qual a soberania se radica no grupo (ou no povo), que não no soberano ou no Estado, constituindo a mais segura garantia dos direitos individuais (Touchard, 1991: 207).

O *Leviatã*, de Tomas Hobbes, aparecera em 1651; o *Segundo Tratado sobre o Governo*, de John Locke, em 1690; e o *Contrato Social*, de Jean-Jacques Rousseau, em 1762. Tratava-se, pois, de teses com mais de dois séculos. A retoma da tradição contratualista terá sido, por isso, a maior responsável pelo impacto que as propostas de Rawls causaram (Kukathas e Pettit, 1995: 31) Não deixa, aliás, de ser significativo que, depois de *A Theory of Justice*, uma série de autores se inscrevam nessa linha de pensamento, aparentemente relegada para o baú da História, entre eles se contando alguns dos críticos mais veementes de Rawls. O próprio Nozick, como a seu tempo veremos, se não pode incluir-se entre os verdadeiros contratualistas [uma vez que, no seu modelo, os indivíduos não passam do estado de natureza ao Estado mínimo por uma decisão consciente, senão insensivelmente, por um "deslizamento" a partir do estado de natureza (Abranches, 2004: 105), como desde logo bem elucida o título e sub-título da Parte I de *Anarchy, State and Utopia* – "*State-of-Nature Theory, or How to Back into a State without Really Trying*" e o próprio autor confirma ao afirmar que "*the process looks nothinglike unanimous joint agreement to create a government or state*" (Nozick, 1974: 132)], não deixa de assumir uma posição próxima, que poderíamos dizer de quase-contrato, uma vez que, apesar de tudo, os indivíduos, quando colocados no estado de natureza, vêm racionalmente a acordar uns com os outros estratégias de defesa dos seus direitos.

Apesar de tudo, convém esclarecer de que contratualismo estamos a falar quando o imputamos a Rawls. É que, nos casos que anteriormente referíamos – sejam Hobbes, Locke ou Rousseau – como, de alguma forma, no caso que adiante referiremos – Nozick, pese embora não se tratar aí de contratualismo puro – o contrato social serve, antes de mais, para legitimar o poder político e o Estado. Diferentemente, Rawls não lhe atribui tal papel: a sua função é mais avaliativa que legitimadora; o contrato é essencialmente um meio de testar se o modelo é aceitável e exequível (Kukathas e Pettit, 1995: 42). Cabe-lhe tão só provar qual das soluções em análise é mais justa, não se havendo dele a esperar que transporte a própria definição da justiça. No enquadramento que Kukathas e Pettit (1995: 41 ss.) formulam sobre o papel do contrato social, o contratualismo de Rawls é, pois, avaliativo (que não legitimador) e heurístico (que não definidor). Por outro lado e seguindo os mesmos autores por referência à natureza do contrato, ela é em Rawls intencional (pois se trata de um verdadeiro acordo decorrente de manifestações de vontade, ao contrário do que ocorre com Nozick, como já deixámos apontado), económica (pois que as partes calculam, embora sob o véu da ignorância, o que melhor se adaptará aos seus possíveis interesses) e não interactiva (já que as partes na posição original decidem por si, sem necessidade de negociação com as outras, uma vez que as condicionantes dessa *original position* garantem a justeza dos acordos para todos).

Fechemos este parêntesis para nos recolocarmos na posição original do modelo rawlsiano. As partes, agora protegidas pelo véu da ignorância, estão em condições de acordar em princípios genéricos, universais e publicamente reconhecidos como última instância na resolução de conflitos inter pessoais (Rawls, 1971: 130). Que estratégia irão adoptar para escolher esses princípios?

Rawls salienta que os indivíduos estão numa situação de enorme risco e incerteza, uma vez que os princípios que vão escolher são definitivos e cada um não sabe, recordemo-lo, nem as suas aptidões, nem a sua sorte social. Imagine-se a opção acerca da admissão da escravatura: o benefício que eu posso vir a retirar de um tal sistema é enorme (se, levantado o véu da ignorância, eu me reconhecer como filho de uma família de homens livres, dono de uma fábrica que usa mão de obra intensiva...) mas o risco é inadmissível (se, levantado o véu de ignorância, eu me reconhecer como filho de escravos, terei hipotecado toda a minha liberdade e colocado na mão de outrem o direito à minha própria vida...) As partes na posição original iriam por isso adoptar uma estratégia de pessimismo e cuidado – optariam por uma "*concepção de uma sociedade na qual o seu lugar lhe fosse atribuído por um seu inimigo*" (Rawls, 1971: 132).

Encontramos assim a regra *maximin*: admitimos o pior (o mínimo) e tentamos prevenir esse pior, maximizando esse mínimo. Definida a pior das soluções (aquela que nos seria imposta por um nosso inimigo, aquela que resultaria de uma situação em que estivéssemos em completa minoria ou em manifesto desfavor sócio-económico) tentamos que a solução seja, nessa hipótese, a menos má. A posição original garante a existência das três características essenciais para que regra *maximin* seja plausível: (*i*) as partes não podem fazer cálculos de probabilidade sobre o risco que a sua decisão representa porque o véu de ignorância lhes impede o acesso ao conhecimento que basearia tal raciocínio probabilístico; (*ii*) as partes estão numa situação em que não são impelidas a correr riscos para obter maiores benefícios; e (*iii*) as partes sabem que a escolha de certas concepções de justiça podem conduzir a situações para elas intoleráveis (vide a exemplo supra da escravatura). Acresce que esta regra não é somente uma decorrência processual da racionalidade das partes mas comporta uma dimensão moral (Rosas, 2004: 97).

Adoptada esta estratégia, conduzirá ela à adopção pelos indivíduos – necessariamente por unanimidade – de dois princípios, um referente à liberdade, outro respeitante às desigualdades económico-sociais e distribuição da riqueza (Rawls, 1971: 237 ss.)

2.3. A justiça como equidade

A racionalidade das partes na posição original levá-las-á, na concepção de Rawls, a adoptar princípios de justiça que garantam uma pauta imutável de direitos e deveres iguais para todos, a possibilidade de prossecução de qualquer concepção de bem compatível com a justiça e a afirmação de uma regra de prioridade quanto à distribuição de bens primários. Nas palavras de J. Rosas (2004: 98), "*escolhidos numa posição original equitativa, os princípios de Rawls podem ser chamados de «justiça como equidade»*".

Que princípios são esses?

2.3.1. *O princípio da liberdade*

Para definição do primeiro princípio, estão em causa todas as liberdades básicas (v.g. liberdade de consciência, de expressão, de associação, de opções individuais privadas). Segundo a estratégia *maximin*, importa determinar o que seria pior – que eu esteja em minoria absoluta, ninguém concordando com as minhas opiniões. Maximizando, ou seja, prevenindo essa pior hipótese, excluir-se-á a regra da maioria e estabelecer-se-á que cada indivíduo tem o máximo de liberdade individual, desde que não contenda com a liberdade dos outros.

Na perspectiva de Rawls, há que procurar uma garantia de liberdade, uma vez que admitir que outrem possa ser dela privado é admitir que eu próprio possa vir a sofrer essa privação. Essa garantia, porém, não pode ser absoluta, já que as acções absolutamente livres de cada um facilmente poderiam interferir no exercício da liberdade dos demais, sendo que, como atrás ficou, se impõe que esse exercício esteja garantido igualitariamente.

Estamos, pois, perante uma lógica de liberdade máxima, apenas limitada pela exigência de compatibilização dessa liberdade de cada um com o sistema de iguais liberdades para todos: é o que podemos chamar *princípio da igual liberdade mais extensa.*

Definido o padrão de justiça no que à liberdade concerne, decidirão as partes sobre a distribuição de outros bens primários.

2.3.2. *Os princípios da distribuição dos rendimentos*

Apesar do véu de ignorância lhes impedir de saber a sua individual situação na sociedade, as partes na posição original sabem que os bens materiais são escassos e as vantagens sociais não tocam a todos. A estratégia *maximin* leva-as a que ponderem o risco da pior situação possível – um sistema distributivo de que resulte a possibilidade de nada terem.

Maximizando esta pior hipótese, haveriam de optar pela solução que, garantindo um mínimo aceitável de benefício, menor prejuízo nos seus interesses poderá causar: uma distribuição igualitária, cuja razoabilidade e justeza estariam até justificadas pela razão de que, havendo embora alguns que produzem mais que outros, tal se deve essencialmente à lotaria genética ou à herança cultural e social. Mas tal razoabilidade e justeza só se imporiam se o produto fosse fixo. Variando este, como varia, as partes facilmente perceberão que a admissão de desigualdades na distribuição pode mostrar-se benéfica para todos, porque, representando incentivos que alguns queiram e possam aproveitar, pode fazer crescer o produto. Ponto é que, ainda que alguns fiquem com mais, os outros fiquem, ainda assim, algo melhor – ainda que porventura pouco melhor – do que ficariam se a distribuição fosse igualitária.

Rawls admite assim uma *desigual distribuição*, não para premiar os que mais produzem senão para fazer crescer o produto. Daqui resulta necessariamente a admissão de desigualdades sociais e económicas. Tais desigualdades não podem, porém, implicar uma diminuição dos rendimentos dos que menos têm. E não é, no seu modelo, tão pouco admissível que alguns ficassem a ganhar mais (embora produzindo mais) desde que todos (e designadamente os que têm menos) não ganhassem algo. Rawls recusa assim a aplicação do princípio de Pareto ou princípio da eficiência (nos termos do qual a distribuição é eficiente sempre que alguém fica melhor sem que ninguém fique pior) em detrimento do que designa por *princípio da diferença,* por via do qual a desigualdade sempre implicará redistribuição. Em conclusão: *uma distribuição justa é uma distribuição igual, a não ser que uma distribuição desigual melhore a situação dos que ficam com menos.*

O pressuposto igualitário da teoria da justiça rawlsiana impõe uma condição a este dito princípio da diferença: as desigualdades económicas e sociais só são admitidas se, para além de darem cumprimento à regra vinda de mencionar, surgirem como *"consequência do exercício de cargos e funções abertos a todos em circunstâncias de igualdade equitativa de oportunidades"* (Rawls, 1971: 239). Fica pois explícito um segundo princípio relativo à distribuição de rendimentos: o *princípio da igualdade equitativa de oportunidades.*

2.3.3. O *princípio da prioridade*

Existe uma possibilidade óbvia de conflito entre os princípios mencionados. Para os prevenir, o modelo de *A Theory of Justice* estabelece duas regras de prioridades.

Pela primeira, Rawls faz primar o princípio da liberdade, estabelecendo que uma liberdade individual só pode ser cerceada na medida em que tal maximize a liberdade de todos e definindo que as desigualdades, no que à liberdade concerne, deverão mostrar-se aceitáveis por aqueles a quem é atribuída liberdade menor. Como os princípios são apresentados por ordem lexical (Rawls, 1971: 239), daí resulta que *"o primeiro princípio* [da igual liberdade mais extensa] *deve estar satisfeito antes do segundo* [princípio da diferença] *ser invocado"* (Kukathas e Pettit, 1995: 60).

Pela segunda regra de prioridade impõe-se a sobrevalorização da justiça distributiva sobre *"a eficiência e a maximização da soma de benefícios"*, daqui resultando que o princípio da igualdade equitativa de oportunidades obtenha preferência sobre o princípio da diferença.

Facilmente se entende que a teoria de Rawls é construída a partir de pressupostos irredutivelmente igualitários mas admite um resultado de forte (e acrescida) desigualdade, sendo embora que cada desigualdade seja assumida como que a título de excepção e tenha por isso de ser justificada em função da capacidade de fazer crescer (também) o rendimento dos outros. Como quer que seja, a concepção rawlsiana pretende uma sociedade de cidadãos livres e iguais, na qual a as divisões resultantes das doutrinas globalizantes sobre a verdade ou a justiça, ou sejam, as controvérsias extremamente profundas da religião e da filosofia que impediriam o necessário consenso social sobre a razão pública (Rawls, 1993: 157), são contornadas e substituídas por doutrinas razoáveis – susceptíveis de serem compreendidas e aceites por todos – para obtenção de um consenso sobre questões constitucionais básicas num processo que designa por consenso de sobreposição (Rawls, 1993: 141 ss.) Mas trata-se ainda de uma sociedade em que o conceito de justiça decorre de um padrão igualitário que, necessariamente, limita a liberdade individual (designadamente a liberdade de empresa e a propriedade privada) em benefício (ou alegado benefício) do colectivo.

3. ROBERT NOZICK: LIBERDADE *VS.* ESTADO SOCIAL

Por via de qualquer dos tipos básicos que entende por mais adequados (seja o "socialismo liberal", que privilegia a propriedade pública dos meios de produção, seja a "democracia de proprietários", que privilegia a propriedade privada dos meios de produção) o modelo rawlsiano implica um Estado que garante aos cidadãos, independentemente da contribuição de cada um para o produto, uma renda mínima e os meios adequados para serem membros cooperantes da sociedade ao longo da vida (Rosas, 2004: 100).

Nozick, pelo contrário, porque recusa assumir o Estado como um ponto de partida necessário, apenas o admite na medida em que (e com uma dimensão tão limitada que) corresponda ao lugar que lhe deixa o respeito absoluto pelos direitos individuais. A expressão que abre o prefácio de *Anarchy, State and Utopia*, repetidamente citada, é elucidativa da ideia força de toda a obra: "*Individuals have rights, and there are things no person or group may do to them (without violating their rights)*" (Nozick, 1974: *ix*).

Para Nozick os indivíduos devem ser considerados como realidades separadas (não enquanto membros de comunidades), vivendo as suas vidas e adoptando as suas decisões autonomamente, portadores de direitos individuais absolutos. Os indivíduos têm, consequentemente, direito a auto governarem-se, pelo que deve em princípio excluir-se a legitimidade a qualquer acto de coerção, designadamente do Estado. Benjamim Tucker, um pensador americano anarquista, deixou escrito em 1888 que "*if the individual has the right to govern himself, all external government is tyranny*" (Tucker, 1977: 151). Nozick toma a sério as posições anarquistas perante a coerção e o Estado e assume como absoluto o valor da autonomia individual, sacrossanto para o anarquismo (Barber, 1977: 4).

É certo que, como adiante veremos, Nozick não leva as posições libertárias de partida às últimas consequências que o anarquismo pretende atingir, ou seja, à demonstração da ilegitimidade moral de todas as formas de Estado. Aliás, boa parte de *Anarchy, State and Utopia* ocupa-se precisamente em justificar moralmente o Estado (o Estado mínimo, precise-se).

Como quer que seja, os princípios em que Nozick se baseia são aceitáveis por qualquer anarquista individualista (Young, 1986: 43): falamos do princípio libertário, que impõe que não usemos a coerção nem pratiquemos fraude, roubo, violação dos contratos ou outras infracções ao direito de propriedade; do princípio kantiano, que requer que olhemos os indivíduos como fins e nunca os usemos como meios para o que quer que seja; e a condição de Locke que, como adiante veremos, impõe, ao menos na perspectiva de Nozick, que, quando haja uma troca, ambas as partes beneficiem ou, pelo menos, nenhuma fique pior do que antes. A questão é que os anarquistas, aceitando estes princípios morais, pretendem demonstrar que nenhum Estado os satisfaz e todos os violam, do que decorre a sua falta de justificação (Young, *ibidem*). Em *Anarchy, State and Utopia* o Estado não se justifica pela constatação empírica de que não há alternativa séria a ele (Wolff, 1991: 16). Mas justifica-se, apesar de tudo. É certo que se parte da tese anarquista e se assume que a questão fundamental da filosofia política não é outra senão a de saber se o Estado deveria de todo existir. "*Why not have anarchy?*" (Nozick, 1974: 4). Mas é absolutamente claro que o objectivo central da obra é aquele duplo, amplamente repetido: por um lado justificar moralmente o *minimal state*, por outro demonstrar a insustentabilidade moral da toda a forma de Estado que almeje outras funções para lá da salvaguarda dos direitos individuais (designadamente a protecção contra a força, a fraude, o roubo, o incumprimento dos contratos).

Em todo o caso, a preocupação em refutar as teses anarquistas de ilegitimidade moral do Estado é já, de algum modo, a aceitação do pressuposto básico das mais daquelas teses: quem quer impor o Estado tem o dever moral de provar a sua legitimidade. Ora, os próprios autores anarquistas, não aceitando embora que Nozick tenha logrado justificar o Estado, reconhecem-lhe o mérito de ter imposto a questão da necessidade moral da prova (Barnett, 1977: 20-21).

3.1. Wilt Chamberlain: Nozick contra o igualitarismo

A argumentação viva, brilhante, por vezes desconcertante e provocatória que marca o estilo de *Anarchy State and Utopia* tem o seu traço porventura mais incisivo na história de Chamberlain (Nozick, 1974: 160 ss.) Assumamo-nos, por facilidade metodológica, numa sociedade segundo padrões de distribuição igualitária, na qual a riqueza está distribuída por um padrão que chamamos de D^1. A riqueza de que cada cidadão dispõe é justa porque decorrente do padrão de justiça distributiva D^1. Wilt Chamberlain, um talentoso jogador de basquetebol, cobiçado por várias equipas, vem a celebrar um contrato com uma delas por via do qual recebe, para além do seu ordenado, um valor acrescido de 0,25 USD por cada espectador nos jogos "em casa". Para o efeito, as pessoas depositam, quando da compra do ingresso, os 0,25 USD numa caixa identificada com o nome de Chamberlain (Nozick precisa o pormenor dos 25 cêntimos na caixa com o nome de Chamberlain para sublinhar o aspecto voluntarista da transferência de cada espectador). Um milhão de pessoas assistiram aos jogos, do que resulta que, no final da temporada, Chamberlain ganhou muito mais que todos os outros e ficou milionário.

Se preferirmos, podemos imaginar que, numa sociedade socialista com um padrão igualitário de distribuição, um apreciado ilusionista decide trabalhar *after hours* (depois de cumprido o seu horário de trabalho), exibindo no final de cada espectáculo mais uns quantos números ao público, a troco dos mesmos vinte e cinco cêntimos.

Num caso ou noutro, a questão coloca-se nos mesmos termos: deve admitir-se este novo padrão de distribuição? É que, inquestionavelmente, as pessoas decidiram livremente entregar parte do seu rendimento a Chamberlain, definindo uma nova distribuição. Chamemos-lhe D^2. A distribuição D^1 não pode ser atacada de injusta, porque obedece ao padrão de justiça imposto, tendo nascido da distribuição igualitária. Ora – pergunta Nozick – *"if D^1 was a just distribution and people voluntarily moved from it to D^2 (what was it for if not to do something with?), isn't D^2 also just?"* (Nozick, 1974: 161).

A resposta não é fácil. É que, se tivermos por aceitável a nova distribuição, admitimos – em nome do respeito pela liberdade das pessoas – a destruição do padrão igualitário. Mas, se recusamos que a nova distribuição possa ter lugar (se recusamos às pessoas a possibilidade de darem os 0,25 USD a Wilt Chamberlain ou se proibirmos este de trabalhar *after hours*) estaremos a violar grosseiramente a liberdade individual dos que pretendem fazê-lo: se não posso doar o que recebo ou destiná-lo aos fins que tenha por convenientes, não ofendendo direitos de terceiro, que posso eu fazer daquilo que possuo? Que liberdade me resta, afinal, em relação aos meus bens?

A solução da aplicação de um imposto redistributivo sobre os rendimentos de Chamberlain não afasta as consequências: apesar de tudo, eu, espectador e entusiasta do basquetebolista, quero dar os meus vinte e cinco cêntimos a ele, Chamberlain, não à comunidade. E o Estado, por via de tal actuação fiscal, não me permite que o faça, desviando-me coercivamente parte desses vinte e cinco cêntimos para outros fins – que poderão ser respeitáveis mas não são os que eu escolhi.

Daqui faz Nozick decorrer a conclusão de que os padrões perturbam a liberdade. Dito doutra forma: uma sociedade livre não é compatível com um padrão de justiça distributiva, designadamente com um padrão igualitário de distribuição. A adopção de um padrão de justiça distributiva não só viola a liberdade dos indivíduos, como permite ao Estado que, para a sua aplicação, se intrometa sistematicamente na vida privada de cada um, condicionando as suas escolhas e a sua propriedade: só por essa via, que representa compressão contínua da liberdade individual, o padrão pode ser respeitado.

Alguns argumentos se levantam, neste especial, contra Nozick, acusando o seu raciocínio de "ilusão reducionista" (Barber, 1977: 20), não atendendo às consequências públicas dos actos privados. Por um lado, os fãs de Chamberlain agem como privados ao dar os 0,25 USD ao seu ídolo mas nada garante que, em termos públicos, isso determine a sua vontade em mudar o modelo D^1 para D^2. É que a nova distribuição pode vir a ter consequências negativas para eles, adeptos, como também para os demais cidadãos, tudo resultante do poder económico que agora um cidadão detém (Gargarella, 1999: 57-58). Por outro lado, o exemplo Chamberlain negligencia o poder privado: no mercado, acusa Barber (1977: 17), não é o direito mas o poder que prevalece e, na ausência de coerção do Estado, nada previne a coerção privada. A este propósito, Nozick apresentar-se-ia inocente relativamente às questões do poder, retirando do mercado a violência, o terror e a corrupção (Barber, 1977: 13-14).

Trata-se, porém, de um tipo de crítica que parece menosprezar um dos aspectos essenciais de *Anarchy, State and Utopia*: é que, partindo embora de um irredutível princípio da autonomia privada, Nozick não recusa o papel do Estado nem a utilização da coerção. Pelo contrário, toda a primeira parte da sua obra é precisamente usada na justificação moral do Estado e do uso da coerção, que se legitimam, aquele e esta, para defesa e garantia dos direitos individuais. Não parece por isso que ao modelo de Nozick possa ser apontado que negligencie a violência, o terror e a corrupção privados: o seu Estado mínimo tem precisamente a função primária de que os direitos individuais possam ser exercidos sem sujeição a tais constrangimentos.

E parece certo que, quando intuímos o que é justo ou injusto – e a estratégia de Nozick passa precisamente por usar contra a nossa *sensibilidade distributiva* as nossas próprias intuições que nos impelem a articular o que é justo com o que nos pertence (Abranches, 2004: 105) – todos ou quase todos nos não satisfazemos com o resultado final da distribuição e pretendemos antes saber como se adquiriram e como se transferiram os bens, para se determinar se a posse é justa. Não é a esse critério de justiça – que não ao da distribuição igualitária ou de resultado – que se reporta a tradição socialista quando reclama que os trabalhadores têm direito ao produto do seu trabalho? "*Such entitlements are based upon some past history. No socialist holding this view would find it comforting to be told that because the actual distribution*" (Nozick, 1974: 154-155).

O caso Chamberlain não pode deixar de suscitar-nos o problema da autonomia da vontade: de entre o milhão de pessoas que colocaram os 25 cêntimos na caixa, não terá havido um número significativo de entre elas que o haja feito por condicionalismos psicológicos e sociais? Parece inquestionável que, no concreto, os comportamentos nem sempre são manifestações da autonomia da vontade: desde logo, as pessoas interferem umas com as outras e essas interferências – que são hoje poderosíssimas face a realidades com o peso sócio-político da propaganda, da publicidade ou da manipulação da opinião (Barber, 1977: 11) – condicionam as decisões individuais.

Aliás, o próprio Nozick, atestando uma notável honestidade intelectual, viria anos mais tarde, em *The Nature of Rationality* (1993), a assumir que a filosofia política de *Anarchy, State and Utopia* ignorou a importância das conexões simbólicas no processo de decisão, mostrando-se nesse aspecto inadequada (Nozick, 1993: 26 ss; 32).

Apesar de tudo, valerá recordar que este tipo de crítica é extensível à construção de Rawls: é que ambos pretendem justificar as suas posições apresentando situações hipotéticas imaginativas, face às quais, *se* certas condições existissem, determinadas consequências *ocorreriam*. Apresentam-nos, afinal, modelos abstractos, deixando-nos, nas palavras de Rodman, o encargo de explicar porque não corresponde o mundo real a esses modelos (Rodman, 1976: 198). Podemos, aliás, concordar em que toda a tradição do contratualismo assenta nesse problema de princípio, uma vez que em caso algum o estado natural é assumido como uma referência histórica, senão como uma abstracção intelectual. Retomaremos este ponto mais adiante.

Outra questão, porém, se haverá de colocar: com Wilt Chamberlain ter-se--á demonstrado a importância, porventura a essencialidade das transferências voluntárias na determinação da justiça. Daqui resulta que a justiça numa dada situação social não pode (ao invés de Rawls parece prenunciar) ser considerada sem ter em conta como essa situação ocorreu. Parece por isso razoável, quando se ataca Nozick alegando que nenhuma teoria da justiça pode ter como consequência que famintos não tenham direito a comida, a resposta de que é preciso saber porque chegaram os famintos a esse situação, uma vez que, se não tiveram acesso aos meios de produção, devem ser compensados (como, noutro ponto deste trabalho, veremos). Apesar disso, apesar da essencialidade da consideração do procedimento, será que a justiça se esgota na verificação histórica desse procedimento? Alguns autores entendem que não. O exemplo Chamberlain, adiantam, não prova que outras considerações devam ser excluídas (Lyons, 1976: 212). Para Nozick, porém, o conceito de justiça baseada em processos e o conceito de justiça baseado em resultados não podem conviver – porque são incompatíveis, designadamente na sua relação com a liberdade – na mesma teoria.

3.2. Teorias da justiça sobre processos e teorias da justiça sobre resultados

A alternativa colocada por Nozick é clara: tem que se escolher entre ter um padrão e dar liberdade às pessoas. A teorias da justiça cujo objectivo é garantir um certo resultado final – v.g. uma distribuição igualitária – são padronizadas, logo não compatíveis com a liberdade.

Ora, por liberdade devemos entender a possibilidade de utilizar todos os processos legítimos, ou seja, de decidirmos tudo aquilo que não se baseie na coerção sobre terceiros e que, consequentemente, respeite a liberdade dos outros. Uma teoria da justiça que parta deste conceito de liberdade definirá por justo tudo o que resulte de processos legítimos, que o mesmo é dizer de processos que não afectem a liberdade e os direitos individuais de terceiros.

Estamos pois perante dois tipos de teorias da justiça:

i. As teorias de justiça *de resultado final* têm em comum a questão da justa distribuição dos bens na sociedade; para determinar a justiça de tal distribuição, haverão de referir-se a um critério ou padrão exterior, seja o mérito, o trabalho, a necessidade, a igualdade – são por isso teorias *padronizadas.* O modelo de Rawls é um caso claro de uma teoria padronizada e de resultado final: a justiça é um padrão de distribuição de bens, cujo objectivo final é a correcção das injustiças que uma distribuição segundo as regras de mercado (ou seja, uma distribuição não padronizada) produziria.

ii. As teorias da justiça *de procedimento* reportam-se à questão sobre a legitimidade dos processos que conduziram à posse dos bens, centrando a determinação do que é justo na questão de saber se a aquisição do bem foi, ela mesma, justa. São teorias *não padronizadas*, uma vez que não fazem depender a justiça da adequação a um modelo exterior às trocas entre os indivíduos (quer esse modelo privilegie valores morais, de necessidade ou utilidade social) e *históricas*, uma vez que têm em conta as acções e as circunstâncias que determinaram a posse dos bens.

A adopção de um padrão de distribuição é, na tese de Nozick, incompatível com a liberdade, a qual só é respeitada num modelo de justiça procedimental e histórico, características que iremos encontrar na sua teoria do justo título (*entitlemente theory of justice*).

3.3. A entitlement theory of justice

A expressão *justiça distributiva* será neutra? Nozick afirma que não é: ela faz pressupor a existência de uma entidade ou mecanismo que usa um determinado critério para fazer a distribuição das coisas disponíveis (Nozick, 1974: 149). E tal não existe. Não há, em primeiro lugar, nenhuma distribuição central dos bens, como não há nenhuma entidade ou instituição que controle todos os recursos e decida como reparti-los. E não há, em segundo lugar, um suposto conjunto de bens livres, disponíveis para tal distribuição.

O que os indivíduos têm não lhes chegou por via dessa putativa distribuição, senão a partir de outros indivíduos, por via de troca ou de doação. "*In a free society, diverse persons control different resources, and new holdings arise out of the voluntary exchanges and actions of persons*" (Nozick, 1974: 149-150).

Regressemos ao exemplo Chamberlain. Se D^1 é justo, D^2 tem de ser necessariamente justo porque a transferência de cada quarto de dólar foi voluntária. O elemento da livre vontade dos contratantes é pois condição necessária – mas também suficiente – para que uma transacção seja considerada justa (Wolff, 1991: 83).

No fundo, este elemento *voluntariedade* legitima a transferência e confere ao novo proprietário um título – que é justo, desde que corresponda a uma transferência legítima. A questão do *justo título* (ou, se preferirmos, do título legítimo, que na concepção de Nozick, são, não sinónimos mas causa necessária e efeito – o título só é justo se for legítimo mas todo o título legítimo é justo) é condição não só de uma justa transferência como de uma justa aquisição.

O princípio da justiça distributiva de Nozick é pois uma regra de procedimento: "*the complete principle of distributive justice would say simply that a distribution is just if everyone is entitled to the holdings they possess under the distribution*" (Nozick, 1974: 151).

Esta regra decorre de três princípios que constituem os pilares da *entitlement theory of justice*:

   i. O princípio da justiça na aquisição;
   ii. O princípio da justiça na transferência;
   iii. O princípio da compensação ou da rectificação.

3.3.1. *O princípio da justiça na aquisição*

Nozick assume que os indivíduos têm direitos pessoais absolutos e invioláveis.

Na sua construção, distingue direitos positivos e negativos. Daqueles, por conferirem ao titular a prerrogativa de beneficiarem de um bem ou serviço, resultam obrigações para outrem. Diferentemente, os direitos negativos são direitos à não interferência. Nozick admite a existência de direitos positivos, desde que as obrigações deles decorrentes para terceiros sejam assumidas voluntariamente, designadamente em consequência de um contrato. Aparte as situações contratualizadas, os direitos pessoais são direitos negativos, de não interferência.

Apesar de a não admissão de direitos positivos de origem não contratual diminuir significativamente os potenciais conflitos entre direitos, tal possibilidade não é de todo eliminada: se um grupo terrorista desvia um avião com trezentos passageiros a bordo e ameaça fazê-lo explodir se lhe não for entregue uma determinada figura pública, existe um conflito entre o direito negativo à liberdade e à integridade física, porventura à vida, da figura pública reclamada e o direito negativo à vida dos trezentos passageiros. Poderíamos ser tentados a considerar justificável que se violasse um direito em ordem a minimizar consequências muito graves de violações de outros direitos – o que justificaria, *in casu*, a entrega da figura pública. Nozick recusa essa possibilidade (que qualifica de utilitarismo de direitos, por via da qual um direito poderia ser violado a fim de garantir a protecção de direitos mais importantes ou mais numerosos) e defende que os direitos ditos negativos acarretam obrigações ou constrangimentos laterais (*side constrains*) que justifica pelo princípio kantiano segundo o qual os indivíduos são fins e não meios: "*they may not be sacrificed or used for achieving of other ends without their consent. Individuals are inviolable*" (Nozick, 1974: 31)

Por outro lado, os direitos individuais são para Nozick o objecto da filosofia política. A grande questão, logo identificada nas primeiras linhas de *Anarchy, State and Utopia*, é precisamente a de saber se algum espaço eles deixam ao Estado. Os direitos individuais são por isso, em Nozick, exaustivos (Wolff, 1991: 23).

Eles constituem "*a line (or hiper-plane)*" que circunscreve "*an area in moral space around an individual*" (Nozick, 1974: 57). Que direitos formam esta protecção moral em torno do indivíduo e são, consequentemente, tidos por absolutos (desde logo porque o indivíduo é um fim em si mesmo, de acordo com o imperativo moral de Kant que noutro local referimos)? O direito à vida, à liberdade e à propriedade.

Estes direitos têm tal força que se apresentam como limites à actividade de terceiros e não cedem, tão pouco, perante considerações de bem-estar social. Especificamente, os direitos de propriedade (entendidos no sentido lato em que o vocábulo *property* é usado na língua inglesa) têm em geral força idêntica à dos direitos sobre o nosso próprio corpo.

Nozick parece beber este entendimento em Locke, recebendo mesmo a acusação de não ser a sua teoria senão um regresso a princípios lockeanos, agora seleccionados – uma espécie de Reforma, apontando a corrupção dos valores originais e proclamando a volta possível à pureza original (Rodman, 1976: 200). Não parece, porém, que exista tal decalque, ao menos em termos absolutos.

Locke radica a propriedade privada na razão natural e na revelação divina, que impõem, uma ou outra, a consideração de que o homem tem *"direito à sua conservação"*, consequentemente aos bens da Natureza, daí decorrendo que, em estado natural, os bens sejam pertença de todos em comum (Locke: V, 25, 44). Mas o homem tem algo que é de cada um em exclusividade: *"uma propriedade na sua própria pessoa: a esta ninguém tem direito senão ele"* – o seu trabalho. É o trabalho que, aplicado sobre os bens da natureza, dá origem à propriedade, fazendo distinguir, de entre as coisas comuns, aquelas que por esforço individual se tornam propriedade privada, com exclusão de todos os outros (Locke: V, 27, 35).

Há, no entanto, na proposta de Locke uma condição de legitimação da apropriação dos bens: que haja *"bastante e igualmente bom deixado em comum para os outros"* (Locke: V, 27). A apropriação privada implica, pois, que os demais indivíduos possam ainda apropriar segundo as suas necessidades, em quantidade e qualidade.

Nozick enfoca a origem da propriedade privada num sentido algo diferente do de Locke (Nozick, 1974: 174 ss.): enquanto para este a questão se reconduz a saber como dividir o que inicialmente é comum, para aquele o problema é antes o de justificar que uma pessoa exclua as demais daquilo que não pertencera a nenhuma delas. E questiona-se: de que modo a mistura do trabalho com os bens em natureza os transforma em propriedade minha? A resposta vem com fina ironia: se eu tenho uma lata de sumo de tomate e lanço o conteúdo ao mar, a mistura constitui uma forma de eu adquirir o oceano ou uma maneira estúpida de desperdiçar o sumo? Tão pouco a ideia da mais valia que o trabalho haja introduzido no bem satisfaz: pois que, neste caso, a extensão da propriedade estaria limitada ao valor introduzido.

Também a condição de legitimação da apropriação privada levanta séria oposição. Nozick considera-a indefensável, esgrimindo o argumento que Wolff (1991: 108) chama de *zipping back*: se Y não pode apropriar porque, com a apropriação, não deixou bens em quantidade e qualidade suficiente para Z (e tal apropriação pioraria a situação de Z, iludindo a condição de Locke), é também certo que o anterior apropriante, X, com o seu acto de apropriação, deixou Y em pior situação, razão porque também essa prévia apropriação não é admissível. O desenvolvimento *ad nauseam* deste argumento levar-nos-ia à conclusão que a primeira apropriação, por A, seria, ela também, pelas mesmas razões, inadmissível... (Nozick, 1974: 175-176).

Nozick não deixa, porém, de aceitar uma condição semelhante à de Locke para legitimar a apreensão originária dos bens. Poder-se-á, aliás, dizer que se trata de interpretação flexível ou suave da condição lockeana (Wolff, 1991: 109): onde Locke exige que fiquem bens suficientes, em quantidade e qualidade, para que outros possam apropriar, Nozick lê que fiquem bens suficientes para *usar*. A ideia central é a de que, apesar de haver alguns que não poderão já apreender bens, torná-los propriedade sua, nunca estes, mesmo assim, ficarão pior do que estariam se não houvesse de todo apropriação. Em favor desta tese são invocadas as habituais considerações em favor da propriedade privada (Nozick, 1974: 177-178), a saber:

i. Aumenta da produção porque coloca os meios de produção nas mãos dos que os utilizam com eficácia, ou seja, com lucro;
ii. Encoraja a experimentação dos outros;
iii. Permite a decisão sobre o modelo de risco a assumir;
iv. Protege as gerações futuras porque encoraja a reserva de recurso para mercados futuros;
v. Fornece oferta diferenciada de trabalho.

Estas considerações permitem a Nozick ultrapassar a regra de Locke (segundo a qual, recorde-se, violada a condição, o direito natural à propriedade não se consolida) ou interpretá-la segundo o entendimento que podemos designar por *condição de Nozick* e que permite a fundamentação moral das desigualdades entre proprietários e não proprietários nas sociedades capitalistas modernas.

A condição de Nozick aproxima-se assim – facilmente se conclui – do princípio da eficiência: desde que os outros não fiquem pior (e não ficarão pior do que estariam se não existisse, de todo, apropriação), a condição estará verificada. Há aqui, repare-se, apelo a uma justificação com base nos benefícios do sistema capitalista, no que poderá ser tido como uma cedência à lógica do utilitarismo – que é repudiada da primeira à última página de *Anarchy, State and Utopia* e da qual, aliás, até à sua última obra *Invariances – The Structure of the Objective World* (2001) se mantém distante (Nozick, 2001: 236 ss.) Nozick contorna a dificuldade, invocando que os alegados benefícios do capitalismo não justificam por si a apropriação, antes constituem mera prova de que a condição não foi violada. A fundamentação moral da propriedade não radica, pois, nos benefícios, senão na justeza da própria condição.

Importará, muito brevemente, referir que em *Anarchy, State and Utopia* há um nítido propósito de refutar as teses utilitaristas. É certo que Nozick, assumido individualista, não renega a afirmação central de utilitaristas como Bentham (1748-

-1832) expressando que *"cada um conta por um a não mais que um".* (O próprio Rawls, individualista mais mitigado, não se afasta deste princípio). Também, curiosamente, Bentham tem uma noção de comunidade que não anda muito longe da que Nozick – ao menos na fase de *Anarchy, State and Utopia* – virá a adoptar: *"a comunidade é um corpo fictício"* e o interesse da comunidade não é mais que *"a soma dos interesses dos vários membros que a compõem"* (Bentham: I, 4).

A partir daqui, porém, Nozick trilha um caminho de todo oposto ao dos utilitaristas, rejeitando a conclusão destes de que devemos maximizar a soma da felicidade dos indivíduos no mundo, independentemente da distribuição dessa felicidade. Nozick não aceita que as experiências individuais de prazer – prazer e dor são, para Bentham, os dois elementos que comandam os indivíduos e as suas decisões (Bentham: I, 1) – possam alargar-se à sociedade para justificar que a maximização da felicidade colectiva possa também obter-se à custa do prazer individual de alguém: tal seria, em última análise, usar um indivíduo como meio, o que significa a violação do recorrente imperativo categórico de Kant...

Mais profundamente, Nozick rejeita que a moral se haja de subordinar a qualquer outro valor, seja a estabilidade do Estado, a felicidade ou o prazer dos utilitaristas: *"Moral philosophy sets the background for, and boundaries of, political phylosophy"* (Nozick, 1974: 6) Esta ideia da fundamentação moral do seu modelo parece ser essencial, resistindo mesmo às imputações que lhe são dirigidas, acusando-o de que, por lhe faltar um princípio racional de distribuição como objectivo de estado final, produz uma teoria (a *entitlement theory of justice*) que não pode qualificar-se como uma verdadeira teoria política racional (Barber, 1977: 17). Nozick parece aceitar antecipadamente essa crítica de agnosticismo político no seu ponto de partida, ou seja, no estado natural. Mas insiste em que o que legitima a solução que propõe é a sua fundamentação moral, desde logo a regra segundo a qual aquilo que os indivíduos podem fazer uns aos outros (e não podem fazer algo que viole os seus direitos) limita o que pode ser feito por intermédio do aparelho do Estado (Nozick, 1974: 6).

A sua visão filosófica do mundo nunca lhe permitiria, aliás, a consagração do prazer ou da felicidade como elementos determinantes da nossa existência individual e colectiva. Em *The Examined Life* (1989), Nozick deixa uma interessante análise acerca da felicidade, demonstrando que ela não é senão *"one important thing among others"* e que as nossas vidas, as nossas decisões e os nossos anseios são orientados por muitos outros objectivos (v.g. o conhecimento da realidade, ainda que desagradável, o desafio de novas experiências, a relação com os outros) para além dos momentos ou situações de prazer e de felicidade (Nozick, 1987: 99-117).

Definidas as condições (e as constrições) da apropriação, Nozick pode então enunciar o primeiro princípio da *entitlement theory of justice* – o princípio da justa aquisição: é justo o que foi legitimamente adquirido.

3.3.2. *Princípio da justiça na transferência*

Enquanto o princípio da justiça na aquisição nos permite determinar como passam os bens, com critérios moralmente aceitáveis – logo, de forma justa – da condição de inapropriados à condição de apropriados (que o mesmo é dizer, como se fundamenta originariamente a propriedade privada), o princípio da justiça na transferência explica-nos como esses bens, já apropriados por forma justa, podem ser transferidos para terceiros (Wolff, 1991: 78).

A verificação de dois pontos é essencial para justificar uma transferência como justa:

i. Que o bem a transferir haja sido apropriado legitimamente (o que quer dizer de acordo com o primeiro princípio) ou haja provindo de uma transferência também ela legítima (ou seja, em cumprimento deste segundo princípio, o que, em todo o caso, implica o cumprimento original do primeiro princípio, como é óbvio);

ii. Que a transferência ocorra na consecução de uma transacção livre, que o mesmo é dizer, na lógica de Nozick, uma transacção que resultou da vontade das partes e na qual não houve interferência coerciva nem de nenhuma delas sobre a outra nem de terceiros (designadamente do Estado).

Assim, a justiça na transferência tem uma relação de essencialidade com a livre vontade das partes. Já atrás o salientáramos – quando expusemos o repetido exemplo Chamberlain – e sobre tal tecemos algumas considerações. Para aí remetemos, por economia.

3.3.3. *Princípio da compensação*

Para Nozick, a articulação dos dois princípios expostos resolveria inteiramente o problema da justiça da posse dos bens se o mundo fosse inteiramente justo. Deles decorreriam três condições necessárias mas suficientes para que a justiça na distribuição se verificasse: *primo* – quem adquirisse de acordo com o primeiro princípio estaria justamente habilitado à posse daí decorrente; *secundo* – quem adquirisse, de acordo com o segundo princípio, de alguém justamente habilitado na posse do bem que transferira, estaria justamente habilitado à posse daí decorrente; *tertio* – ninguém poderia estar habilitado a possuir o que quer que fosse senão por via de aplicação dos dois princípios. Sintetizando: "*A distribution ist just if it arises from another just distribution by legitimate means*" (Nozick, 1974: 151).

Certo, porém, é que nem todos os bens foram adquiridos e transferidos no respeito dos dois princípios: houve apropriações em violação do princípio da aquisição, nos termos que oportunamente o expusemos; e houve transferências que tiveram lugar em desrespeito pela vontade das partes (v.g. em consequência de roubo, de fraude ou em condições de não funcionamento do livre mercado). O direito de propriedade a que me arrogo sobre um determinado bem pode, por outro lado, ter resultado de uma transacção livre – logo justa – mas haver no histórico desse bem uma anterior transacção que tenha violado o princípio da justiça na transferência; como pode originariamente esse bem ter sido apropriado em desrespeito pelo princípio da justiça na aquisição (v.g. porque foi apropriado em violação de um direito de terceiro ou em desconsideração pela "condição de Nozick"). Se assim aconteceu, o bem acarreta consigo um pecado original de injustiça.

Por isso se impõe um terceiro princípio – o princípio da compensação ou da reparação – segundo o qual deverá ser garantida a compensação sempre que qualquer dos dois primeiros princípios haja sido ofendido.

Nozick não apresenta em *Anarchy, State and Utopia* (porque assumidamente afirma não a conhecer) uma teoria completa sobre este princípio da reparação, designadamente sobre como ponderar as injustiças passadas, o que implicaria um raciocínio de prognose que permitisse determinar como seria agora a distribuição dos bens se tais injustiças não houvessem ocorrido. Parece, porém, ficar claro que *entitlement theory of justice* permite (e impõe) uma intervenção pública sobre a distribuição actual, alterando-a por forma a corrigir injustiças passadas.

Este terceiro princípio pode transformar-se num verdadeiro calcanhar de Aquiles da construção geral de Nozick. É que, como de seguida veremos, a única forma de Estado que Nozick aceita como moralmente justificável é o Estado mínimo – o Estado guarda-nocturno que não garante senão a segurança, os direitos individuais, o respeito pelos cumprimento dos contratos. Ora, o princípio da compensação, obrigando a abrir o baú da história das injustiças passadas, permite e impõe a ponderação de toda uma série de factores que terão influenciado a distribuição actual. Para corrigir tais injustiças, o Estado não poderá deixar de fazer uma nova distribuição, substituindo a actual: não em nome de uma igualdade desejável, como em Rawls, senão de uma correcção da justiça de procedimentos – mas, apesar de tudo, uma redistribuição, que implicará uma intervenção, porventura frequente, do Estado no direito de propriedade privada e na vida das pessoas.

O problema mais se agrava se considerarmos que, face a injustiças previsíveis, o princípio da compensação não deve deixar de incluir medidas destinadas a prevenir que tais injustiças ocorram (Lyons, 1986: 214), com consequente acréscimo das funções do Estado. Aliás, alguns autores não deixam de notar que, mesmo os Estados que adoptaram a formatação mais liberal (ou seja, a de Estado mínimo) não puderam – face ao aparecimento de realidades como a industrialização, a urbanização, os monopólios, o esgotamento dos recursos, a poluição – deixar de assumir gradualmente a forma de Estado regulador, ainda que não motivado por razões distributivas (Rodman, 1976: 198). É que, face a fenómenos como os que referimos (v.g. os monopólios ou a poluição), é a própria protecção dos direitos individuais (seja o direito à livre iniciativa ameaçado pelo monopólio ou o direito à propriedade privada ameaçado pela poluição) que reclama uma intervenção do Estado muito para além do que classicamente se atribuía ao Estado dito guarda-nocturno.

Assim, a lógica da supremacia moral e não utilitarista que justifica e impõe o Estado mínimo acaba por resultar na necessidade de um Estado mais que mínimo – o que não deixará de constituir um intrincado dilema em que, por via do princípio da compensação, se enreda a teoria de Nozick. Mas o certo é que o desatendimento de tal princípio aniquilaria toda a lógica da *entitlement theory of justice*, permitindo a legitimação de posses historicamente injustas... O dilema está, pois, criado.

4. A FILOSOFIA POLÍTICA DE NOZICK

Há um tema central da filosofia política de Nozick: a justificação moral do Estado face a direitos individuais invioláveis. Que espaço deixam esses direitos ao Estado? Esta a questão central.

A filosofia política tem afinal por função responder ao problema da necessidade do Estado e das suas formas. E os direitos individuais, já o dissemos noutro ponto, são omnipresentes em todo o processo (são, neste sentido, *exaustivos*), constituindo o seu respeito condição de legitimação de qualquer intervenção pública.

4.1. O estado natural e a tradição de Locke

Nozick serve-se, tal como a generalidade dos contratualistas (Hobbes, Locke, Rousseau são os exemplos porventura mais paradigmáticos, mas a essa linha não foge Rawls com a sua *original position*), do conceito de estado de natureza. No modelo que apresenta em *Anarchy, State and Utopia*, as características essenciais desse estado de natureza, tomadas como "*axiomas descritivos*" (Abrantes, 2004: 108), podem sumariar-se em quatro:

i. Os indivíduos são livres e iguais nesta liberdade;

ii. As regras do direito natural impõem que não prejudiquemos os outros na sua vida, saúde, liberdade ou posses;

iii. O direito de propriedade faz parte da liberdade natural;

iv. A liberdade implica o direito de cada um se auto governar e, bem assim, o direito (secundário, por antinomia aos anteriores, direitos primários) de se defender contra as violações dos direitos, que o mesmo é dizer, de executar a justiça natural.

Facilmente encontramos pontos de contacto com o estado de natureza de Locke, designadamente quanto à faculdade de qualquer um ter o direito e o poder de punir os transgressores da lei natural *"tanto quanto for necessário para obstar à sua violação"* (Locke: II, 7), assumindo-se assim em *"executor da lei natural"* (Locke: II, 8).

Para Locke (II, 13), é precisamente deste direito de punição privada – o qual, admitido, embora, por necessidade de coerência do modelo, se assume que não é razoável (*"é contrário à boa razão que o homem seja juiz em causa própria"*) – que decorre o governo civil, tido como sendo *"o próprio para as inconveniências do estado natural"*, entre elas a justiça privada.

Nozick, diferentemente, tenta ainda prolongar o estado natural, por forma a demonstrar – contra as teses anarquistas – que os passos que justificam o Estado não violam a autonomia individual nem os direitos de cada um. Fá-lo expondo um mecanismo de deslizamento, por força do qual os indivíduos no estado natural vão, na prossecução dos mecanismos conjugados da defesa dos seus direitos, do mercado e da *"mão invisível"*, dando corpo a um Estado ultra mínimo, o qual moralmente impõe a existência subsequente do Estado mínimo.

4.2. **Do estado natural ao Estado ultra mínimo**

O direito dos indivíduos se defenderem contra a violação dos seus direitos – aí se compreendendo a defesa preventiva –, de recorrente que é, dá origem à criação de associações de protecção mútua, como decorrência natural da necessidade de cada um se garantir contra ofensas de membros da comunidade eventualmente mais fortes. Ora, a natural tendência em mercado para a especialização e divisão do trabalho vai fazer com que essas associações ou agências se transformem em verdadeiras empresas prestadoras de serviços de protecção, para as quais os indivíduos, voluntariamente, transferem o direito secundário de defesa. As agências entrarão naturalmente em concorrência e, tendo até em conta a especial característica dos serviços de protecção – potencialmente exclusivistas, sendo os únicos que implicam necessariamente o uso da coerção para defesa dos clientes (Osterfeld, 1980: 332) – a agência mais eficaz tenderá a tornar-se monopolista ou dominante num dado território (seja por puro efeito do mercado, seja em resultado de conflitos entre agências para defesa dos interesses dos seus clientes, seja por acordo celebrado entre agências que repartirão ou federarão o território). A agência dominante actuará, então, não só punitivamente mas também (designadamente para efeitos de prevenção) por via legislativa, impondo proibições gerais para proteger os seus clientes.

As já apontadas características especiais dos serviços de protecção obrigarão, além do mais, a que as regras da agência dominante se imponham não só aos seus clientes como a todos os demais, sejam clientes doutra agência, sejam pura e simplesmente independentes (quer dizer, indivíduos que não contrataram com ninguém e mantêm por isso na sua esfera jurídica o direito de defesa privada dos seus direitos). Para protecção dos seus clientes, a agência tem pois necessidade de, no território que domina, reclamar o exclusivo do uso da força e do direito de punir, mesmo em relação a terceiros que com ela não contrataram, ao menos nas relações de litigiosidade que possam vir a ter com clientes da agência dominante, a menos que ela, agência dominante, autorize tal uso. Estamos assim chegados a uma fase em que a agência, agora dominante, reclama para si o monopólio da autorização e do uso da força. O exercício de tal monopólio é, na tese clássica de Max Weber, um elemento essencial à caracterização do Estado (Weber, 1947: 156).

Para Nozick estamos apenas perante uma aparência de Estado. É que o essencial da sua filosofia política – não devemos esquecê-lo – é encontrar fundamento moral para o Estado. Ora, a agência dominante – que se transformou em Estado ultra mínimo – necessita de uma sólida justificação moral para que possa impor a todos a restrição do uso da força, designadamente na consecução do direito secundário de defesa dos direitos primários de cada um. Se, face aos clientes da agência, tal proibição se acha justificada, porque foi por eles voluntariamente assumida, *quid* quanto aos não clientes? Esbarra aqui a justificação moral do Estado ultra mínimo.

4.3. A exigência moral do Estado mínimo

Na tese de Nozick, é o próprio Estado ultra mínimo que impõe a ultrapassagem do impasse, ou seja, a transição para o Estado mínimo. A ele se chega por via de um deslizamento, a partir do estado de natureza.

Na verdade, parece existirem nas sociedades humanas processos de evolução cuja ocorrência se pode analisar pelo que, desde Adam Smith, se pode designar por "*invisible-hand explanations*": por via deles obtém-se um resultado com independência do desígnio ou da intenção do conjunto dos indivíduos, os quais se limitam a actuar individualmente na defesa dos seus direitos (Segovia, 2005; Nozick, 1974: 18 ss). Ora, a formação do Estado é precisamente produto de um processo de "*mão invisível*" (Nozick, 1974: 29-30, 118-119). Não há assim, na proposta de Nozick (como noutro local frisámos) um verdadeiro contrato social (ao jeito, v.g., de Rousseau ou mesmo de Rawls), já que os indivíduos actuaram na defesa dos seus direitos e, como bem elucida o título da Parte I de *Anarchy, State and Utopia* ("*State-of-Nature Theory, or How to Back into a State without Really Trying*"), deslizaram a partir daí, insensivelmente – porque a tanto a defesa dos seus direitos os levou – para o Estado.

Como atrás referíamos, a agência dominante ou Estado ultra mínimo, para proteger os seus clientes do perigo da justiça privada, tem de proibir os independentes a agirem por si ou, no mínimo, fazer depender a sua actuação de prévia autorização. Os direitos dos particulares só não serão violados se a agência lhes garantir igualmente protecção, a troco da proibição, muito embora não sejam clientes e, consequentemente, não paguem essa protecção agora dispensada. Os independentes não poderão exercer directamente os seus direitos secundários de defesa mas a agência garantirá, em todo o caso, a defesa dos seus direitos primários.

É precisamente neste momento em que a agência não só se arroga ao exclusivo da força como também garante a protecção de todos (clientes e não clientes) no território desse monopólio que estamos perante o Estado mínimo.

Como vimos, foram os mecanismos de preservação dos direitos que tornaram inevitável esta transformação da ordem social natural numa sociedade governada pelo Estado: o *minimal state* aparece assim como contrapartida moral à pureza do estado de natureza (Paul, 1977: 337). Por isso, porque não viola os direitos individuais, antes resulta da sua defesa pelos indivíduos, o Estado mínimo justifica-se moralmente. E, pelo mesmo tipo de razão – porque implicaria transgressão desses direitos e intromissão na autonomia individual de cada um – qualquer forma mais extensa de Estado é para Nozick moralmente insustentável.

Esta formulação não ficou isenta de críticas. Na teoria de Nozick, esta passagem [estado natural → Estado ultra mínimo → Estado mínimo] decorre em consequência de mecanismos de mercado. Alegam alguns autores que, se falarmos de verdadeiro mercado, a agência dominante não poderia evitar o aparecimento de novas agências, desde que não operassem contra clientes da agência dominante. E tais agências sempre poderiam praticar preços mais baixos, uma vez que os seus clientes, nos conflitos contra clientes da agência dominante, teriam protecção garantida sem nada pagarem. Assim, os custos da agência dominante tornar-se-iam rapidamente incomportáveis, já que os seus clientes se aperceberiam que não necessitariam de pagar o que quer que fosse para usufruir da protecção, garantida a todos... O Estado mínimo chegaria a um ponto em que não poderia senão garantir a segurança dos que pagassem, regredindo para Estado ultra mínimo e até para uma agência em concorrência com as demais (Childs, 1977: 22-23). É certo que, como Nozick acentua (Nozick, 1974: 67 ss., 110), os serviços de protecção têm características especiais, implicando o uso de coerção e, necessariamente, o confronto entre agências ou o acordo entre elas, pelo que, num dado território, se imporá uma agência como dominante. Mas não deixa de parecer óbvio que a sustentabilidade do Estado mínimo só é possível por via de prestações obrigatórias, que não meramente voluntárias.

Em todo o caso, a crítica não parece proceder. É que, com o modelo apresentado, Nozick pretende tão só justificar moralmente o Estado mínimo, que não apresentar uma proposta para o seu funcionamento, não decorrendo de *Anarchy, State and Utopia* que não deva haver lugar a impostos ou que eles devam ser substituídos por prestações voluntárias. O que o Estado mínimo parece impor é que os impostos não sejam cobrados para outras necessidades que não a garantia dos direitos individuais e a segurança dos contratos, já não para redistribuição do rendimento.

Apesar de tudo, sempre se levantará uma questão relativamente à redistribuição. É que, como atrás vimos, sempre o Estado mínimo implica alguma redistribuição. Redistribuição mínima, seguramente, mas alguma redistribuição: todos têm direito à protecção dos direitos individuais e alguns, seguramente, não poderão pagar imposto, por irrisório que seja. Ora, como determinar os limites dessa redistribuição, sabendo-se que o conteúdo dos direitos individuais – mesmo no sentido em que Nozick os entende – não é susceptível de uma medida objectiva, menos o sendo as necessidades decorrentes do princípio da compensação?

A este propósito, chamam alguns autores a atenção para o que designam por *paradoxo libertário* (Danley, 1979: 420): o Estado não tem o direito moral de forçar a redistribuição, diz Nozick; mas, como já vimos, mesmo o Estado mínimo faz redistribuição, garantindo serviços necessariamente por via de um imposto geral. Porque não, a partir daqui, o deslizamento para outros serviços próprios do Estado social (v.g. saúde ou educação)?

Para Nozick (1974: 27 ss.), a coerção – o imposto é uma medida coerciva – só pode justificar-se para prevenir um dano ou compensar ou punir alguém que o tenha, respectivamente, sofrido ou causado – é o que poderemos designar por princípio do dano. Valerá notar que, quando falamos em *dano*, tratamos de algo distinto de *não benefício*: eu não beneficio alguém quando legitimamente lhe não dou algo que legitimamente lhe poderia dar; diversamente, causo dano a alguém quando, ilegitimamente, lhe não entrego ou lhe subtraio algo a que tem direito. O princípio do dano apresenta-se numa versão privada – por via da qual a coerção só se justifica para prevenir o dano de alguém – e numa versão pública – por via da qual se admite a coerção para prevenir um prejuízo de práticas institucionais que sejam de interesse público (Danley, 1979: 421).

Nozick rejeita o princípio do dano na sua versão pública, posição em que, aliás, não é acompanhado por alguns teóricos do chamado neo liberalismo, neles se incluindo Friedrich Hayek (1899-1992). Hayek, considerando embora nefasta e preocupante a intervenção crescente do Estado (que pode destruir as bases do regime político liberal), aceita a existência de medidas coercivas para protecção do mercado como um todo, que não apenas para prevenir os possíveis danos de cada um dos intervenientes nesse mercado. Admite deste modo, ao contrário de Nozick, o princípio público do dano.

Nas suas duas obras mais marcantes – *The Road to Serfdom* (1944) e *The Constitution of Liberty* (1960) – Hayek dá corpo a uma teoria na qual põe em relevo a ideia de que a intervenção crescente do Estado na economia e na sociedade põe em causa o modelo político liberal. O agigantamento do Estado ocorreu porque os cidadãos se deixaram seduzir pela ideia enganadora de justiça social. Tal como Nozick defenderá anos mais tarde, para Hayek o objectivo de justiça social não faz sentido numa sociedade livre. As razões e o método de análise são, porém, distintos. Os argumentos de Hayek são basicamente três:

    i. Numa sociedade livre não pode haver um padrão comum de distribuição;

    ii. Uma sociedade liberal constitui uma ordem espontânea ("*grown order*") e nunca uma organização ("*made order*");

    iii. Numa ordem espontânea a justiça social não faz sentido.

Desenvolvamo-los muito sinteticamente.

Primeiro argumento: não está em causa a desejabilidade de um padrão comum de distribuição. Eu – e comigo muitos cidadãos – posso simpatizar com uma sociedade relativamente igualitária mas tal não justifica a coercibilidade do Estado. É que, numa sociedade livre, a coerção tem de ser reduzida ao mínimo indispensável – o mínimo, na tradição de Locke, é o estritamente necessário para impedir a coerção dos outros: é essa a medida da coerção legítima por parte do Estado. A única garantia de que o Estado não exorbitará desse limite, transformando-se num monstro que use o poder discricionariamente, é o princípio da igualdade perante a lei. Ora, se atribuíssemos ao governo a função de implementar um padrão de distribuição, estaríamos a permitir que o Estado tratasse os indivíduos de forma desigual. Na verdade, diz Hayek, porque todos são desiguais e ninguém é capaz de determinar conclusivamente as capacidades dos outros, se teimarmos em colocá-los em situação económica igual, teremos de os tratar de forma desigual perante a lei: é o que ocorre com o imposto progressivo, criado inicialmente para suportar o esforço de guerra e aproveitado depois para fins de redistribuição. Tal tipo de imposto representa uma verdadeira desigualdade de tratamento perante a lei, impondo-se que, numa sociedade liberal, seja substituído pelo imposto de taxa única.

Segundo argumento: existem sociedades em que é dominante uma ordem espontânea (*grown order*) e outras em que é dominante uma organização (*made order*). A primeira é uma ordem que evolui e adquire um equilíbrio endógeno; a segunda está já formatada e o seu equilíbrio é exógeno. Na primeira, ao contrário do que ocorre na segunda, o lugar particular de cada elemento é indeterminado e não há um propósito único comum a todos os elementos. Uma organização só funciona se tiver comandos particulares e específicos. Diversamente, na ordem espontânea existem apenas (ou predominantemente) regras gerais. Uma ordem espontânea é uma sociedade liberal, que pode conter dentro de si organizações com propósitos pré definidos e funcionamento hierarquizado (v.g. uma empresa); o que mais se aproxima da pureza da *grown order* é, já se vê, o mercado livre. Se passarmos as características da *made order* para a sociedade global, produziremos não só uma tragédia normativa (porque violamos definitivamente a liberdade individual) como uma tragédia de eficiência (já que estaremos a criar uma organização de organizações, na qual, mais tarde ou mais cedo, o sistema central de decisão vai paralisar por falta de informação, a qual resulta, a mais dela, de conhecimentos tácitos, que resistem a circular fora da ordem espontânea). O não funcionamento da organização provoca, aliás, o aparecimento de uma ordem espontânea paralela, proibida por lei. A ordem espontânea tem, porém, um preço, que Hayek designa por "*negative feed-back effect*": para que ela funcione, é necessário que o Estado não interfira na circulação de informação, o que pode causar *efeitos não merecidos* (v.g. uma mina encerra porque a informação é no sentido de que o preço do carvão já não compensa os custos de exploração – trata-se de um efeito não merecido mas absolutamente necessário para que o sistema funcione).

Terceiro argumento: numa ordem espontânea os resultados não são intencionais nem pretendidos – logo, não tem sentido aplicar-lhe o conceito de justiça, por este só ser adequado a acções intencionais. O mercado não consegue produzir um padrão de justiça social (não é justo nem injusto); para isso, seria necessário conceder a uma autoridade central poder sobre a ordem espontânea. Mas, então, haveríamos de optar por um padrão fixo de resultados (e estaríamos numa *made order*) ou por uma *grown order*, na qual, pelas razões expostas, o padrão de distribuição não pode caber. Aliás, adianta Hayek, nunca haveria, numa ordem espontânea, consenso sobre que padrão de justiça adoptar, sendo que tal só se poderia impor coercivamente. E que padrão? Hayek não aceita tão pouco que o mérito pudesse ser medida, já que ele não é mensurável numa sociedade livre e não se pode sequer medir pelos resultados (que nada garante que o espelhem). Mas, ainda que fosse possível o consenso sobre o padrão, sobreviriam duas consequências profundamente negativas: por um lado, verificar-se-ia uma restrição ao fluxo de informação, já que cada um deixaria de ser livre para usar o conhecimento para prossecução dos seus objectivos, uma vez que estaria sujeito ao objectivo geral; e, por outro lado, a existência de um objectivo comum limitaria significativamente a liberdade de cada um prosseguir o seu próprio objectivo.

Regressemos a Nozick e à crítica que lhe é dirigida em razão da sua recusa de aceitação do princípio público do dano. Se o Estado mínimo não protegesse os independentes – diz Danley – não estaria a causar-lhes dano mas apenas um não benefício. E, não havendo lesão dos direitos de ninguém, não se aceitando a versão pública do princípio do dano (como Nozick não aceita), não haveria razão, pelo princípio privado do dano, para exigir coercivamente um imposto para beneficiar terceiros. Não se exigindo tal imposto não seria possível garantir a segurança a todos, falecendo a justificação moral do *minimal state*... Nisto consistiria o paradoxo do Estado mínimo.

Não havendo lesão dos direitos de ninguém... Esta é condição do raciocínio que leva ao paradoxo. Ora, na tese de Nozick, existem direitos que são violados: o direito secundário que qualquer indivíduo tem à defesa privada, necessariamente afectado pela assumpção da exclusividade do uso da força pela agência dominante. Daí que, tocando embora os limites, pareça ser de admitir que o princípio privado do dano possa, ainda aqui, justificar a coerção. E daí a exigência moral de que o Estado mínimo proteja também os independentes, dando corpo a um processo de redistribuição cujos limites, como atrás referíamos, serão difíceis de riscar.

Este será porventura um dos problemas mas simultaneamente uma das soluções da tese de *Anarchy, State and Utopia*: se, por um lado, se pode invocar que Nozick, pretendendo evitar a redistribuição, lhe deixa uma porta tentadoramente aberta, também por outro se argumentará que uma interpretação generosa do princípio da compensação poderá afinal colmatar aquelas consequências da *entitlement theory of justice* que mais apreensão (senão escândalo) têm causado: a de que nenhuma teoria da justiça pode ter como consequência que os famintos não tenham direito a comida (Wolff, 1991: 111); a de que a *entitlement theory of justice* tem consequências politicamente insuportáveis e incoerentes (Barber, 1977: 6). Se bem o analisarmos, o princípio da compensação – admitindo embora as situações de desigualdade e não se preocupando com nenhum padrão igualitário, antes o afastando – bem poderá representar um razoável convite ao reequilíbrio das injustiças sociais, porventura de forma mais profunda e consistente que o princípio da diferença de Rawls.

5. O pensamento de Robert Nozick depois de anarchy, state and utopia

Mais que um autor da filosofia política, Nozick é um homem da filosofia pura, da procura incessante da verdade. Essa posição revela-se desde logo no prefácio de *Anarchy, State and Utopia*: Nozick desdenha das verdades de cátedra (*"works of philosophy are written as thought their authors belive them to be absolutely final word on their subject"*) e da dificuldade dos filósofos assumirem as incoerências das suas proposições (Nozick, 1974: *xii-xiii*). Em *Philosophical Explanations* vamos encontrar a mesma atitude: "*A successeful philosophical argument, a strong argument, forces someone to a belief (...) Why are philosophers intent on forcing others to belive things? Is that a nice way to behave toward someone? I think we cannot improve people that way – the means frustate the end*" (Nozick, 1981: 4-5).

Esta invulgar liberdade de espírito tê-lo-á feito, no que à teoria da justiça concerne, seguir um caminho de todo distinto do de Rawls: enquanto este dedicou boa parte da sua produção académica a completar, a corrigir, a enquadrar as teses de *A Theory of Justice*, designadamente com a publicação de *Political Liberalism* (1993) e *The Law of Peoples* (2000), que inclui *The Idea of Public Reason Revisited*, Nozick nunca mais retomou sistematicamente nem as teses de *Anarchy, State and Utopia* nem, tão pouco, a filosofia política.

E quando, ao longo de quase três décadas, revisita a sua teoria da justiça, fá-lo de passagem – como se *Anarchy, State and Utopia* não tivesse sido uma obra marcante e controversa – e quase sempre para anotar uma imprecisão, uma incongruência ou mesmo para assumir a sua inconsistência.

Dissemos em tempo que a teoria dos direitos individuais absolutos é em Nozick uma pedra angular da sua construção. Mas o certo é que ele próprio assume que não apresenta uma teoria precisa sobre os fundamentos morais dos direitos individuais (Nozick, 1974: *xiv*), vindo mais tarde a considerar que tal fundamentação poderá ser feita por duas vias: ou partindo da filosofia política exposta em *Anarchy, State and Utopia*, revendo-a *ab initio*; ou partindo dos fundamentos da própria filosofia moral. Neste caso, avisa, admite que possa chegar a uma visão diferente da que então apresentara, bem podendo suceder como na construção negligente de uma estrada *coast to coast* na América, iniciada a partir do Pacífico e do Atlântico, que erra o ponto de confluência e dá origem a duas estradas que nunca se cruzarão... (Nozick, 1981: 498-499).

Recorrente no pensamento de Nozick pós *Anarchy, State and Utopia* parece ser a questão da influência interpessoal na decisão de cada um (reconhece-remos a importância deste aspecto se recordarmos que, no caso central Wilt Chamberlain, a passagem de D^1 para D^2 só é justa porque as pessoas decidi-ram dar os 25 cêntimos ao basquetebolista, depositando-os voluntariamente na caixa com o seu nome...) E, nesse ponto, Nozick não tem dúvidas em reco-nhecer que a teoria da decisão que apresentara é redutora e inadequada, não valorando designadamente a circunstância de vivermos num mundo simbó-lico, em parte cultural, em parte criado por cada um de nós, que condiciona as nossas decisões (Nozick, 1993: 26 ss., 33); esta ideia, claramente assumida em *The Nature of Rationality* (1993), foi de algum modo também aflorada na sua última obra (*Invariances – The Structure of the Objective World*, de 2001), onde, reflectindo sobre a influência do desenvolvimento tecnológico no conheci-mento da verdade, conclui pela dificuldade de acreditar nas nossas convicções num mundo de máquinas de realidade virtual – tal como, se assistirmos a uma convenção de mágicos, é perigoso confiar nos nossos sentidos – (Nozick, 2001: 171), dificuldade que não pode deixar de se repercutir na tomada de decisão individual e de a tornar menos livre. A mesma questão da decisão individual fora já anteriormente aflorada em *The Examined Life* (1989) – Nozick reco-nhece que há valores inter individuais que pretendemos ver espelhados nas instituições. As instituições democráticas expressam e simbolizam esses valo-res comuns, não se ficando por constituírem limites ao poder público. Quando votamos, diz Nozick, sabemos racionalmente que a probabilidade de influen-ciarmos a escolha é ridiculamente remota. Se o fazemos, é porque queremos expressar simbolicamente valores que a todos nos ligam.

É isto que, com espantosa simplicidade, leva Nozick a admitir que a posi-ção libertária de que partira para a sua teoria lhe parece agora seriamente ina-dequada. O libertário irredutível escreve agora, com o mesmo à vontade com que chocara a intelectualidade dos anos 70, que *"there are some things we choose to do toghether trought government in solemn marking of our human solidarity"* (Nozick, 1989: 287).

Apesar de tudo, Nozick manteve-se fiel à mais clássica tradição liberal de mercado (vide um seu curioso artigo publicado na edição *on line* de *La Ilus-tración Liberal* intitulado *Por qué se oponen los intelectuales al capitalismo?*) e cultivou uma cautelosa distância às políticas públicas, parecendo continuar a acreditar na vantagem e na superioridade moral das decisões individuais.

É essa concepção que faz Nozick, em *The Examined Life*, adiantar que seria razoável e justo permitir a um cidadão que objectasse, conscientemente e com fundamentação moral, os objectivos de uma dada política pública, ficar de fora, na medida do possível, dessa mesma política. Assim, quem tivesse objecção moral a um dado programa público, haveria de ser isento de pagar taxas ou impostos que o financiassem, sendo-lhe permitido pagar em alternativa para outro programa público por si escolhido, admitindo-se que com um acréscimo destinado a evitar uma eventual frivolidade das objecções.

Estaríamos no fundo a falar num princípio geral que evitaria que as pessoas fossem compelidas a participar em finalidades públicas que têm por moralmente inaceitáveis ou até odiosas: no limite, a recusa de participar de todo em actividades do Estado poderia ser admitida, face a uma contrapartida de financiamento acrescido em favor de actividades privadas de índole caritativa ou de benefício social (Nozick, 1989: 290). Ainda e sempre o valor da autonomia individual.

Em jeito de epílogo

A escrita de Nozick é tentadoramente viva e aliciante. A sua construção é de uma reconhecida coerência lógica. Comporta, porém, um grave problema de princípio, aliás comum à teoria de Rawls e, de uma forma geral, às perspectivas contratualistas: é que todas elas nascem de experimentações intelectuais, sejam o estado de natureza ou a posição original. E, a partir daí, permitem-se discutir uma instituição com o peso histórico do Estado sem fazer uma única referência à história dos Estados actuais, havendo clara evidência que estes tiveram genericamente origem em processos de conquista, de violência ou mesmo de exploração, uma forma que o próprio Nozick não deixaria de assumir como em violação de direitos (Rothbard, 1977: 45).

É certo que em caso algum os seus autores pretendem que as situações de origem correspondam a realidades históricas ou sociológicas (pese embora as partes na *original position* de Rawls, com o véu de ignorância, negociando o contrato social, sugerirem os primeiros emigrantes a bordo do Mayflower, com desconhecimento da nova terra e das novas oportunidades e perigos que a América lhes fazia adivinhar...) São afinal modos de legitimar o modelo, ou, quando muito, de o testar (como sucede em Rawls).

Mas construir uma filosofia política sobre uma abstracção intelectual produtora de um modo como-poderia-ter-sido-mas-não-foi a sociedade dificilmente resultará em algo que vá para além de suscitar a discussão de novos (ou velhos) temas – o que, porventura, já não será pouco. Nozick parece tê-lo compreendido por inteiro, de tal forma que tratou a sua *entitlement theory of justice* como uma mera excursão intelectual ao mundo da filosofia política. Já não assim Rawls, como vimos.

Depois, o individualismo de Nozick (como o de Rawls) sempre levanta o problema da comunidade face ao indivíduo, sendo que, como alguns fazem notar, é na dicotomia individualismo *versus* comunitarismo que, especialmente após a obra de Sandel (*Liberalism and the Limits of Justice*, de 1982), se centra o debate da filosofia política (ao menos na literatura anglo-americana) depois da década de 80 do século que virou.

Questão sem dúvida aliciante mas que não cabe nas mais que abusadas linhas que a este trabalho estavam destinadas. Não teve o autor delas o engenho da sobriedade nem a arte da concisão. Valer-lhe-á – se valer... – a paciência de V.Exas.

BIBLIOGRAFIA CITADA

ABRANCHES, A., *Robert Nozick: Direitos Individuais e Estado Mínimo*, in Espada, J. e Rosas, J., Pensamento Político Contemporâneo, pp. 104 ss., Ed. Bertrand, Lisboa 2004

ARISTÓTELES, *Ética a Nicómano*, trad. A. C. Caeiro, Ed. Quetzal, Lisboa 2004

BARBER, B., *Desconstituting Politics: Robert Nozick and Philosophical Reductionism*, in The Journal of Politics, vol. 39, n.º 1 (Fevereiro 1977), pp. 2 ss.

BARNETT, R., *Wheither Anarchy? Has Robert Nozick Justified the State?*, in Journal of Libertarian Studies, vol. I, n.º 1 (1977), pp. 15 ss.

BENTHAM, J., *Uma Introdução aos Princípios da Moral e da Legislação*, in Clarence Morris (org.), Os Grandes Filósofos do Direito, trad. R. Guarany, Ed. Martins Fontes, São Paulo 2002, pp. 261 ss.

CHILDS, R., *The Invisible Hands Strikes Back*, in in The Journal of Libertarian Studies, vol. I, n.º 1 (1977), pp. 01 ss.

DANLEY, J., *Robert Nozick and the Libertarian Paradox*, in Mind, New Series, vol. 88, n.º 351 (Jul. 1979), pp. 419 ss.

GARGARELLA, R., *Las Teorías de la Justicia después de Rawls*, Ed. Paidós, Barcelona 1999

HAYEK, F., *The Constitution of Liberty*, Ed. University of Chicago Press, Chicago 1960

HAYEK, F., *The Road to Serfdom*, Ed. University of Chicago Press, Chicago 1944

HOBBES, T., *Leviatã*, trad. J. Monteiro e M. Beatriz Silva, Ed. INCM, Lisboa 1995

HUME, D., *Tratado da Natureza Humana*, trad. S. Fontes, Ed. FCG, Lisboa 2001

KUKATHAS, C. e PETTIT, P., *Rawls: «Uma Teoria da Justiça» e os seus Críticos*, trad. M. Carvalho, Ed. Gradiva, Lisboa 1995

LOCKE, J., *Ensaio sobre a Verdadeira Origem, Extensão e Fim do Governo Civil*, 1690, trad. J. O. Carvalho, 1833, Ed. Edições 70, Lisboa 1999

LYONS, D., *Rights against Humanity*, in The Philosophical Review, vol. 85, n.º 2 (Abril 1976), pp. 208 ss.

MORA, J., *Dicionário de Filosofia*, trad. A. Massano e M. Palmeirim, Ed. Dom Quixote, Lisboa 1982

NOZICK, R., *Anarchy, State and Utopia*, Ed. Basic Books, EUA 1974

NOZICK, R., *Invariances – The Structure of the Objective World*, Ed. Harvard University Press, Cambridge 2001

NOZICK, R., *Philosophical Explanations*, Ed. The Belknap Press of Harvard University Press, Cambridge 1981

NOZICK, R., *Por qué se oponem los intelectuales al capitalismo?*, in La Ilustración Liberal, n.º 13--14, in internet, www.libertaddigital.com/ilustracion_liberal/articulo.php/342 de 22-11--2005

NOZICK, R., *The Examined Life – Philosophical Meditations*, Ed. Touchstone, New York 1989

NOZICK, R., *The Nature of Rationality*, Ed. Princeton University Press, Princeton 1993

OSTERFELD, D., *Internal Inconsistencies in Arguments for Government: Nozick, Rand, and Hospers*, in The Journal of Libertarian Studies, vol. IV, n.º 3 (Verão1980), pp. 331 ss.

PAUL, J., *Nozick, Anarchism and Procedural Rights*, in The Journal of Libertarian Studies, vol. I, n.º 4 (1977), pp. 337 ss.

PLATÃO, *República*, trad. M. R. Pereira, Ed. FCG, Lisboa 2001

RAWLS, J., *A Theory of Justice*, 1971, trad. C. Correia, Ed. Presença, Lisboa 2001

RAWLS, J., *Political Liberalism*, 1993, trad. J. Nunes, Ed. Presença, Lisboa 1997

RAWLS, J., *The Law of Peoples*, trad. L. Gomes, Ed. Quarteto Editora, Coimbra 2000

RODMAN, J., *Analysis and History; Or, How the Invisible Hand Works trought Robert Nozick*, in The Western Political Quarterly, vol. 29, n.º 2 (Junho 1976), pp. 197 ss.

ROSAS, J., *John Rawls: o Primado da Justiça numa Sociedade Pluralista*, in Espada, J. e Rosas, J., Pensamento Político Contemporâneo, pp. 86 ss., Ed. Bertrand, Lisboa 2004

ROTHBARD, M., *Robert Nozick aqnd the Immaculate Conception of the State*, in The Journal of Libertarian Studies, vol. I, n.º 1 (1977), pp. 45 ss.

SANDEL, M. J., *O Liberalismo e os Limites da Justiça*, trad. P. Amaral, Ed. FCG, Lisboa 2005

SEGOVIA, A., *Nozick: una teoria libertaria de justicia*, in internet, www.liberalismo.org/articulo/175/26/de 22-11-2005

TOUCHARD, J., *História das Ideias Políticas – do Renascimento ao Iluminismo, vol. II*, trad. M. Braga, Ed. Europa América, Sintra 1991

TUCKER, B., *State Socilism and Anarchy*, 1888, in *The Anarchist Reader*, Ed. G. Woodcock, Glasgow 1977, apud Wolff, J., *Robert Nozick – Property, Justice and the Minimal State*, Ed. Stanford University Press, Stanford 1991

WEBER, M., *Theory of Social and Economic Organization*, Ed. Free Press, New York 1947

WOLFF, J., *Robert Nozick – Property, Justice and the Minimal State*, Ed. Stanford University Press, Stanford 1991

YOUNG, F., *Nozick and the Individualist Anarchist*, in The Journal of Libertarian Studies, vol. VIII, n.º 1 (Inverno 1986), pp. 43 ss.

A Crítica de Cohen a Dworkin

António Baptista[*]

I – Breve caracterização

A polémica entre Dworkin e Cohen, convém desde já sublinhar, é uma polémica entre igualitaristas. Muitas críticas decerto poderão ser feitas a ambos a partir de pontos de vista não igualitaristas. Desses, contudo, não nos ocuparemos neste trabalho.

Se pretendêssemos classificar estes dois autores (e respectivos igualitarismos) com rótulos político-ideológicos, creio que não andaríamos muito longe da verdade se disséssemos que Dworkin é um firme crente nas virtudes do mercado como mecanismo distributivo tendencialmente justo, às eventuais ineficiências do qual se deveria responder com uma moderada intervenção estatal, a qual, ainda assim, deveria ter sempre como modelo o mercado, não o real, mas um mercado ideal onde contingências externas ao próprio mercado não distorcem (como sucede na realidade) a justiça inerente ao seu funcionamento.

Cohen, por outro lado, pode ser "arrumado" nas fileiras dos igualitaristas radicais, para os quais o mercado, não só não é necessariamente um meio justo de proceder à distribuição de recursos, como até é considerado um mecanismo tendencialmente injusto, só admissível (e isto a contragosto) se, e na medida em que, outros meios mais justos sejam de todo impossíveis de praticar ou significativamente ineficazes.

Enquanto para Dworkin apenas a igualdade de recursos conta, Cohen é bem mais "generoso" e pensa que, regra geral, as pessoas devem ser compensadas por deficits de bem-estar e não apenas por deficiências a nível de recursos, a menos que possam ser, com justiça, responsabilizadas (veremos em que termos) por esses mesmo deficits. Vejamos, a traços largos e sem nos determos demasiadamente nos sofisticados imbróglios argumentativos em que os autores se envolvem, como se vão estruturando e clarificando as diferenças nas concepções de igualdade defendidas por ambos os autores.

---

[*] Estudante de licenciatura da Faculdade de Direito da Universidade Nova de Lisboa.

II – Dworkin e o leilão

Em 1981, Dworkin publica dois artigos: "Equality of Welfare" e "Equality of Resources".

Em "Equality of Welfare", analisa e contesta a ideia de que as pessoas devem ser iguais no tocante ao seu bem-estar. Parece contra-intuitivo, diz ele, defender-se que se transfiram recursos de um indivíduo que até pode ser pobre (mas que, por ter a sorte de ter nascido com uma natural disposição alegre, consegue ter níveis de bem-estar acima da média) para outro que é rico, pelo simples facto de este ter um bem-estar baixo (por ser uma pessoa naturalmente depressiva, por exemplo). E, no entanto, essa parece ser uma conclusão inevitável da teoria defensora da igualdade de bem-estar.

Para Dworkin há ainda outro problema com a teoria da igualdade de bem--estar, o qual reside na impossibilidade de construir uma qualquer métrica satisfatória do bem-estar, isto é, um qualquer critério que permita a compa-ração intersubjectiva do bem-estar. E isto, seja o bem-estar definido como qualquer forma de prazer ou felicidade (bem-estar hedonístico, digamos as-sim) ou como a satisfação "objectiva" das preferências dos indivíduos. A satis-fação das preferências não implica, atente-se, qualquer prazer pela mesma. Uma pessoa pode perfeitamente desejar algo, um determinado estado do mundo, sem que a realização dessa preferência venha a causar-lhe qualquer prazer, ou causando-lhe muito menor prazer do que aquele que previra que sentiria (e até pode acontecer que a sua preferência seja realizada sem que ele tome disso conhecimento).

Instintivamente, a teoria do bem-estar é atraente: porque mais do que os recursos, o que importa é que as pessoas sejam felizes, estejam satisfeitas com a sua situação. Contudo, a teoria só consegue ter esse efeito atractivo en-quanto permaneça indeterminada, enquanto não se defina que conceito de bem-estar se pretende defender no âmbito da igualdade de bem-estar. Uma vez escolhida essa concepção, chegaremos imediatamente a resultados contra--intuitivos, como no exemplo atrás fornecido e embrenhar-nos-emos nos problemas da construção de uma métrica satisfatória.

Por essas razões, Dworkin sugere como alternativa (e única alternativa) a sua igualdade de recursos. Como modelo explicativo, recorre a um cenário hipotético claramente artificial. Sucintamente, Dworkin imagina um con-junto de náufragos que, chegando a uma ilha deserta e abundante em recur-sos, nada tendo conseguindo salvar do naufrágio além dos seus próprios corpos, decidem que será preciso encontrar alguma forma de chegar à justa divisão dos recursos da ilha. Escolhem, dentre eles, um, o "divisor", para de-sempenhar essa tarefa. Como critérios para avaliar da justiça da partilha, os náufragos adoptam à partida o "teste da inveja": a divisão não será igual nem justa se algum deles invejar o lote de recursos de outrem na ilha. O náufrago eleito para proceder à partilha tem um problema grave para resolver: mesmo que, por um processo de tentativa e erro, ele consiga chegar a uma divisão de lotes tal que o teste da inveja fique satisfeito, Dworkin afirma que a escolha de uma determinada combinação de lotes favorecerá sempre certo tipo de gostos e os imigrantes (como agora chama Dworkin aos náufragos) poderiam sempre preferir uma outra determinada combinação.

O grande problema, no fundo, é o de que a decisão teria sempre uma grande dose de arbitrariedade, seria tendencialmente desrespeitadora das preferências das pessoas e, sobretudo, essas pessoas nunca poderão dizer que participaram em igualdade de circunstâncias na definição da divisão dos recursos. Assim, Dworkin imagina o seu "equal auction", um leilão em que todos entram em igualdade de circunstâncias ("equal terms").

Neste mercado perfeito, a todos os imigrantes foi atribuído um número de conchas igual. As conchas não têm um valor intrínseco, autónomo. Constituem antes apenas um equivalente geral, uma forma de representação de valor: são dinheiro. Assim, todos têm igual poder aquisitivo aquando da realização do leilão. As pessoas vão licitando cada recurso e, pelo jogo da procura e oferta, acabam por ficar, cada um deles, com um certo lote, composto de vários recursos de diferentes tipos. Claro que comprar um recurso caro (seja porque é muito procurado e raro; seja porque não é possível, dada a baixa procura, realizar economias de escala embaratecedoras do recurso) implica comprar menos recursos de outro tipo mais barato. No final todos têm um lote e não há recursos sem dono (Dworkin chama a esta operação "clearing the markets"). Ninguém pode dizer que inveja o lote do outro. E cada um tomou as decisões que quis. Se alguém escolheu mais de um determinado recurso porque as suas preferências e gostos a isso o inclinaram, fê-lo em consciência e em iguais circunstâncias relativamente a todos os outros. É responsável pelas suas opções de realizar as suas preferências e gostos. As diferenças resultantes deste processo são exemplos daquilo a que Dworkin chama "option luck", ou sorte decorrente de escolhas. Ao contrário do que sucede com os casos de má sorte bruta ("bad brute luck"), Dworkin não vê qualquer razão para eliminar ou neutralizar as diferenças resultantes da "option luck".

III – RESPONSABILIDADE EM DWORKIN

Todo o discurso de Dworkin gira em torno da ideia de responsabilidade: a igualdade pretendida deve ser uma igualdade sensível às ambições ("ambition sensitive"), mas insensível às diferenças de capacidade ("endowment insensitive"). Passo a explicar. As pessoas deverão ter liberdade, no âmbito desta concepção de igualdade, para desenvolver as suas ambições, preferências e gostos. Como contraponto dessa liberdade, deverão também, num momento posterior, responder por essas preferências e gostos. As pessoas, na igualdade de recursos dworkiniana, escolhem o tipo de vida que querem seguir e as desigualdades que daí advenham serão justas. Claro que, em caso algum haverá compensação para uma pessoa pelas suas preferências e pelos seus gostos caros, já que os deficits de bem-estar decorrentes desses gostos não interessam, enquanto tais, para Dworkin. É nesse sentido que se pode dizer que a igualdade de recursos é sensível às ambições das pessoas. Exemplificando em poucas palavras, se uma pessoa planta uma cultura de risco (consciente dos riscos, obviamente) e se vê hoje desprovido de recursos, Dworkin considera que não há nada de injusto neste resultado final. Haveria sim, se se obrigasse as pessoas que preferiram uma cultura de rendimento mediano, regular e seguro, a compensar o "amante do risco" pela sua "option luck" desafortunada. Tal como seria injusto que, se esse homem que arriscou fosse bem sucedido, fosse obrigado agora a partilhar os recursos ganhos nesta aposta. De resto, uma solução diversa implicaria restringir ilegitimamente o direito das pessoas escolherem o tipo de vida (arriscada ou segura) que mais lhes apraz.

Assim, poderia parecer que Dworkin nem sequer é um igualitarista. Contudo, como já dissemos, a igualdade de recursos pretende-se "endowment insensitive": as diferenças de rendimento resultantes de diferentes capacidades físicas e psicológicas (ser estúpido ou inteligente, forte ou fraco, ...) são injustas porque constituem má sorte bruta pela qual as pessoas não devem ser responsabilizadas.

O exemplo mais claro do que se acaba de dizer passa-se com os deficientes na vida real. Muitas das pessoas que têm handicaps, nascem já assim, ou desenvolvem as deficiências antes de ter recursos e discernimento suficiente para fazer qualquer seguro. Além disso, os riscos de desenvolver essas deficiências estão desigualmente distribuídos. Por isso mesmo, não é possível no mundo real resolver satisfatoriamente o problema através de um sistema de seguros voluntários. Se o risco estivesse igualmente distribuído, se as pessoas, ainda sem terem desenvolvido handicaps, alcançassem a idade, a consciência e os recursos para fazer seguros, o problema seria apenas de "option luck". Mas não é assim no mundo real. Logo, Dworkin defende a necessidade de um imposto que compense as pessoas por estas graves deficiências a nível dos recursos (e não por questões de deficits de bem-estar que possam decorrer da mesma deficiência). O valor desse imposto será igual ao valor do prémio de seguro que uma pessoa média pagaria contra a eventualidade de desenvolver um handicap, nas circunstâncias ideais acima indicadas. E a solução é a mesma no caso dos talentos naturais das pessoas para a produção. Não são justas as diferenças de rendimentos provenientes de anteriores diferenças a nível dos recursos produtivos com que as pessoas nascem. Não é possível responsabilizá-las por aquilo que é má sorte bruta. Alguma forma de compensação por este tipo de azar que escapa à esfera de decisão da pessoa tem que ser pensado. Novamente, surge a ideia de um imposto, cujo valor iguala aquele que seria o prémio pago por uma pessoa média que segurasse contra a eventualidade de não ter determinados talentos e, consequentemente, determinado nível de rendimentos. A acção estatal tem sempre como modelo o mercado.

IV – A PROPOSTA DE COHEN

Cohen aceita que a igualdade de recursos não é defensável e sublinha o principal mérito de Dworkin no âmbito do igualitarismo: o ter introduzido no seio das teorias igualitárias a ideia de responsabilidade. Porém, as consequências que Cohen retira dessa ideia de responsabilidade são bem diferentes das de Dworkin.

Cohen defende aquilo a que chama a igualdade de acesso a vantagens. O conceito de «vantagem» é bastante mais lato do que o de «recursos». Na verdade, engloba o de recursos, o de bem-estar e ainda o de satisfação de necessidades. Há aqui pelo menos três problemas bem identificados por Dworkin. Em primeiro lugar, se Cohen usa a ideia de bem-estar como componente a ter em conta na sua teoria igualitária, então terá que esclarecer qual a concepção concreta de bem-estar que releva para a sua teoria (se bem-estar hedonista, ou bem-estar das preferências, ou outra qualquer concepção). Se Cohen disser, como eventualmente vem a dizer no seu artigo "Expensive Taste Rides Again", que a concepção relevante de bem-estar pode variar de caso para caso, então terá que, em cada caso concreto, especificar qual é então a concepção relevante. Mas, nos inúmeros exemplos que dá para defender a sua igualdade de acesso a vantagens, nunca faz esse exercício de especificação.

Em segundo lugar, mesmo ignorando o primeiro problema, a verdade é que, preocupando-se Cohen, como efectivamente preocupa, com os deficits de bem-estar, coloca-se sempre o problema de como encontrar a tal métrica que permita a avaliação individual e sobretudo a comparação intersubjectiva de níveis de bem-estar. Porém, neste caso, o problema põe-se com uma acuidade ainda maior do que sucede com as vulgares teorias da igualdade de bem-

-estar, pois como a igualdade de acesso é um ideal complexo interessado numa igualização de (pelo menos) dois tipos de elementos potencialmente conflituantes (recursos e bem-estar), há agora necessidade de uma métrica que permita comparações intersubjectivas não apenas de níveis de bem-estar individuais, mas, em simultâneo, de níveis de bem-estar e de recursos. Quando duas pessoas tenham diferentes recursos e diferente bem-estar, que métrica haverá que permita dizer que um está numa posição injustamente desigual em relação ao outro, o mesmo é dizer, que um tem um desigual e injusto acesso a vantagens relativamente a outro? É verdade que não colocámos a mesma questão sobre a necessidade de uma métrica no caso da igualdade de recursos dworkiniana. Mas por uma razão fácil de entender. É que, mal ou bem, Dworkin resolveu a questão pelo próprio mecanismo do leilão igual. As pessoas, segundo Dworkin, devem pagar o preço das vidas que decidem prosseguir. Esse preço é medido pelos custos de oportunidade que a sua opção implica para os restantes membros da sociedade. A ideia é relativamente simples se nos recordarmos do leilão: se o imigrante escolheu comprar um certo recurso, os outros tiveram que abdicar de adquirir esse mesmo recurso. Se muitos queriam esse recurso (por exemplo, um terreno arável e fértil, propício à agricultura), a sua compra implicou que muita pessoas se viram privadas do mesmo bem que, tal como ele, desejavam. O custo de oportunidade para os outros da sua aquisição é muito elevado. Daí que o adquirente tenha tido que pagar muito por esse determinado recurso: o preço de aquisição surge na proporção exacta dos sacrifícios que os outros imigrantes (interessados no mesmo recurso) tiveram que fazer. Esta é a virtude do mercado para Dworkin: igualiza imediatamente, automaticamente, no sentido em que transforma os sacrifícios de uns no preço para outros. Por isso é que Dworkin defende –e veremos que justamente esta asserção é passível de forte crítica- que o mercado não só não é inimigo da igualdade, como até constitui o mecanismo necessário para atingir-se a mesma.

O terceiro problema é a questão de saber se o conceito de satisfação de necessidades não englobaria já necessariamente os outros dois antecedentes, o de recursos e o de bem-estar, pois as necessidades traduzem-se sempre sob uma destas duas formas. Na verdade, Cohen poderia e deveria aproveitar esta crítica de Dworkin em seu proveito, pois, na nossa opinião, poderia abandonar a polémica (um tanto infrutífera) em torno desses dois conceitos (e há que admitir que ele dá sinais claros, ao longo dos seus textos, de que desconfia da relevância da distinção), que obscurece mais do que esclarece as questões fundamentais a resolver, optando pelo uso do conceito mais lato de satisfação das necessidades.

V – Má sorte, escolha genuína e responsabilidade

Mas avancemos um pouco mais na exposição da ideia de Cohen. Para ele, tal como para Dworkin, é fundamental a uma teoria igualitária eliminar ou neutralizar o factor arbitrário da má sorte bruta e concentrar as atenções na real responsabilidade das pessoas. Por isso mesmo, ele defende que as pessoas podem ser compensadas por terem gostos caros que lhes reduzem o nível de bem-estar abaixo do nível normal ou médio. Mas, para que se distinga bem a sua concepção de uma vulgar teoria da igualdade de bem-estar, Cohen introduz justamente o critério da responsabilidade. A compensação devida às pessoas pelos deficits de bem-estar que elas sofram, resultantes dos gostos e preferências caros, não terá lugar se elas (as pessoas) pudessem ter evitado formá-los, impedido o seu desenvolvimento, ou se pudessem agora "desaprender" esses mesmos gostos e preferências. O contraste com Dworkin torna-se ainda mais patente na formulação mais radical que se encontra em "Expensive Taste Rides Again": se para Dworkin o facto de uma pessoa se identificar com o próprio gosto, ou seja, o facto de a pessoa pensar nesse gosto como faceta essencial da sua personalidade e por isso mesmo não desejar não o ter, é motivo para negar-lhe compensação (justamente porque só desejando não ter o gosto caro é que se pode classificar o mesmo como uma "obsessão" e ser tratado analogicamente como um handicap), para Cohen, é uma razão seguramente para atribuir compensação. É que se uma pessoa se identifica com a sua preferência, apesar de ser cara e causar diminuição de bem-estar, isso reflecte tendências profundas e inelutáveis da pessoa, as quais não podem, sem artifício, ser consideradas produto da genuína escolha da pessoa. Ou seja, as preferências que têm como pressuposto uma perspectiva mais geral e profunda acerca do que é valioso na vida não se podem considerar como livremente escolhidas. E sem escolha, sem liberdade de opção, não pode haver responsabilização. É claro que é tudo uma questão de grau, como o próprio Cohen admite. Mas o que lhe parece claro é que não faz sentido traçar um corte, como Dworkin faz, entre os poderes e capacidades físicas e mentais de um lado, e as preferências (que aqui tratamos como englobando os gostos) e ambições do outro, dizendo que somos responsáveis pela formação dos segundos, mas não dos primeiros. Psicologicamente, isso nem é credível. As pessoas podem ter (ou não) alguma coisa a dizer na formação ou desenvolvimento dos seus próprios gostos, preferências e ambições, mas não determinam todos os seus gostos, nem muito menos os determinam completamente. E, inversamente, as pessoas podem escolher desenvolver igualmente as suas próprias capacidades físicas e mentais (frequentando o ginásio ou cultivando a leitura). O facto de que as diferenças relativas aos gostos dizem respeito ao consumo, enquanto que as das capacidades físicas e mentais dizem respeito à produção, não parece um fundamento razoável para um tratamento diferenciado destas duas realidades. Para Dworkin, os gostos, preferências e ambições fazem parte daquilo que considera ser a própria "pessoa", por oposição aos poderes e capacidades a que Dworkin chama de "circunstâncias da pessoa". A divisão, diz Cohen, não convence e é irrazoável. O critério para a atribuição de compensação, pois, para que seja levada até às últimas consequências a incorporação da ideia de responsabilidade no seio das teorias igualitárias, terá que ser o da distinção entre escolha genuína e má sorte bruta e não o proposto por Dworkin que distingue ilegitimamente, conforme as diferenças entre as pessoas resultem de distintas preferências (caso em que não há lugar a compensação) ou de distintos recursos/talentos (caso em que há lugar a compensação).

A questão mais profunda do ponto de vista político é a atitude perante o mercado de ambos. Cohen é partidário do slogan socialista (ou, com mais rigor, comunista) " a cada um segundo as suas necessidades". Ele crê que a atribuição de preços a muitas actividades (necessidades, diríamos nós) humanas não deve ser feito através do mercado, a não ser que outra alternativa seja impossível. Porque o mercado produz resultados injustos ao não valorar devidamente aquilo que é pura má sorte bruta: o facto de as pessoas terem gostos caros que de forma alguma poderiam ter evitado ter e desenvolver; e dos quais também não será razoável exigir às pessoas que abdiquem. O mercado, ao fim e ao cabo, é perfeitamente indiferente à satisfação efectiva das preferências e necessidades dos seres humanos e por isso mesmo não pode ser considerado por Cohen um bom mecanismo distributivo.

VI – Alguns tópicos para crítica autónoma

Os autores embrenham-se (em particular Cohen, que, mais do que Dworkin, tinha obrigação de evitar essa situação) em distinções muito subtis e engenhosas, demasiado subtis talvez, a ponto de se poderem considerar artificiais.

Cohen, para ser coerente com a posição que toma em "Self-ownership, Freedom and Equality", tem que estabelecer uma hierarquia objectiva das necessidades, que não seria necessariamente idêntica às hierarquias das necessidades, tal como são ordenadas subjectivamente pelas pessoas em função das suas preferências. E isto porque ele admite que não parece possível ou provável o cenário de abundância extrema que Marx antevia no futuro, com o desenvolvimento exponencial das forças produtivas, cenário esse que eliminaria os "custos de oportunidade", no sentido não tão técnico que Dworkin usa. Num cenário de relativa escassez de recursos, as escolhas de uns indivíduos implicarão sempre sacrifícios para outros. O recurso dado a um, será um recurso que não será dado a outro. Como acertadamente assinala Colin Macleod, ("Liberalism, Justice and Markets"), as preferências subjectivas das pessoas não reflectem necessariamente os seus interesses objectivos (e mais essenciais). Por isso mesmo, o mercado é sempre um mau método, na medida em que faz justamente das preferências das pessoas o único critério determinante na distribuição (isto ignorando outras questões problemáticas e discutíveis tais como saber se, por exemplo, o mercado reflecte efectivamente as preferências tão bem quanto normalmente se pensa, ou se todas as preferências são igualmente consideradas pelo mercado). Obviamente, Dworkin responderia que essa hierarquização é arbitrária e não respeitadora da autonomia das pessoas. Acusaria Cohen de paternalismo. Cohen poderia lembrar a Dworkin que "presumir" níveis de prémio de seguro que "pessoas médias", em situações perfeitamente artificiais e impossíveis de serem rigorosamente imaginadas, pagariam, para depois, com base nessa também arbitrária presunção, estabelecer um imposto, não andará muito longe de "paternalismo" (Nozick ou Hayek não hesitariam em assim o qualificar).

Outra crítica possível é uma que se pode encontrar novamente em Macleod: é que a própria formação das preferências não pode ser tratada com independência das questões distributivas. O facto de alguém ter acesso (ou não) a melhor nível educacional vai determinar a própria formação das preferências individuais e estas as opções de vida. E o mercado não é sensível a este problema.

Neste sentido, a teoria de Dworkin assenta num pressuposto francamente discutível: o de que as preferências são dados adquiridos, pré-fixados e sem relação alguma com o problema distributivo que será resolvido posteriormente pelo modelo do "equal auction".

Como assinala, e bem, Macleod, a justiça não pode deixar de se preocupar com as circunstâncias em que as próprias preferências se formam. Doutra forma, como se poderá dizer que o problema da responsabilidade está a ser correctamente tratado? Macleod fala a este propósito nas "circunstâncias de autenticidade", dizendo que as pessoas devem ter as mesmas oportunidades para a formação de "preferências autênticas", sendo que por autênticas entende-se aqui as preferências correspondentes aos interesses objectivos das pessoas. Diz ainda que só poderão existir tais iguais oportunidades se na sociedade existirem também determinados mecanismos distributivos "sensíveis" à questão da formação de preferências autênticas. Mecanismos tais que, antes da efectivação de escolhas pelos próprios indivíduos, lhes garantam as condições necessárias à correcta formação das preferências. Afinal, não pode haver responsabilidade por uma escolha decorrente de uma deficiente e involuntária formação de preferências. E é justamente este problema que o mercado nunca consegue, pela sua própria estrutura, resolver.

Para ser justo, Cohen já aflorara de forma não tão explícita esta mesma ideia ao dizer que, se é verdade que as pessoas escolhem que tipo de vida prosseguir, já não é verdade que as pessoas escolham que tipo de vida querem. Ou, analogamente, se é verdade que as pessoas escolhem satisfazer ou desenvolver os seus gostos e preferências, não é verdade que escolham ter esses mesmos gostos e preferências, ou não é verdade, pelo menos, que determinem todos os gostos que virão a ter.

BIBLIOGRAFIA

COHEN, G.A., "On the currency of egalitarian justice", em *Ethics*, 99 (1989): 906-944

COHEN, G. A., *Self-ownership, freedom and equality*, Cambridge, Cambridge University Press, 1995

COHEN, G. A., *If you're an egalitarian, how come you're so rich?*, Cambridge, Massachusets, Harvard University Press, 2000

COHEN, G. A., "Expensive taste rides again", em Justine Burley (ed.), *Dworkin and his critics*, Oxford, Blackwell, 2004, 3-29

DWORKIN, R., *Sovereign Virtue. The theory and practice of equality*, Cambridge Massachussets, Harvard University Press, 2000

DWORKIN, R., "Replies to critics", em Justine Burley (ed), *Dworkin and his critics*, Oxford, Blackwell, 2004, 339-395

MACLEOD, C., *Liberalism, Justice and Markets. A Critique of Liberal Equality*, Oxford, Clarendon Press 1998

TÛ-TÛ 2 – SOBRE CONCEITOS JURÍDICOS E REDES NEURONAIS[**]

LOTHAR PHILLIPS[*]

I

«On the Noîsulli Islands in the South Pacific lives the Noît-cif-tribe, generally regarded as one of the more primitive peoples to be found in the world today». Com estas palavras começa um artigo, publicado em 1957 na Harvard Law Review, que, lido na diagonal, parece mais adequado a uma revista de conteúdo etnológico[1]. O título é ao mesmo tempo simples e enigmático: «Tû-Tû». De facto, trata-se de uma «alegoria», como nos dirá o seu Autor, que não é outro senão o filósofo do Direito dinamarquês *Alf Ross*. A forma poética presta-se perfeitamente à apresentação do raciocínio e por isso me permito usá-la e desenvolvê-la, ainda que já não possa contar com o efeito de surpresa.

Os Noîtcifianos acreditam que a violação de um determinado tabu dá origem ao que eles chamam «Tû-Tû». O Tû-Tû altera o estatuto daquele que viola o tabu – dizem que o infractor, ele mesmo, se torna Tû-Tû. Além disso, o Tû-Tû é visto como uma ameaça para toda a tribo. Por isso se exige daquele que se tornou Tû-Tû que se submeta a uma cerimónia de purificação.

São basicamente três as infracções que levam ao Tû-Tû: que alguém se encontre com a sua sogra, que alguém mate um animal totémico ou que alguém coma um prato destinado ao chefe da tribo. A cada uma dessas infracções corresponde como sanção a mesma cerimónia de purificação em três fases; em que é consiste essa cerimónia, é algo que *Alf Ross* não relata em pormenor. Retirei o seguinte da obra do seu informador, o antropólogo *Ydobon*[2]: para alguém se purificar do Tû-Tû é preciso primeiro cortar o cabelo,

---

[*] Professor da Universidade de Munique

[**] Tradução por *Paulo de Sousa Mendes* do original Tû-Tû 2. Von Rechtsbegriffen und neuronalen Netzen. In: *L. Philipps/R. Wittmann* (Eds.), Rechtsentstehung und Rechtskultur, Heinrich Scholler zum 60. Geburtstag, Heidelberg 1991, p. 179 ss.

Agradeço à Dr.ª *Susana Brasil de Brito* e ao Dr. *André Hoelzer* a revisão cuidadosa da presente tradução.

[1] *A. Ross*, Tû-Tû, Harvard Law Review 70 (1957), p. 812 ss.

[2] *Ydobon*, The Noîtcifonian Way of Life: Studies in Taboo and Tû-Tû (1950). Mais recentemente, *M. Davis*, Tutu (1986).

segundo ficar uma semana em jejum e terceiro cantar o hino da tribo – todos os seus 93 versos. Depois disso pode ser readmitido na comunidade.

O antropólogo *Ydobon* narra também a actividade de um missionário sueco que vivia entre os indígenas e que queria fazê-los abandonar essa «horrível superstição pagã» – mas sem êxito, até à data. A esse propósito, o próprio *Alf Ross* comenta mordazmente que o missionário era demasiado severo no seu juízo crítico acerca dos costumes dos indígenas, à pala de um fervor religioso que, em si mesmo, não tinha nada de mal. Obviamente, é ridículo imaginar que poderia ocorrer alguma coisa de místico caso alguém se encontrasse com a própria sogra. No entanto, os indígenas – se olharmos para o seu sistema normativo com os olhos deles – não eram desprovidos de uma certa racionalidade. Senão vejamos: caso os Noîtcifianos quisessem prescindir do conceito de Tû-Tû, precisariam então de muitas mais regras para edificar o mesmo sistema normativo. Nomeadamente, os três tipos de infracção já mencionados teriam de ser relacionados com cada uma das três consequências jurídicas também já mencionadas, precisando-se de nove regras para esse efeito. Presentemente, precisa-se apenas de seis regras: cada um dos tipos de infracção e cada uma das consequências jurídicas têm de estar relacionados apenas por uma vez com o conceito de Tû-Tû (por via de regra, a introdução de conceitos intermédios reduz o número das regras que interligam tipo e consequência jurídica de m*n para m+n). Visto isso, é uma técnica bastante útil de representação de normas. *Alf Ross* recomenda aos Noîtcifianos que se limitem a essa maneira prática de ver as coisas e que resistam à tentação de ver no Tû-Tû uma energia ou entidade transcendente.

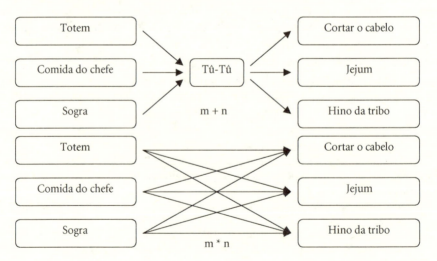

TÚ-TÚ 2 – SOBRE CONCEITOS JURÍDICOS E REDES NEURONAIS

É neste ponto que *Alf Ross* desvenda o facto de estar a falar de nós próprios. Os conceitos jurídicos gerais do Ocidente também não são mais do que um truque para a representação das normas. Sirva de exemplo o conceito de propriedade[3]: quando alguém abate uma peça de caça, pode achar-se correcto que a coma, que afaste as outras pessoas que também a queiram comer, que, se outra pessoa se apropriar do animal abatido, lhe exija a devolução. No entanto, as faculdades que estão aqui em causa podem ser transferidas para outra pessoa (por exemplo, contra a entrega de dinheiro), que já poderá assim servir-se da coisa. O mesmo se passa quando alguém fabrica uma flecha: pode usá-la, pode repelir outras pessoas que tiverem intenção de usá-la ou pode reclamar a sua devolução, se lha tiverem subtraído. De resto, os direitos são os mesmos quer se tenha adquirido uma peça de caça ou uma flecha a outra pessoa – por exemplo, contra a entrega de dinheiro, como já foi dito. Todas estas relações se simplificam graças à introdução da palavra «propriedade», contanto que sejam definidas as causas de aquisição da propriedade – a caça, o trabalho – e sejam estabelecidas as consequências jurídicas dela resultantes, de tal maneira que já não se precise de referir as próprias causas para fazer valer uma dessas consequências, bastando referir genericamente a propriedade.

No entanto, segundo *Alf Ross*, tudo se torna suspeito quando se começa a tentar ver no conceito de propriedade, ou noutros conceitos jurídicos equivalentes, mais do que uma mera técnica de representação de normas, ou seja: quando se começa a acreditar que a palavra «propriedade» possui uma essência especial... Em última análise, uma palavra como «propriedade» não significa mais do que uma palavra sem sentido como Tû-Tû.

Se atentarmos na intenção polémica da exposição de *Alf Ross*, em vez de fazermos apenas uma interpretação literal das suas palavras, então veremos claramente que estas tinham dois alvos: por um lado, a jurisprudência dos conceitos à maneira de *Puchta* e seus seguidores, que proclamava a possibilidade de dedução das regras jurídicas a partir dos conceitos jurídicos gerais, e, por outro lado, o realismo jurídico escandinavo (personificado naquele missionário sueco), que proclamava que o Direito e os seus institutos eram assunto de psicólogos.

---

[3] A propriedade como exemplo ainda não se encontra no próprio *Ross*, mas é trazida para a discussão da sua obra por *H. H. Keuth*, Zur Logik der Normen (1972), especialmente p. 41 ss., e *U. Neumann*, Rechtsontologie und juristische Argumentation (1979), especialmente p. 53 ss.

II

Em 1957, os Noîtcifianos eram uma das tribos mais atrasadas do mundo. De então para cá sucederam duas coisas: por um lado, os indígenas (hoje em dia, de facto, já não os chamaríamos assim) elaboraram profundamente o seu sistema normativo, mas nunca abandonaram o conceito de Tû-Tû. Por outro lado, desenvolveram uma tecnologia informática notável.

Tenho de acrescentar o seguinte: os Noîtcifianos nunca aceitaram a clássica tecnologia ocidental dos computadores. Na verdade, o processamento sequencial de um programa segundo uma lógica de progressão passo-a-passo corresponde a uma ideia que sempre lhes foi estranha. No Pacífico Sul e, em especial, na região das Ilhas Noîsulli as pessoas pensam de maneira diferente, quer dizer: de forma holística, organicista e analógica; mas isso não é necessariamente irracional.

Não obstante, os Noîtcifianos cedo descobriram o conceito de «redes neuronais»[4], adoptaram-no de forma entusiástica e desenvolveram-no. Uma rede neuronal consiste numa imensidão de células («neurónios»), ou seja: unidades decisórias simples que se encontram interligadas e comunicam umas com as outras. Em geral, são neurónios de entrada, neurónios de saída e neurónios intermédios (unidades «escondidas» – *hidden units*).

As redes neuronais não são programadas, mas são exercitadas, «treinadas». Introduz-se um padrão de entrada e outro de saída e espera-se que a rede aprenda a ligação. Com este exercício formam-se padrões associativos: as ligações entre alguns neurónios saem fortalecidas, outras atenuadas ou até truncadas. Como é que isso acontece e qual é o papel dos neurónios intermédios («escondidos»), é algo que não se comunica à rede; ela própria o descobre.

---

[4] Sobre a aplicabilidade das redes neuronais ao domínio da informática jurídica, cf. *R. K. Belew*, A Connectionist Approach to Conceptual Information Retrieval, in: Proceedings of the First International Conference on Artificial Intelligence and Law (1987), p. 116 ss.; *D. E. Rose, R. K. Belew*, Legal Information Retrieval: A Hybrid Approach, in: Proceedings of the Second International Conference on Artificial Intelligence and Law (1989), p. 138 ss.; *S. F. Fernhout*, Using a Parallel Distributed Proceeding Model as Part of a Legal Expert System, in: *A. A. Martino* (Ed.) Pre-Proceedings of the III International Conference on Logica, Informatica, Diritto, vol. I, Florença (1989), p. 255 ss.; *L. Philipps*, Are Legal Decisions Based on the Application of Rules or Prototype Recognition? Legal Science on the Way to Neural Networks, in: *A. A. Martino* (Ed.) Pre-Proceedings of the III International Conference on Logica, Informatica, Diritto, vol. II Florença (1989), p. 673 ss.; *L. Philipps, H. Brass, Qu. Emmerich*: A Neural Network to Identify Legal Precedents, 9th Symposium on Legal Data Processing in Europe (Cj-Ij Symp), Bona (1989). *L. Philipps*, Naheliegende Anwendungen neuronaler Netze in der Rechtswissenschaft, in: Iur PC (1990), p. 820 ss.

TÛ-TÛ 2 – SOBRE CONCEITOS JURÍDICOS E REDES NEURONAIS

Tudo isso é do agrado dos Noîtcifianos porque corresponde à sua cultura e mentalidade: simultaneidade em vez de sequencialidade, exercício físico em vez de compreensão mental, auto-organização em vez de sujeição a um programa exterior[5]. É verdade que os Noîtcifianos não vêem com muito bons olhos a classificação corrente de uma tal tecnologia informática como sendo «subsimbólica» (talvez pelas mesmas razões por que se aborreceram quando *Lévy-Bruhl* chamou «pré-lógico» ao seu pensamento)[6]: essa classificação revelaria uma visão superficial dos símbolos que só se justificaria – na melhor das hipóteses – pela curta história da programação de computadores. Na verdade, até seria precisamente com a ajuda de uma rede neuronal que se conseguiria perceber pela primeira vez num computador a função de um símbolo.

Os Noîtcifianos tentaram também verificar numa rede neuronal o conceito tradicional de Tû-Tû e a interpretação que dele fizera *Alf Ross*. Introduziram para esse efeito as três designações dos modos de comportamento sujeitos a tabu nos neurónios de entrada de uma rede neuronal e os nomes dos três rituais de purificação nos respectivos neurónios de saída. Depois deram tempo à rede para aprender as ligações (coisa que se realizou, de facto, muito depressa, devido à simplicidade da estrutura). Para revigorar as ligações, a rede dispunha em princípio de várias possibilidades: podia dar preferência às nove ligações directas entre os tipos de infracção e as consequências jurídicas ou então escolher as seis ligações indirectas que passavam por uma célula escondida representando o conceito intermédio de «Tû-Tû». Finalmente, a rede tinha ainda uma terceira possibilidade, a saber: podia consolidar simultaneamente as regras directas e as indirectas.

Eis aqui o resultado atingido, que até surpreendeu alguns dos especialistas noîtcifianos: as ligações que passavam pelo conceito de Tû-Tû saíram reforçadas, ao passo que as ligações directas entre os tipos e as consequências jurídicas ficaram apenas ligeiramente esboçadas. Parece assim que é mais cómodo – tanto para as redes neuronais como para o cérebro humano – aprender com a ajuda de um conceito intermédio do que sem ele[7].

---

[5] Em Francoforte existe uma livraria de informática, por sinal excelente, que se especializou em redes neuronais, mas que também vende máscaras de dança e estatuetas religiosas asiáticas: na montra, os dois produtos estão lado a lado. É evidente que não se trata de uma mera coincidência.

[6] L. *Lévy-Bruhl*, La mentalité primitive (1921).

[7] A correcção realiza-se recursivamente com base na retropropagação do desvio (em linguagem matemática: o «erro ao quadrado») entre os resultados obtidos e os resultados preestabelecidos para os neurónios de saída. A aprendizagem através dos neurónios intermédios graças à qual se consolidam os seis trajectos indirectos que atravessam o Tû-Tû ocorrerá no caso de o próprio processo de aprendizagem se iniciar com números aleatórios pequenos. O inverso

III

De 1957 para cá, os Noîtcifianos aperfeiçoaram consideravelmente o seu sistema de normas: hoje em dia, se alguém comer o manjar do chefe por engano, então já só se tornará Tû-Tû de forma atenuada; basta que corte o cabelo. Acontece o mesmo nos casos de tentativa, em situações tais como alguém tentar comer o prato do chefe, pensando poder assim ganhar energias sobre-humanas, só não chegando, porém, a fazê-lo por motivos alheios à própria vontade. Actualmente existem também situações nas quais a transgressão de uma norma não acarreta Tû-Tû, atentas certas circunstâncias especiais, tais como – por exemplo – alguém matar um animal totémico que sofra de raiva (uma doença trazida pelos turistas, que dantes era desconhecida).

Esse sistema de normas melhorado também foi introduzido pelos Noîtcifianos numa rede neuronal. Para o efeito, criaram as seguintes quatro categorias: o Tû-Tû doloso consumado, o Tû-Tû tentado, o Tû-Tû negligente e a ausência de Tû-Tû, gerando neste caso a isenção de pena. Para cada uma dessas categorias havia uma constelação de casos típica.

Havia ainda uma segunda constelação de casos conducente ao resultado da negligência e outra conducente ao da isenção de pena. Nomeadamente, não se fazer nada de especial ou, pelo contrário, abater um animal totémico infectado pela raiva eram casos típicos muito diferentes de isenção de pena. Também atropelar um animal totémico sem querer ou abater o animal na convicção errada de estar infectado pela raiva eram casos típicos completamente diferentes de Tû-Tû negligente.

Na rede neuronal ficaram assim predefinidas seis situações de entrada com quatro resultados diferentes. O computador aprendia rapidamente a ligar de forma correcta essas situações aos resultados. A questão de fundo agora é esta: que mais é que o computador sabe fazer? Os casos típicos predefinidos representam apenas uma parte das situações possíveis: será que a rede é capaz de encontrar também para as situações atípicas as soluções correctas ou, pelo menos, defensáveis?

No total, são possíveis dezasseis constelações de casos, atentando em todas as combinações dos seguintes quatro elementos: a acção e a consciência da acção, uma (qualquer) circunstância especial de isenção de pena e a consciência dessa circunstância. Das dezasseis constelações de casos possíveis esta-

---

sucederá no caso de esse processo se iniciar com números aleatórios grandes. Nesse caso o sistema dará preferência aos nove trajectos directos, mas desaprendê-los-á em parte por troca com os seis trajectos indirectos. No entanto, ainda aqui se justifica mais falar de um processo de aprendizagem do que de um processo de desaprendizagem.

vam predefinidas seis como protótipos e as respectivas soluções foram imediatamente estabelecidas[8].

Com esses protótipos foram treinadas duas redes diferentes: uma com quatro neurónios de entrada directamente ligados a quatro neurónios de saída; e a outra com uma camada de dois neurónios intermédios (dois porque num sistema binário é preciso para quatro saídas pelo menos duas entradas com valores binários).

1. *Decisões sem neurónios intermédios*

Caso	Tipo obj.	Tipo subj.	Justificação obj.	Justificação subj.	Resultado
0	0	0	0	0	isenção de pena*
1	0	0	0	1	isenção de pena, negligência (f)
2	0	0	1	0	isenção de pena
3	0	0	1	1	isenção de pena
4	0	1	0	0	tentativa*
5	0	1	0	1	tentativa, isenção de pena
6	0	1	1	0	isenção de pena, tentativa
7	0	1	1	1	isenção de pena
8	1	0	0	0	negligência*
9	1	0	0	1	negligência, isenção de pena
10	1	0	1	0	isenção de pena (negligência)
11	1	0	1	1	isenção de pena, negligência (f)
12	1	1	0	0	delito doloso consumado*
13	1	1	0	1	negligência* (delito doloso consumado)
14	1	1	1	0	delito doloso consumado (tentativa)
15	1	1	1	1	isenção de pena*

---

[8] Não se deve esquecer que podem ser apuradas mais dez situações logicamente independentes com base nas seis situações preestabelecidas. As soluções que lhes correspondem são obtidas por analogia. Para tal é necessário que as situações preestabelecidas sejam também «típicas» e não apenas decididas de forma correcta. Cf. *L. Philipps*, Are Legal Decisions Based on the Application of Rules or Prototipe Recognition? (nota 4).

2. *Decisões com dois neurónios intermédios*

Caso	Tipo obj.	Tipo subj.	Justificação obj.	Justificação subj.	Resultado
0	0	0	0	0	isenção de pena*
1	0	0	0	1	isenção de pena
2	0	0	1	0	isenção de pena
3	0	0	1	1	isenção de pena
4	0	1	0	0	tentativa*
5	0	1	0	1	isenção de pena (tentativa)
6	0	1	1	0	tentativa
7	0	1	1	1	isenção de pena
8	1	0	0	0	negligência*
9	1	0	0	1	negligência
10	1	0	1	0	isenção de pena (negligência)
11	1	0	1	1	isenção de pena
12	1	1	0	0	delito doloso consumado*
13	1	1	0	1	negligência* (delito doloso
14	1	1	1	0	tentativa (delito doloso consumado)
15	1	1	1	1	isenção de pena*

Os precedentes introduzidos são assinalados com um asterisco (*). Uma segunda solução eventualmente proposta pelo sistema, mas menos enfaticamente, aparece em segundo lugar, embora tal só aconteça na rede sem neurónios intermédios. Uma solução diferente eventualmente defendida na literatura aparece entre parênteses. Também entre parênteses se indica quando uma solução é falsa (f); mais uma vez, tal só acontece na rede sem neurónios intermédios e aqui também apenas na «segunda escolha».

Revelou-se que as situações não previstas são resolvidas de maneira diferente pelas duas redes. Vejamos o caso número catorze (14): por exemplo, alguém abate um animal totémico sem ter motivos ponderosos para o fazer, mas o abate é objectivamente justificado (posto o animal sofrer de raiva, segundo se apuraria depois do abate). A rede sem neurónios intermédios decide esse caso como se fosse de violação consumada do tabu. Pelo contrário, a rede com neurónios intermédios decide-o como se fosse apenas uma tentativa de violação do tabu.

Cabe aqui perguntar o seguinte: o que é que está certo? E ainda se tem de perguntar o seguinte: como é que se sabe isso? O Direito, tal como a arte, estrutura-se num espaço aberto. Não há, portanto, receitas que sirvam para afirmar: – Isto é bonito! Isto é justo! Ainda assim é possível, contanto que modestamente, falar de beleza e de justiça, inclusivamente recorrendo a modelos ideais para o fazer.

A propósito de modelos, a dogmática penal alemã (que também está representada em muitos outros países) discute o caso de alguém actuar a coberto de uma justificação objectiva, mas sem o saber. Qual é a solução desse caso, eis algo que também se discute muito entre nós. Uns dizem: – É um delito tentado! Outros dizem: – É um delito doloso consumado! Portanto, os penalistas acabam apresentando as mesmas soluções que as diversas redes.

Que as redes apresentem as soluções já antes descobertas pela ciência jurídica, eis algo que, só por si, é bastante curioso. Mas o facto de detectarem também as diferentes posições relativas de uma controvérsia que se mantém em aberto é ainda mais surpreendente. Talvez se possa dizer que com a ajuda das redes neuronais se consegue agora entender melhor as posições doutrinárias do que no passado.

Na verdade, as posições doutrinárias não surgiram por acaso, mas têm por detrás delas uma diferença no grau de abstracção: as redes com neurónios intermédios conseguem decidir de forma mais abstracta do que as redes sem os ditos. O facto de se falar de tentativa apesar de a acção ter sido plenamente realizada (ou seja, o animal totémico foi abatido) é tudo menos evidente. A única maneira de tornar isso plausível é dizendo que o autor não causou objectivamente qualquer dano, mas quis realmente fazer algo proibido. Ora, isso é típico da tentativa. Mas é preciso assumir uma perspectiva bastante abstracta para se compreender isso. A partir de uma perspectiva concreta, decidir-se-ia – aparentemente – no sentido da verificação de um facto consumado, caso a morte do animal tivesse sido efectivamente causada. Entre os protótipos da tentativa $(0, 1, 0, 0)$ e a situação crítica $(1, 1, 1, 0)$ vai uma distância de dois pontos, ao passo que a partir do protótipo da violação da norma consumada $(1, 1, 0, 0)$ vai apenas a diferença de um ponto[9].

---

[9] Portanto, o resultado de tentativa não se pode explicar com base numa menor distância de Hamming. Provavelmente, a rede não assume o facto consumado, mas antes a tentativa, porque também não assume o facto consumado na situação simétrica $(1, 1, 0, 1)$, mas antes a negligência. Mas isso é apenas uma conjectura, que não tenho sequer maneira de confirmar.

A rede com neurónios intermédios decide não só de uma forma mais abstracta, como também de uma forma mais terminante. Sem os neurónios intermédios pode aparecer ainda uma segunda solução, que às vezes até está errada.

IV

Para concluir, voltemos a *Alf Ross*: os conceitos jurídicos gerais, sob a forma de regras jurídicas, são deveras úteis. As regras tornam-se dessa maneira mais gerais, mais fáceis de aprender e, em princípio, mais fáceis de aplicar. Quanto a isso, *Ross* tem toda a razão. Mas, à parte esses aspectos, *Ross* simplificou excessivamente a questão, pois considerava as normas sempre como se fossem completas quer quanto ao tipo, quer quanto à consequência jurídica. Nesse caso, é verdade que o conteúdo de uma norma não fica prejudicado consoante esta seja ou não formulada com conceitos intermédios: isso é uma questão de apresentação formal da norma e, portanto, de pura conveniência. Mas também é verdade que as normas só surgem dessa forma na bancada das autópsias do cientista do Direito. Na realidade, as normas não se fecham sobre si mesmas (nem sequer quando são logicamente independentes umas das outras), mas originam, segundo certas semelhanças estruturais, uma rede de associações ou remissões múltiplas. É por essas associações ou remissões que o jurista se guia quando a regra relevante não se ajusta ao caso decidendo.

Na rede das associações, os conceitos jurídicos gerais constituem nós e a própria rede tece-se de maneira diferente consoante os nós nela inseridos. A maior ou menor perfeição jurídica da rede dependerá também da própria escolha dos conceitos nodais. E esses conceitos não podem ser eliminados posteriormente, sob pena de se destruir a própria rede. Os conceitos gerais não são, de maneira nenhuma, de utilização facultativa.

É evidente que *Alf Ross* conhecia o fenómeno da combinação de conceitos: mas remeteu as possíveis combinações – mas não os conceitos em si – para o terreno da psicologia e da ideologia. Como se viu, a combinação de conceitos não pertence, porém, à psicologia, nem à ideologia. Quando uma máquina de estrutura simples consegue reconstruir as associações, quando isso se repete indefinidamente e quando se pode fazer experiências com as associações através de variações da rede – então isso já deixou há muito de ser uma questão da criatividade individual e da ideologia social. O computador aparece assim como um instrumento extraordinário para a análise do Direito e da própria experiência intelectual.

Afinal terá de se repensar a jurisprudência dos conceitos e toda a discussão clássica acerca da metodologia jurídica. A reinterpretação do passado é, porém, uma tarefa menor: estamos defronte de um campo novo e vasto de investigação e invenção não só relativamente à teoria do Direito, mas também em relação à dogmática do Direito vigente e à legislação do futuro.

O FUTURO DO DIREITO DO TRABALHO EUROPEU – ABORDAGEM PRELIMINAR[**]

WOLFGANG DÄUBLER[*]

I. INTRODUÇÃO

Na preparação deste curto relatório, deparei-me com pelo menos três dificuldades.

A primeira foi de natureza linguística. Preferiria comunicar em francês, mas os organizadores informaram-me de que todos entenderiam inglês e o mesmo não se poderia dizer do francês. Porém, será que em Portugal se vai perceber inglês da Alemanha quando neste país se fala inglês à sua própria maneira? Tentarei falar lentamente para facilitar a compreensão.

O segundo problema prendeu-se com o referendo de domingo último em França. A vitória do "Sim" ter-me-ia obrigado a entrar no enquadramento jurídico criado pela Constituição. O "Não" dá-nos mais liberdade na definição de objectivos e desenvolvimentos. Para os que constroem a Europa de acordo com a sua visão e o seu desejo, à primeira grande derrota seguiu-se uma segunda derrota na Holanda, gerando aqui uma nova situação: a Comunidade tem de batalhar pelo apoio dos povos; a sua legitimação está enfraquecida. Poderá tratar-se de uma boa oportunidade para a política social, podendo tornar a Europa mais atractiva para a maioria trabalhadora da população em todos os Estados-membros.

A terceira dificuldade foi científica. A Alemanha produz anualmente entre 100 e 200 livros sobre o direito do trabalho, mas não se consegue encontrar nenhum trabalho de investigação sobre o futuro do direito do trabalho europeu. Parece ser mais importante discutir pormenores sobre a co-determinação no âmbito da alimentação e bebidas nas cantinas do que discutir mega-tendências. Até o futuro do direito do trabalho nacional é um tópico raramente discutido.

Este facto poderá ser explicado pela falta de métodos de análise da situação actual relativamente a progressos futuros: não existe futurologia jurídica.

---

[*] Texto proferido no Seminário «Código do Trabalho» nos dias 3 e 4 de Junho 2005, na Reitoria da Universidade Nova de Lisboa.

[**] Professor Doutor da Universidade de Bremen.

Além disso, os juristas são, por norma, indivíduos cautelosos que ficam ansiosos, senão mesmo horrorizados, com a ideia de poderem ser refutados pelos factos. Não seria melhor manter a boa reputação científica e evitar terrenos pantanosos? Existem alguns exemplos, embora poucos, de pessoas muito corajosas que tentaram prever o que ocorreria no espaço de 10 ou 20 anos, mas seria indelicado perguntar-lhes se as suas previsões foram certas ou erradas. Tanto quanto sei, a situação noutros países é idêntica.

Coloquemos de lado todos estes obstáculos e tentemos dar algumas sugestões, que naturalmente não passam de uma tentativa de aproximação da realidade e não de uma verdade absoluta. Numa primeira parte, gostaria de descrever as principais características do direito do trabalho europeu. A segunda parte será dedicada aos desafios neoliberais que emergiram nos últimos anos e que continuarão após os referendos francês e holandês. A terceira parte aborda alguns assuntos que poderão tornar-se um eventual tópico para o futuro do direito do trabalho europeu.

II. Características do Direito do Trabalho da CE

O direito do trabalho da CE e o direito do trabalho nacional estão intimamente ligados, o que não se deve apenas ao facto de, para além do que respeita à liberdade de movimento dos trabalhadores, só se encontrarem directivas, e não regulamentos. A razão mais importante tem que ver com o facto de o direito europeu tratar normalmente de um aspecto específico de um caso ou conflito de interesses, mas nunca integrar uma regra substantiva abrangente. Dificilmente conseguimos encontrar um caso passível de se resolver por recurso exclusivo ao direito da CE. As regras do quadro de pessoal da CE são a única excepção à regra, recorrendo exclusivamente aos princípios gerais do direito dos Estados-membros e às convenções da ONU e da OIT.

O direito do trabalho da CE recorre a alguns elementos específicos, colocando a tónica em dois pontos e completando assim as relações laborais nacionais.

1. Igualdade de direitos

O direito comunitário prevê a igualdade de direitos para todos os trabalhadores. A igualdade de ordenados para homens e mulheres de acordo com o conhecido artigo 119.º do antigo Tratado transformou-se num símbolo do progresso através do direito comunitário. Hoje em dia, quase todos os estudantes de direito em toda a Comunidade conhecem o caso de Gabrielle Defrenne, a assistente de bordo da SABENA. As três decisões do Tribunal Europeu de Justiça sobre este caso foram, de certa forma, um ponto de partida para numerosas actividades ao nível da UE. A igualdade entre homens e mulheres em todas as áreas do trabalho foi o passo que se seguiu, completando-se com a extensão parcial aos regimes de segurança social e, em finais de 2004, aos contratos do direito civil. O artigo 13.º do Tratado de Amesterdão e as directivas que nele se baseiam criaram um sistema de direito não discriminatório: não pode haver discriminação com base em razões raciais ou étnicas, credo ou religião, incapacidade, idade ou orientação sexual. A maioria dos Estados-membros transpuseram as directivas, mas a Alemanha continua hesitante apesar da decisão clara do Tribunal Europeu de Justiça.

Estes não são, no entanto, os únicos direitos de igualdade. Os trabalhadores oriundos de outros Estados-membros têm o direito de ser tratados como os cidadãos nacionais. Até certo ponto, a directiva sobre trabalhadores destacados tem um impacto semelhante. O Estado anfitrião garante aos trabalhadores destacados pela entidade patronal de outro Estado-membro pelo menos algumas condições de trabalho fundamentais. A famosa directiva sobre direitos adquiridos em casos de transferência de empresas pode ser analisada da mesma forma: durante pelo menos 1 ano, mantém-se a norma por que se regiam os trabalhadores antes da reorganização da empresa. Os trabalhadores cujas entidades patronais estejam em fase de reestruturação devem ter, durante algum tempo, sensivelmente as mesmas condições de trabalho que os trabalhadores num ambiente laboral estável. Os trabalhadores a tempo parcial e os trabalhadores com contrato a termo fixo devem ser tratados da mesma forma que os trabalhadores a tempo inteiro.

O catálogo de regras legais é impressionante, mas a igualdade é silenciosa no que respeita à protecção. Aplica-se a situações muito modestas bem como a situações extraordinárias. Trata-se de uma regra extremamente flexível. Esta flexibilidade pode revelar-se indispensável no que respeita aos diferentes estádios de desenvolvimento económico dos Estados-membros. Além disso, os Estados-membros e os parceiros sociais mantêm o direito de criar novas regras a um nível, por assim dizer, intermédio. A desigualdade pode ser corrigida de diferentes formas, mas nem sempre se conseguirá alargar os direitos dos melhor colocados àqueles que se encontram numa posição desprivilegiada e discriminada.

Os direitos de igualdade acima descritos têm, no entanto, uma força distinta. Alguns, como nos casos descritos no artigo 13.º, são levados a sério, enquanto outros, como a igualdade entre trabalhadores a tempo inteiro por tempo indefinido e os trabalhadores com contrato a termo fixo, constituem uma fraca garantia: a directiva não só reconhece como aceita o facto de um dos grupos não ficar com qualquer protecção no final do contrato. Durante o período de emprego, inclusivamente, "uma justificação" é suficiente para a diferenciação entre os dois grupos de trabalhadores. Podemos falar de regras não discriminatórias de primeira e de segunda classe. Além disso, permitam-me referir que os "fundamentos proibidos" do artigo 13.º se referem a qualidades pessoais; o papel no mercado do trabalho ou na sociedade não é mencionado: não há regra anti-discriminação relativamente à origem social, falta de qualificação ou sorte. O artigo 14.º da Convenção Europeia dos Direitos Humanos aborda estas questões, mas limita-se ao exercício dos direitos fundamentais enumerados na Convenção.

2. **Direitos processuais**

O direito do trabalho da CE não prevê exclusivamente direitos de igualdade. O seu segundo aspecto principal diz respeito aos direitos processuais. "Consulta" é a palavra mágica que deverá substituir a "co-determinação" na Alemanha e a "greve" em Portugal. A directiva relativa aos direitos adquiridos prevê a consulta, à semelhança da directiva relativa aos despedimentos colectivos. O principal objectivo da directiva relativa aos Conselhos de Empresa Europeus é a "informação e a consulta". Até no campo da protecção da saúde e ambiente de trabalho, o Direito Comunitário prevê sobretudo procedimentos: a análise do risco, que deve ser efectuada em todos os locais de trabalho, pode ser disso um exemplo importante.

O resultado do procedimento não é um objecto do direito comunitário. Se a entidade patronal consultou os representantes dos trabalhadores de forma adequada, é livre de tomar as suas decisões. O veto por parte dos trabalhadores pode derivar do direito nacional, como aconteceu no caso de "outsourcing" na Suécia, mas o direito comunitário não o prevê. Tudo o que esteja fora da troca de argumentos não é objecto do direito comunitário; a co-determinação e a greve parecem existir numa zona tabu. Mencioná-lo em Bruxelas ou em Estrasburgo também seria um comportamento curioso.

Estes procedimentos estão limitados às empresas ou a grupos de empresas. As negociações ao nível das filiais ou a conclusão de acordos nacionais estão fora do alcance do direito do trabalho da CE. Seria demasiado óbvio que o procedimento de consulta deixasse de ser suficiente para chegar a acordo nestes casos.

Mas o Diálogo Social não será uma excepção importante? Sem dúvida que os parceiros sociais podem influenciar a legislação ao nível da CE. Se o seu acordo se transformar em directiva, os efeitos são imensos e vão muito além de qualquer acordo vinculativo a nível nacional. Porém, existe consenso porque as entidades patronais, ou ambos os lados, receiam uma iniciativa da Comissão, que poderia gerar consequências indesejadas. Se esta "ameaça" não existir, não haverá nenhum acordo ou, se houver, não conduzirá a quaisquer consequências reais, como mostra o exemplo do tele-trabalho: depende dos parceiros sociais nacionais a aplicação do acordado no Diálogo Social – um enterro de segunda classe, como foi apelidado na Alemanha. O exemplo revela que o Diálogo Social não implica uma autonomia verdadeira dos parceiros sociais; trata-se apenas de um procedimento para facilitar o processo legislativo na União Europeia. Poder-se-ia inclusivamente dizer que os parceiros sociais assumem o papel do Parlamento, que só é "ouvido", consultado, a propósito destas matérias. Curiosa forma de democracia!

3. Liberdade e solidariedade no trabalho?

A legislação europeia prevê a liberdade de opinião e os direitos sindicais no local de trabalho? Será extremamente difícil encontrar qualquer tipo de garantia neste domínio. Estes direitos existem no Direito Comunitário, mas não se encontram à vista dos cidadãos nem dos observadores: Um jurista conseguirá encontrá-los enquanto princípios gerais decorrentes das constituições dos Estados-membros e das convenções internacionais por eles ratificadas. O Tribunal Europeu pronunciou-se várias vezes sobre a existência e o âmbito destes direitos fundamentais. Porém, existe uma restrição de importância crucial: estes direitos só podem ser invocados nas áreas de competência em que é possível aplicar o direito comunitário. Nos casos em que não é possível aplicar uma regra da CE num determinado conflito, não se pode invocar qualquer direito fundamental.

4. Garantias Substantivas

São poucos os casos em que a legislação europeia prevê direitos substantivos. A directiva relativa ao horário de trabalho prevê quatro semanas de férias remuneradas por ano para todos os trabalhadores (e uma semana de trabalho de 48 horas, com várias excepções). Em caso de insolvência da entidade patronal, o trabalhador mantém o seu ordenado por um período de 3 meses até ser declarada falência.

5. Avaliação

Apreciado do ponto de vista alemão ou francês, o resultado de quase 50 anos de direito do trabalho europeu aparenta ser bastante modesto. Mas o quadro estaria incompleto se nos concentrássemos exclusivamente no direito da CE. As regras sucintamente descritas acrescem ao direito do trabalho nacional. Considerada no seu conjunto, a protecção dos trabalhadores melhorou, apesar dos 30 anos de política de desregulamentação nos vários Estados-membros. Em alguns casos, o direito da CE trouxe novos elementos: se um sistema tradicionalmente paternalista de protecção da saúde no local de trabalho for complementado por direitos processuais, aumentam as hipóteses de ser mais eficaz do que anteriormente. A dependência exclusiva do direito europeu, por outro lado, conduziria a uma espécie de catástrofe. Estaríamos mais ou menos ao mesmo nível ou a um nível inferior do que os Estados Unidos.

Por que razão o direito europeu se concentrou nos direitos de igualdade e nos direitos processuais? Parece-me que a principal razão se prende com o facto de este tipo de regras serem compatíveis com as diferentes situações económicas dos Estados-membros. A igualdade pode ser praticada inclusivamente na Lituânia, onde os ordenados são normalmente cinco por cento da média dos ordenados na Alemanha, e ainda assim é possível aplicar os mesmos procedimentos que noutros Estados-membros. Qualquer uma das formas do direito possui a vantagem raramente referida de não criarem qualquer problema de legitimação. Quem se oporia à igualdade? Quem se oporia à consulta? Por outro lado, a tentativa de assegurar ordenados mínimos suscitaria alargadas discussões, que por sua vez conduziriam a questões "de injustiça" sobre a distribuição da riqueza e das oportunidades na sociedade em que vivemos.

III. Desafios ao Direito do Trabalho Europeu

A globalização económica tornou-se parte da vida quotidiana na Europa. As empresas transferem a sua produção para a China ou para a Índia, ou compram componentes a países onde os ordenados e os preços são mais baixos. A reacção neoliberal consiste em baixar os próprios custos, nomeadamente os ordenados e as condições de trabalho. Os impostos para as empresas dos próprios países têm consequentemente de ser reduzidos. A prática deste princípio como regra geral leva a uma corrida até ao fundo do poço.

Os direitos de igualdade e os direitos processuais exercem alguma influência no mercado. Mesmo que o mercado o permitisse, não se poderia utilizar mão-de-obra feminina ou trabalhadores imigrantes para conseguir baixar os custos. Os procedimentos podem complicar algumas decisões e, assim, evitar reacções flexíveis por parte das empresas. Existe uma pressão clara no sentido da redução das normas do direito do trabalho europeu.

1. Revisão de directivas?

A promulgação de uma directiva exige muita paciência. Normalmente, esperam-se vários anos. Em alguns casos, nem 30 anos foram suficientes para o fazer. As regras sobre a sociedade europeia podem servir de exemplo. Isto deve-se não só aos vários interesses nacionais, mas também às opções políticas divergentes dos diferentes governos. Na UE, nunca se assistiu a uma situação em que todos os governos fossem conservadores ou todos fossem sociais-democratas.

Os obstáculos que tornam o processo legislativo tão moroso desempenham um papel importante na situação adversa de alteração e redução de directivas existentes. É quase impossível afastar regras bem estabelecidas e renunciar a alguns direitos de igualdade e direitos processuais. Nos últimos 20 anos, foram poucos os casos em que o Conselho e o Parlamento conseguiram alterar directivas existentes. A directiva relativa a direitos adquiridos e a directiva relativa à protecção dos trabalhadores em casos de insolvência da entidade patronal sofreram apenas pequenas alterações; o conceito manteve-se inalterado. O direito do trabalho europeu não é obviamente propício à desregulamentação. Mas será que consegue resistir às tendências gerais? A ajuda parece surgir das chamadas liberdades fundamentais, do direito de estabelecimento e do direito à prestação de serviços.

2. O direito de estabelecimento

O artigo 48.º do Tratado prevê o direito de estabelecimento para as "sociedades constituídas em conformidade com a legislação de um Estado-Membro e que tenham a sua sede social, administração central ou estabelecimento principal na Comunidade". Parece claro que esta regra implica o direito à transferência da sede social para outro Estado-membro; o direito a estabelecer uma subsidiária não seria suficiente. Nos últimos anos, o Tribunal Europeu de Justiça tem interpretado o "direito de estabelecimento" das sociedades no sentido lato. Numa série de decisões, o Tribunal reconheceu o direito de registo de uma sociedade num qualquer país sem que haja uma ligação genuína a esse país. Uma empresa tem o direito de escolher o direito das sociedades que melhor lhe convier. No caso Überseering, dois alemães foram para a Holanda com o objectivo de criar uma empresa que, afinal, exercia a sua actividade exclusivamente na Alemanha. Segundo o Tribunal, a Alemanha teria de reconhecer a existência da empresa ao abrigo do direito holandês. Actualmente, a existência de um endereço para a sociedade é o suficiente. Na Alemanha, chamamos a estas empresas Briefkastenfirmen ("empresas de apartado postal"). As consequências para o direito do trabalho alemão são consideráveis. A co-determinação ao nível das empresas, nomeadamente através do envio de representantes dos trabalhadores para o chamado conselho supervisor de uma sociedade por acções ou de uma sociedade de responsabilidade limitada, não pode ser alargada a empresas regidas pelo direito de um país estrangeiro. Parece ser possível iniciar um voo legal a partir do sistema de co-determinação; uma empresa que espere alcançar o limite para a co-determinação pode ir para o estrangeiro sem qualquer transferência das actividades reais. Assim, o Tribunal Europeu conseguiu eficazmente desregulamentar pelo menos uma parte das relações laborais alemãs.

As decisões do Tribunal também terão impactos noutros Estados-membros. As pessoas vão para a Grã-Bretanha ou para a Irlanda para criar uma sociedade de responsabilidade limitada sem ser necessário capital inicial; é necessário apenas pagar algumas taxas. Estas empresas actuam comercialmente em França ou em Portugal. No momento em que não tiverem dinheiro, será muito difícil aos credores, inclusivamente aos trabalhadores, conseguir levantar o véu da pessoa jurídica. Quem conhece as regras irlandesas nesta matéria? Ou as polacas ou estónias? se é que existem. Podemos aplicar as regras do país onde se exerce a actividade? Ninguém sabe responder e esta incerteza jurídica não beneficia nem os trabalhadores nem os consumidores.

3. A directiva preliminar relativa aos serviços

No início de 2004, a Comissão apresentou uma "Proposta de directiva do Parlamento Europeu e do Conselho relativa aos serviços no mercado internacional" [COM(2004)2 *in fine*], conhecida por "Directiva Bolkestein". Este longo documento foi mais ou menos ignorado até ao Outono do ano passado. Na Alemanha, o sindicato das indústrias construtivas acordou e organizou alguns colóquios para discutir a substância da proposta.

Não é possível fazer aqui uma citação integral de um texto com mais de 100 páginas, mas talvez seja suficiente apresentar algumas das suas características.

O FUTUTO DO DIREITO DO TRABALHO EUROPEU – ABORDAGEM PRELIMINAR

Uma das pedras angulares da proposta é o "princípio do país de origem" invocado no artigo 16.º. Os prestadores de serviços apenas estão sujeitos às disposições nacionais do seu país de origem. Estas disposições abrangem "disposições relativas ao acesso e exercício de uma actividade de prestação de serviços, nomeadamente os requisitos que regem a conduta do prestador, a qualidade ou conteúdo do serviço, a publicidade, os contratos e a responsabilidade do prestador". Os advogados especializados em direito do trabalho devem colocar a tónica na palavra "contrato". O contrato de trabalho será regido integralmente pela lei do país de origem. As partes podem chegar a um acordo diferente, mas por que razão uma entidade patronal checa ou polaca haveria de aceitar uma proposta desta natureza? As regras do país de origem incluem inclusivamente uma parte da protecção da saúde. De acordo com o artigo 16.º, parágrafo 3, o Estado-membro onde é prestado o serviço não tem o direito de impor "requisitos que afectem a utilização de equipamentos que façam parte integrante do serviço prestado". Pelo menos os consumidores estão numa posição melhor do que os trabalhadores, na medida em que o artigo 17.º, n.º 21, prevê uma excepção ao princípio do país de origem.

Outra excepção diz respeito à directiva relativa aos trabalhadores destacados, que permanecerá inalterada. Porém, nesta matéria, existe outro grande problema. O artigo 24.º da proposta de directiva proíbe os Estados-membros onde são prestados os serviços de exercerem um controlo eficiente. Deixam de poder solicitar preliminarmente informações sobre a actividade prevista e de impor a participação de um representante. Todos os dados sobre as actividades exercidas têm de ser enviados para o país de origem, que passa a ser a única autoridade competente para controlar a observância ou não observância das disposições legais. Mas por que razão iria esse país criar dificuldades às suas próprias empresas e reduzir, assim, a vantagem competitiva oferecida por uma lei não implementada? O país onde são exercidas as actividades pode intervir apenas em casos de perigo iminente para a vida e a saúde. A directiva relativa aos trabalhadores destacados, assim como outras regras associadas ao direito do trabalho, deixam de fazer sentido nestas circunstâncias. São apenas úteis nas palestras de domingo, em que são apregoados os benefícios da unificação europeia. Se a directiva relativa aos serviços fosse promulgada, assistiríamos ao maior programa de desregulamentação alguma vez visto na Europa. As actividades de Margaret Thatcher seriam apenas uma tímida tentativa de restabelecer o mercado livre e a lei do mais forte que lhe é inerente. Depende de todos nós não deixar avançar estes planos. Durante o debate francês, a directiva Bolkestein foi um dos pontos contra o qual se manifestou a campanha do "Não".

IV. Perspectivas

Ainda que consigamos defender os resultados conseguidos, não serão suficientes para o futuro. Podemos avançar nos campos tradicionais dos direitos de igualdade e dos direitos processuais? Podemos porventura avançar para outros campos, oferecendo uma protecção mais substantiva aos trabalhadores? Só podemos tentar responder se começarmos por considerar o enquadramento económico e político em que a Comunidade pode actuar.

Comecemos pela parte política. A Comunidade enfrenta um problema de legitimação que existe desde muito antes dos referendos francês e holandês. Este problema pode ser descrito através de três factores.

A Comunidade tem mais problemas em conseguir o apoio da maioria do que um Estado-nação. Em matéria de poderes, não passa de um fragmento de um Estado para uma grande parte da economia. No entanto, por razões jurídicas e políticas, não lhe é possível tornar-se activa em muitos outros domínios. Isto significa que a Comunidade fornece menos "bens públicos" do que os tradicionais Estados-nação, não tendo grandes possibilidades de actuação, por exemplo, no domínio da segurança interna e externa. Da mesma forma, tem pouca voz activa na distribuição do produto, da riqueza e das oportunidades educativas. Tão pouco possui uma cultura comum ou uma língua comum com que os cidadãos se possam identificar. Neste contexto, um qualquer revés económico por que passem, por exemplo, os agricultores ou os trabalhadores, não pode ser compensado pela expressão: "Bem ou mal, este é o meu país".

A segunda desvantagem da Comunidade Europeia é o seu manifesto e continuado défice democrático. O Parlamento Europeu, constituído por eleições directas, não tem poder legislativo integral. O mais importante centro de tomada de decisão continua a ser o Conselho de Ministros. Embora este órgão possa ter uma legitimação democrática indirecta, escapa regularmente ao controlo efectivo dos parlamentos nacionais.

Em terceiro lugar, a ausência de estruturas democráticas é agravada pela falta de transparência dos mecanismos de tomada de decisão. Existe apenas um controlo limitado exercido pelos meios de comunicação social e pelo público. As decisões são tomadas através de procedimentos complexos, normalmente à porta fechada. Não é permitida a presença de observadores críticos, nem mesmo nas deliberações do Conselho de Ministros. O nível de informação de um indivíduo depende da sua proximidade social ou política a determinadas pessoas em posições-chave. Não há dúvidas de que os actos jurídicos e as propostas correspondentes são publicados e disponibilizados através do "Jornal Oficial" e da Internet. Porém, existe uma tal superabundância de informação que um cidadão não está preparado para saber onde procurar as informações relevantes num determinado contexto. Além disso, o horizonte de muitos cidadãos europeus continua restringido aos seus Estados-nação e às suas políticas nacionais. Para eles, o que acontece na Comissão em Bruxelas, no Conselho da Europa em Estrasburgo ou nas Nações Unidas em Nova Iorque é basicamente uma realidade de segundo plano. Até mesmo os tribunais ignoram ou tendem a afastar os acordos internacionais, na medida em que tradicionalmente não usufruem da mesma dignidade que as leis adoptadas, por exemplo, pelo Parlamento alemão. Devido a estes factores, tudo o que acontece ao nível da CE é, para a maior parte dos europeus, o "livro dos sete selos".

As três "peculiaridades" da CE são relativamente inofensivas quando não existem grandes conflitos e quando os dois principais objectivos consistem em estimular o crescimento e distribuir a riqueza. No entanto, assim que se acaba o bom tempo – que já acabou pelo menos em 1974 – as coisas tornam-se bastante diferentes. A Comunidade está a perder créditos, até porque tem de "ferir" certos grupos da população, como é o caso dos agricultores. Está a perder alguma da sua legitimação porque muitas pessoas começam a perceber que os seus processos de tomada de decisão são lentos e complicados e que existem novas manifestações de egoísmo nacional que, por sua vez, são utilizadas por terceiros para justificar as suas respostas egoístas.

A interpretação lata das liberdades de mercado utilizada pelo Tribunal Europeu veio agravar os problemas de legitimação da Comunidade. A privatização dos serviços públicos vem aumentar a concorrência através da redução dos direitos dos trabalhadores. Por que razão há-de um trabalhador de uma central eléctrica ou de uma empresa de transportes ser um bom europeu se, devido aos "princípios" europeus, perde o emprego ou, na melhor das hipóteses, um terço do seu ordenado?

Nestas circunstâncias, o que pode fazer a Comunidade? Neste contexto, praticamente não existe outra opção que não seja transformar o mercado europeu num êxito económico para todas as partes envolvidas. Para isso, são necessários esforços sérios no sentido da resolução dos vários problemas sociais. Nas circunstâncias actuais, é do interesse da unificação europeia que a política social não seja vista como uma "medida de apoio" mais ou menos secundária, cuja omissão não acarretaria grandes desvantagens. Pelo contrário, a política social é uma matéria da maior importância; trata-se de uma fundação necessária para apoiar todo o processo. Se uma grande parte da população se sentisse desiludida, resignada ou se se opusesse à Comunidade em vez de a apoiar, o "Não" tornar-se-ia um fenómeno geral. Neste sentido, a tomada de medidas concretas não significa a idealização de programas bem intencionados; antes faz parte de uma política urgentemente necessária.

O que será possível fazer quando terminar o primeiro choque após o referendo? Por razões económicas, não será viável entrar em novos domínios e melhorar, por exemplo, os regimes de segurança social ou reduzir para 40 horas o horário de trabalho semanal. A Comunidade pode prosseguir a sua acção nos domínios tradicionais, onde só estão em causa custos reduzidos. Permitam-me que apresente algumas propostas concretas.

Poderia facilitar-se a política social se a conseguíssemos sustentar nos direitos sociais fundamentais. A declaração de 1989 e a Carta de Nice devem passar a ter carácter vinculativo, o que poderia ser feito pelo Tribunal Europeu, embora fosse preferível introduzir estes princípios no próprio Tratado.

Os direitos de igualdade podem ser alargados. O artigo 13.º deve integrar outras características pessoais, posições sociais e papéis que envolvam um risco considerável de discriminação. Os trabalhadores por conta própria que dependam de uma única entidade patronal são um exemplo possível; outro exemplo possível é o das mães/pais solteiros.

O procedimento de consulta pode ser levado mais seriamente sem que seja necessário apelar à co-determinação geral. O direito de veto para os representantes dos trabalhadores seria viável se o respectivo efeito fosse apenas suspensivo.

A Comunidade poderia ocupar-se melhor do trabalhador individual. Por que não seria possível criar regras para a protecção da personalidade no local de trabalho? No domínio da privacidade, já se tomou esta medida através da directiva relativa à protecção de dados; não seria possível continuar nesta direcção? A liberdade de opinião para os trabalhadores como princípio do direito da CE aplicável a todos os locais de trabalho desde a Finlândia até ao Algarve. Não se criaria assim um novo espírito europeu? O mesmo se poderia dizer relativamente a uma protecção eficiente contra os despedimentos. A existência de normas justas do direito do trabalho não seria o melhor pré-requisito para mais inovação na nossa economia? Espero vir a assistir a um debate aberto sobre estas matérias.

GLOBALIZAÇÃO, POBREZA E EFICIÊNCIA DOS MERCADOS: OLHAI OS LÍRIOS DO CAMPO?

RICARDO DE GOUVÊA PINTO[*]

> SUMÁRIO: I. Introdução. II. A pobreza num mundo de globalização. III. Redução da pobreza e estratégias de eficiência. IV. Medidas de acção para a redução da pobreza. IV.1. Construção. IV.2. Promoção. IV.3. Participação. IV.4. Securitização. V. Reformas para a eficiência dos mercados.

I. INTRODUÇÃO

> *A própria vida é uma espécie de dever para com aqueles por quem a natureza a repartiu.*
>
> ARISTÓTELES

1. Numa época de mudanças radicais em que o paradigma normativo não é alterado alguma insensatez parece, até, racional. O enquadramento da *boa velha* economia de mercado mantém-se, reforçada nos seus pressupostos teóricos pelo seu alargamento geográfico a novos horizontes até há pouco insuspeitos, mas as condições concretas do seu funcionamento *real* são muito diferentes. Daí que muitos não consigamos ter uma percepção clara e lúcida das implicações da *nova era*.

Novas questões para velhos problemas se nos apresentam.

2. A nossa proposta de reflexão é sobre a pobreza no mundo da (em) globalização. Para além de qualquer juízo de tipo ético ou moral, permanecendo na frieza do pretenso rigor "científico", partimos da progénese doutrinária de que a pobreza, qualquer forma de pobreza, é um desperdício. E o desperdício, em Economia, é uma aberração, teórica e prática.

Se as respostas estarão naquele que surge como o paradigma sobrevivente ou, se se preferir, vencedor, o modelo da economia de mercado, cumpre ques-

---

[*] Doutorando em Direito da Faculdade de Direito da Universidade Nova de Lisboa. Licenciado em Direito (FDUCP-L); Mestre em Direito-Ciências Jurídico-políticas (FDUL). Mestre em Gestão de Empresas-Estratégia e Desenvolvimento Empresarial (ISCTE); Pós-Graduado em Estudos Europeus (IEE-UCP).

tionar o que será a eficiência económica neste modelo quando ele é aplicado na busca de soluções para um problema tão fundamental, controvertido e essencialmente difícil, como é a pobreza, em realidades díspares e em diversas condições de estruturação económica e, também, cultural, social e política.

Não pretendemos, neste pequeno estudo, trazer soluções, nossas ou copiadas. Procuraremos analisar, encontrar vectores de tratamento do problema, e enunciar pistas de reflexão. O estudo desenvolvido não tem conclusões, terá, eventualmente, algumas ilações; não tem uma teoria, tem uma proposta.

3. Quando aqui se fala em pobreza, numa intenção de leitura dinâmica e integrada das suas múltiplas possíveis causas e das suas diversas efectivas implicações, o conceito é utilizado na sua caracterização mais ampla. Para além dos interesses dos pobres ou dos interesses daqueles que o não são, releva a relação do fenómeno da pobreza com uns e outros[1]. Se o bem-estar dos ricos é indubitavelmente afectado pela penúria dos pobres, essa afectação mais do que ser considerada um efeito da pobreza, constitui parte integrante do problema[2].

A questão em análise está sujeita, necessariamente, ao filtro do pragmatismo. Na verdade, e fora da revolução (e qual?), quem pode resolver o problema da pobreza não são os pobres, são os ricos, se o quiserem. Como diria um cínico, ninguém nos prometeu que seríamos felizes quando nascemos.

Mas preferimos juntarmo-nos ao grande Vítor Hugo, e dizer: "O futuro tem muitos nomes. Para os fracos, é o inalcançável. Para os temerosos, o desconhecido. Para os valentes, é a oportunidade".

II. A POBREZA NUM MUNDO DE GLOBALIZAÇÃO

> *A globalização não é um processo simples, é uma rede complexa de processos.*
>
> ANTHONY GIDDENS

4. Aquilo que tem sido designado por *globalização*, e independentemente do sentido e do conteúdo do conceito que perfilhemos, corresponde a um

---

[1] Sobre esta questão, AMARTYA SEN, *Pobreza e Fomes. Um ensaio sobre direitos e privações*, Terramar, Lisboa, 1999 (trad.), p. 24.

[2] A verdadeira dimensão da dificuldade em qualificar a pobreza é-nos apresentada de forma extremamente simples, mas, *et pour cause*, brilhante, na *Parábola de Annapurna* – quem perante nós temos que seja mais pobre, o que tem menos dinheiro e sempre foi muito pobre, o que empobreceu mais recentemente e psicologicamente sofre mais com isso, ou o que tendo mais dinheiro não tem o suficiente para cuidar da sua saúde?, em AMARTYA SEN, *Development and Freedom*, Oxford University Press, Oxford, 1999, pp. 54 -55.

período histórico de transição[3] muito importante, sendo um fenómeno complexo e recente[4].

Os laços entre as economias nacionais estão cada vez mais estreitos devido ao crescimento do comércio internacional, aos enormes fluxos financeiros internacionais e às actividades das empresas transnacionais (ETN).

O último aspecto referido, a actividade das ETN, tem sido da maior relevância, pelo seu crescente poder, com enormes recursos, principalmente financeiros e tecnológicos, realizando a passagem do macroeconómico ao megaeconómico[5].

Esta situação trouxe um novo enquadramento à competitividade[6], em que o desenvolvimento dos serviços, a capacidade de inovação e a qualificação e capacitação dos recursos humanos desempenham um papel fundamental.

5. Numa perspectiva pura da gestão empresarial, pode definir-se globalização como o fenómeno generalizado de expansão e intensificação das actividades das empresas no mundo, cada vez mais encarado como uma verdadeira *aldeia global*, em grande parte por força do desenvolvimento das tecnologias de informação. Esta mudança do paradigma tecno-económico[7] em associação com a complexidade do processo de globalização implicou, desde logo, o surgimento de novos serviços de apoio à internacionalização e à gestão das organizações empresariais[8], tornando cada vez mais difícil distinguir produção industrial ou prestação de serviços[9], atenta a aplicação das novas tecnologias à produção frequente[10].

---

[3] ANTHONY GIDDENS, *O mundo na era da globalização*, Ed. Presença, Lisboa, 2000 (trad.), p.15.

[4] J. M. ROLO, *O Mundo (global?) em que vivemos*, Economia Global e Gestão, V, 1-2/2000, p. 159. Veja-se, no mesmo número desta Revista, a polémica entre IMMANUEL WALLERSTEIN, que defende que "os processos que são normalmente referidos quando se fala de globalização não são de facto novos de todo. Existem há cerca de 500 anos", (*Globalization or The Age of Transition?: A Long-Term View of the Trajectory of the World System*, p. 51), e MÁRIO MURTEIRA, que defende que um entendimento da globalização como categoria analítica coloca este processo num horizonte mais próximo, dos últimos 25 anos (*What´s new on globalization? (a critical comment to Immanuel Wallerstein*, p. 67).

[5] MÁRIO MURTEIRA, *Economia do Mercado Global. Ensaio sobre Condicionantes Mega e Macro das Estratégias Empresariais*, Ed. Presença, Lisboa, 1997, pp. 17-18.

[6] V., RAÚL LOPES, *Competitividade, Inovação e Territórios*, Celta Ed., Oeiras, 2001, p. 83.

[7] R. LOPES, *Competitividade*, ..., cit., p. 91.

[8] Idem, ibidem. Grande parte destes serviços eram anteriormente assegurados internamente nas empresas, e passam agora a ser fornecido em *out-sourcing*.

[9] Ou "servução" (*servuction*), como defende a Escola de Gestão de Marselha.

[10] Por exemplo, os serviços de manutenção automóvel são claramente tipificados como de produção industrial; poderemos dizer o mesmo dos serviços de manutenção informática, realizados quase sempre por intervenção à distância?

Estas evoluções contribuíram para a efectiva integração global das actividades das empresas. Como principal vantagem deste fenómeno, o aproveitamento de economias de escala possibilita a redução dos custos fixos, nomeadamente de investigação e desenvolvimento, que são diluídos por espaços geográficos mais vastos. Esta opção é particularmente recomendável para produtos que não apresentem características que vão de encontro às especificidades de um país, e que por isso possam ser objecto da definição de uma estratégia uniforme para o mercado global[11].

6. Numa perspectiva mais ampla, mais *económica*, algo mais haverá a dizer sobre o fenómeno da globalização. Não sem um "aviso prévio": muitas das afirmações, tanto dos defensores, quanto dos oponentes da globalização, ou são falsas ou são exageradas[12]. Se a globalização da economia é na verdade muito importante, nem o mundo está de modo algum tão integrado como alguns supõem, nem a globalização será necessariamente um processo irreversível[13]. Mais do que isso, a integração da economia mundial tem na verdade sido algo limitada, restringida a determinados sectores da actividade económica[14].

Embora a tecnologia[15] conducente ao aumento da globalização possa ser irreversível, no passado, como pode acontecer no futuro, as políticas nacionais responsáveis pelo processo da globalização sofreram reversões[16].

Por outro lado, o impacte económico da globalização tem sido em larga medida confinado à Tríade (EUA[17], Japão, UE) e aos mercados emergentes da Ásia-Pacífico.

---

[11] Como afirma LESTER THUROW, *The Future of Capitalism – how today's economic forces shape tomorrow world*, N. Brealey Publishers, London, 1996, p. 115, "Pela primeira vez na história humana, qualquer coisa pode ser feita em qualquer lugar e ser vendida em todo o lado".

[12] ROBERT GILPIN, *The Challenge of Global Capitalism. The World Economy in the 21st Century*, Princeton University Press, New Jersey, 2000, p. 294.

[13] Contra, J. M. ROLO, *O Mundo (global?) em que vivemos*, cit., p. 163.

[14] Para além de uma questão mais *essencial*: "...é o hoje realmente tão bom como parece?", BILL EMMOTT, *The 20th Century. On the Yellow Brick Road, The Economist*, Sept. 11th 1999, p. 6.

[15] J. M. ROLO, *O Mundo (global?) em que vivemos*, cit., p. 160, estribando-se em MANUEL CASTELLS, aponta que as tecnologias de informação são factor essencial da globalização, não só pela criação da sociedade da informação, mas principalmente pela constituição da sociedade informacional.

[16] É referido que antes da I Grande Guerra existia maior globalização do que hoje. Tal devia-se, principalmente e entre outros factores, à existente política de *laissez-faire*, ao padrão ouro e à globalização do trabalho (emigração em massa). Contudo, nunca como hoje, houve uma rede tão complexa e intrincada de processos a nível económico e social, e com impacte na própria dimensão pessoal.

[17] Se bem que, ainda hoje, a economia americana seja essencialmente doméstica, representando o comércio internacional apenas 24% do PNB.

GLOBALIZAÇÃO, POBREZA E EFICIÊNCIA DOS MERCADOS: OLHAI OS LÍRIOS DO CAMPO?

7. Este processo de globalização tem tido diversas consequências, e algumas das mais marcantes[18] são a tendência para a redução dos níveis de emprego por unidade de produto, enquanto se exige simultaneamente maior qualificação e motivação humanas na produção e, por outro lado, se exige maior flexibilidade dos sistemas produtivos tanto à escala dos sistemas produtivos nacionais como dos empresariais.

Uma economia global cria uma dicotomia fundamental entre instituições políticas (*political*) nacionais e as suas políticas (*policies*) para controlar os acontecimentos económicos e as forças económicas internacionais que têm de ser controladas[19].

8. A globalização, enquanto processo económico vivo e actuante é visto sob diversas perspectivas, muitas vezes marcadas por aspectos de carácter ideológico e, ou, doutrinário. Podemos[20], num esforço de contenção, reduzi-las a três grandes grupos de opiniões.

A perspectiva do mercado livre[21], cujos defensores acreditam que a globalização e a adopção crescente dos valores americanos (sociais, políticos e económicos) estão libertando forças económicas ascendentes e levam a um uso mais eficiente dos recursos escassos a nível mundial, o que resultará na maximização da riqueza global e permitirá a todos os povos beneficiarem economicamente. Para além disso, estes defensores da globalização acreditam que os laços comerciais entre sociedades democráticas orientadas para o mercado serão estreitados, permitindo a promoção da paz mundial.

A perspectiva populista ou nacionalista[22], para a qual a globalização é culpada pela maior parte dos males sociais, económicos e políticos que afligem os EUA e as outras sociedades desenvolvidas, como sejam o crescimento da desigualdade económica e os altos níveis de desemprego, a redução ou extinção dos programas sociais e do *welfare state* em nome da competitividade internacional, a destruição das culturas nacionais e da autonomia política

---

[18] Seguimos M. MURTEIRA, *Economia do Mercado Global...*, cit., p. 18.

[19] L. THUROW, *The Future of Capitalism...*, cit., p. 127.

[20] R. GILPIN, *The Challenge of Global Capitalism ...*, cit., p. 296.

[21] V., como exemplo pleno desta perspectiva, embora com modulações, pouco significativas na nossa óptica, todo a obra JOSEPH E. STIGLITZ e PIRRE-ALAIN MUET, *Governance, Equity, and Global Markets. The Annual Conference on Development Economics – Europe*, Oxford University Press, Oxford, 2001.

[22] V., como exemplo desta perspectiva, embora com algumas posições mais próximas da terceira perspectiva apresentada, EDWARD GOLDSMITH e JERRY MANDER (eds.), *The Case Against the Global Economy. And for a Turn Towards Localization*, Earthscan Publ., London, 2001, em particular DAVID MORRIS, *Free Trade: The Great Destroyer*, pp. 115 ss.

nacional, a imigração clandestina, o aumento do crime urbano, etc. Estes críticos defendem o proteccionismo comercial, os blocos económicos regionais e as limitações às actividades das ETN.

A perspectiva comunitarista[23], que é uma mistura da teoria da dependência com a economia Gandhiana e a tese dos limites de crescimento. Para estes pensadores o objectivo central deveria ser o regresso às comunidades locais, independentes e de intradependência. Denunciam a globalização por impor uma tirania capitalista brutal, a exploração imperialista, e a degradação do ambiente sobre as populações. Temem um mundo dominado por gigantescas corporações multinacionais que removerão todos os obstáculos ao crescimento económico, ao comércio livre e à prossecução dos interesses corporativos; os programas sociais de *welfare* vêm sendo eliminados nos países desenvolvidos e as populações em todo o lado estão sendo homogeneizadas em consumidores passivos. Acreditam, também, que a globalização é responsável por quase todos os males económicos e políticos mundiais, incluindo a desigualdade de rendimento e o elevado desemprego crónico, levando, até, a uma situação em que os pobres dos países ricos subsidiam os ricos dos países pobres.

9. Mas o que será a globalização? Para MÁRIO MURTEIRA[24], e para nós, a "«globalização» é uma falsa ideia clara, pois que o uso do termo banalizou-se sem que a conceptualização porventura subjacente seja explicitada, ao mesmo tempo que grandes conflitos de interesses e ideológicos surgem frequentemente associados ao termo". E continua, "Em nosso entender, o processo em curso de globalização da economia mundial caracteriza-se, em primeiro lugar, pela existência de um único sistema económico a nível mundial, a que poderemos chamar mercado global, de crescente interdependência, em que os principais actores são empresas ou grupos transnacionais (ETN)". Mais á frente, "a globalização não consiste apenas na continuação dum processo secular de mundialização do capitalismo; trata-se dum processo, ou dum estádio, específico e dalgum modo radicalmente «novo» de mundialização. (…) Ao referido nível abrangente do mercado global, a que poderemos

---

[23] São bem ilustrativos os artigos de HELENA NORBERG-HODGE, *The Pressure to Modernize and Globalize*, em que nos relata trinta anos de experiência em Ladokh, no planalto tibetano, e *Shifting Direction: From Global Dependence to Local Interdependence*, ambos em EDWARD GOLDSMITH e JERRY MANDER (eds.), *The Case Against…*, cit., respectivamente pp. 156 ss, e pp. 241 ss.

[24] MÁRIO MURTEIRA, *A Transição para a Economia do Conhecimento em Portugal, paper* para os alunos do Mestrado em Estratégia e Desenvolvimento Empresarial, ISCTE, Lisboa, 2000/ /2001, p.3 ss.

chamar «megaeconomia», define-se um espaço ou teatro de actuação de grandes actores, condicionante ou mesmo determinante das «macroeconomias» nacionais".

10. Um aspecto merecedor de relevância diz respeito ao facto de a globalização aparentar aumentar as discrepâncias efectivas entre as economias nacionais, promovendo uma hierarquização, pela competitividade e pela riqueza, entre elas.

Sobre este aspecto, deve-se referir que todos os sistemas internacionais existentes através da história foram hierárquicos e compostos de economias dominantes e economias subordinadas, e é altamente improvável que no futuro exista, com ou sem globalização, um sistema internacional igualitário e democrático[25].

No mundo moderno, e sempre numa perspectiva económica, a acumulação de factores (capital e trabalho especializado) e, no longo prazo, a taxa de crescimento da produtividade, são os factores determinantes da posição de um país no mundo[26].

À excepção, possivelmente, da vitória ou da derrota na guerra, a taxa de crescimento da produtividade é mais importante do que qualquer outra coisa na determinação da posição de uma economia nacional na escala hierárquica mundial.

Embora o nível de produtividade de uma economia seja determinado pelo investimento, pela inovação tecnológica e pela efectividade das instituições, há uma crescente evidência de que a participação na economia internacional é altamente benéfica para uma economia nacional. Contudo, mesmo que o comércio, a difusão tecnológica e o investimento estrangeiro possam acelerar as taxas de crescimento económico e de produtividade de uma economia, podem também tornar a economia vulnerável à dominação por ETN estrangeiras e sujeitá-la a problemas financeiros internacionais e a outros riscos económicos[27]. Todavia, se houver isolamento face à economia internacional, como os PVD fizeram anteriormente, uma economia nacional arrisca-se a cair muito na hierarquia internacional.

---

[25] R. GILPIN, *The Challenge of Global Capitalism* ..., cit., p. 302.

[26] Seguimos R. GILPIN, *The Challenge of Global Capitalism* ..., cit.,p. 302.

[27] Os riscos manifestam-se a muitos outros níveis, e afectam directamente as pessoas e os grupos sociais; por exemplo, o próprio acesso à cultura está sujeito, cada vez mais, à vontade, e ao capricho das ETN que a comunicam, propõem e comercializam, evidenciando-se a falta de poder institucional orientador ou conformador e da criação e manutenção de espaços de liberdade criativa e consumidora. V. JEREMY RIFKIN, *A Era do Acesso*, Ed. Presença, Lisboa, 2001 (trad.), p. 24.

A hipótese da imobilidade dos factores de produção não se coloca mais, como defendia a teoria clássica do comércio internacional, tendo cada país vantagem em especializar-se nos produtos intensivos no factor produtivo comparativamente mais barato[28]. Hoje há mobilidade de factores, precipuamente o capital, o que altera o próprio âmago do conceito.

Cada país, especialmente os PVD, devem enfrentar este dilema e pesar os potenciais custos e benefícios de participar na economia global[29].

11. Por outro lado, existem outras questões muito relevantes que são levantadas pelo processo de globalização, e que afectam, de modos diversos, todos os níveis de desenvolvimento das economias e todas as populações[30]. Enunciemo-las, exemplificativamente.

O que vai acontecer com o *welfare* laboral nos países desenvolvidos? Tem havido um aumento substancial no desemprego de longo prazo ou estrutural na Europa desde os anos 70's (o dobro do dos EUA) – será resultado da globalização ou deve-se a inflexibilidade do mercado laboral?

Nos EUA, tem havido um aumento da desigualdade real no rendimento das famílias, para além de um efectivo abrandamento no seu crescimento. Efeito da globalização?

Como pode um operário europeu ou americano que ganha o equivalente a US$20 por hora, competir num mundo de mobilidade do capital e do conhecimento com um asiático que aufere US$0,20 por hora?

12. Estará a globalização a afectar por igual, em termos de promoção de desigualdade, os países ricos e os países pobres?

Será o fim anunciado da soberania nacional, o triunfo do mercado sobre o Estado-nação, e a convergência dos sistemas económicos? Estará o *mercado*

---

[28] Cfr. M. MURTEIRA, *Economia do Mercado Global...*, cit., p. 20. É usual distinguir-se, no plano internacional, entre vantagem comparativa e vantagem competitiva, sendo que a vantagem comparativa depende da diferença na dotação de recursos e a vantagem competitiva independe de tal dotação e relaciona-se com outros factores; assim, a vantagem comparativa dirá respeito à economia dos vários países, enquanto a vantagem competitiva respeita especificamente à empresa, embora os governos possam dispôr dos meios para melhorá-la. V., sobre o assunto, ANTONIO MARTELLI, *Miti e realtà della competitività internazionale*, Rivista Milanese di Economia, n.º 63, Iug-Sitt. 1997, p. 112. Caberá porventura questionarmo-nos se ainda será assim tão dicotómico.

[29] R. GILPIN, *The Challenge of Global Capitalism ...*, cit., p. 302.

[30] J. M. ROLO, *O Mundo (global?) em que vivemos*, cit., p. 163; AUGUSTO SANTOS SILVA, *Produto Nacional Vivo: Uma Cultura para o Desenvolvimento*, Cadernos SEDES, 2, SEDES, Lisboa, 1988, p. 25, afirma "Não é só no terceiro Mundo (...) mas também no mundo industrializado, que o desenvolvimento global, centrado no homem, está na ordem do dia".

global a destruir a coerência interna[31] do sistema económico em que a formação e consolidação do Estado nacional assentou? E com o fim do poder do Estado, acaba o *welfare state* e a "rede" para os perdedores do jogo económico?

13. Antes de prosseguirmos para outros elementos de reflexão, convém antecipar e precisar dois conceitos:

Modelos de desenvolvimento são referências normativas que, ao nível político-ideológico, são assumidos como projectos societais para orientação e significação do crescimento económico[32].

Estratégias de desenvolvimento são cursos ou sequências faseadas de acções que, mais ou menos explicitamente, tomam o modelo por referência normativa[33].

III. Redução da pobreza e estratégias de eficiência

> *O progresso é possivel, mas carece de ser construído.*
> IMMANUEL WALLERSTEIN

14. A pobreza[34] é o resultado de processos económicos, políticos e sociais que interagem e frequentemente se reforçam entre si por formas que extremam a privação em que vivem os pobres.

A pobreza é parte ou forma específica do fenómeno mais abrangente da exclusão social, existindo modos de exclusão social que nada têm a ver com a pobreza, no seu sentido económico de escassez de recursos[35-36].

---

[31] MÁRIO MURTEIRA, *A economia de mercado como paradigma normativo*, in Ensaios de Homenagem a Francisco Pereira de Moura, ISEG-UTL, Lisboa, 1995, p. 147.

[32] M. MURTEIRA, *Economia do Mercado Global...*,cit., p. 11.

[33] Idem, p. 15.

[34] A pobreza é susceptível de diversa abordagens; v., A. SEN, *Pobreza e Fomes* ..., cit., pp. 27 ss, a abordagem biológica, ligada às necessidades mínimas biológicas, pp. 30 ss, a abordagem da desigualdade, por referência ao grupo mais pobre e o resto da sociedade, pp. 32 ss, a tese da privação relativa, que distingue o sentimento da privação das condições da privação, pp. 34 ss, a tese do juízo de valor, respeitante à reprovação da pobreza e ao juízo moral positivo da sua eliminação, e pp 37 ss, a tese da definição política, sob o prisma da política (*policy*) pública.

[35] JOSÉ A. PEREIRINHA, *Pobreza e exclusão social: fronteiras conceptuais, relevância para a política social e implicações na sua medida*, in Ensaios de Homenagem a Francisco Pereira de Moura, ISEG-UTL, Lisboa, 1995, p. 171.

[36] Pode, até, existir exclusão social dos ricos (fundada, por exemplo, no género sexual, na opção sexual ou na raça); mas não há pobreza sem exclusão social.

15. Quais são as dimensões da pobreza? Os pobres vivem sem as liberdades fundamentais de acção e escolha que todos os outros dão por adquiridos. Falta-lhes muitas vezes a adequada alimentação e abrigo, educação, saúde. Têm extrema vulnerabilidade aos desastres naturais, pragas, desalojamento. Não têm poder para influenciar as decisões que afectam as suas vidas[37].

Tudo isto persiste, apesar de as condições de vida humana terem melhorado muito ao longo de todo o último século. A riqueza global, as ligações globais, as capacidades tecnológicas, nunca foram maiores. Mas a distribuição destes ganhos globais é muito desigual. Na verdade, "Morrer de fome é característico de algumas pessoas que não *têm* alimentos suficientes para comer. Não é característico de não *haver* alimentos suficientes para comer" (AMARTYA SEN[38]).

Dos 6 mil milhões de pessoas no mundo, 2.8 mil milhões vivem com menos de US$2 por dia, e 1.2 mil milhões vivem com menos de US$1, 44% deles vivendo na Ásia do Sul.

Nos países desenvolvidos, menos de 1 criança em 100 não chega ao seu quinto aniversário, enquanto nos países pobres um quinto das crianças não o atingem.

Enquanto nos países ricos menos de 5% das crianças são mal-nutridas, nos países pobres são-no 50%.

A escravatura infantil é outra chaga nos PVD; assim e por exemplo, de acordo com estimativas da UNICEF, 200.000 crianças são traficadas anualmente na África Central e Oriental (compradas aos pais ou outros parentes/encarregados a uma média de US$15 e vendidas a cerca de US$350), e no Bangladesh haverá cerca de meio milhão de crianças escravizadas.

O rendimento médio nos 20 países mais ricos é 37 vezes a média dos 20 mais pobres (uma diferença que duplicou nos últimos 40 anos).

Mas este parece ser também um mundo de paradoxos: no estado de Kerala, na Índia, a esperança média de vida é superior à de Washington D.C., EUA. Mas nos países de grande afectação por SIDA, particularmente em África (no Zimbabué, p. ex., $1/4$ dos adultos está infectado), o problema é

---

[37] Veja-se, em Portugal, o resultado interessantíssimo da sondagem realizada pela Universidade Católica Portuguesa para a Rede Europeia Anti-Pobreza, publicada em 15 de Outubro de 2004, nos termos da qual, entre outros resultados relevantes, 72,% dos inquiridos pensam que os pobres têm poucas ou nenhumas possibilidades de sair da situação de pobreza em que estão e 64,7% pensa que os filhos dos pobres dificilmente ultrapassarão a pobreza; o Governo (31,9%) e o Estado (14,1%) são considerados maioritariamente os responsáveis pela existência de pobreza e de exclusão social dos pobres.

[38] A. SEN, *Pobreza e Fomes ...*, cit., p. 11.

muito grave[39-40]. E, além disso, provoca altas taxas de orfandade, obviamente desprotegida.

Todos os dados apresentados são agravados em subsectores destas sociedades devido a discriminações a alguns grupos, por razões de raça, de sexo, ou religiosas, não raro combinadas[41], verificando-se nas diversas economias diferenças regionais relevantes[42].

16. Os objectivos internacionais (conforme definidos pelo Banco Mundial) para redução da pobreza 1990-2015 passam por melhorias substanciais em diversos indicadores, sejam, a redução a metade da proporção de pessoas vivendo em extrema pobreza, a participação de crianças no ensino primário,

---

[39] Os governos nem sempre correspondem adequadamente. Recentemente, o Brasil, que decidiu ultrapassar as normas internacionais sobre propriedade industrial e começou a produzir medicamentos patenteados por terceiros sob a forma de genéricos, não podendo exportá-los decidiu doá-los a cinco países africanos, mas só conseguiu concretizar a doação a um deles (Moçambique), por obstáculos burocráticos nos próprios destinatários. O que levará as administrações públicas e o poder político destes Estados a não cuidar de receber medicamentos contra o SIDA a custo zero? Será preciso, também aqui, subsidiar a *boa vontade* dos donatários?

[40] Segundo informações que recebemos, particularmente, há empresas em Moçambique, nacionais e estrangeiras, a recrutar e contratar duas pessoas para uma mesma função, atento o índice de mortalidade pelo SIDA.

[41] V. as conclusões do estudo de WILLIAM LEVERNIER, *An Analysis of Poverty in the American South: How are Metropolitan Areas Different from Non-metropolitan Areas?*, Contemporary Economic Policy, vol. 21, n.º 3, Jul. 2003, pp. 372 ss, em que por aplicação de um modelo de regressão multivariado chega a que, na zona estudada, o Sul estado-unidense, a caracterização da população, o nível educativo e as características do tecido económico afectam a taxa de pobreza das famílias, sendo especiais factores da pobreza, no que se refere ao primeiro critério, a percentagem de população negra e a percentagem de população com idade acima dos 64 anos.

[42] Essas discriminações levarão a reacções violentas e a formas de terrorismo que virão a agravar, ainda mais, as condições de pobreza? Parece haver uma *opinião* dominante no sentido de o terrorismo surgir como reacção a formas de opressão pela manutenção em estado de pobreza; v., neste sentido, DAVID S. LANDES, *A Riqueza e a Pobreza das Nações. Por que são algumas tão ricas e outras tão pobres*, Gradiva, 4ª ed. revista, Lisboa, 2002 (trad.), que afirma, referindo-se aos países e aos povos "os perdedores procuram compensação no fundamentalismo religioso e na agressão militar". Contudo, ALAN B. KRUEGER e JITKA MALEČKOVÁ, *Education, Poverty and Terrorism: Is There a Causal Connection?*, The Journal of Economic Perspectives, vol. 17, n.º 4, 2003, pp. 119 ss, num estudo de carácter científico e não meramente *opinativo*, com base em dados estatísticos trabalhados sobre inquéritos realizados na Faixa de Gaza e na Margem Ocidental do Jordão à população palestiniana muçulmana, concluem: "Qualquer conexão entre pobreza, educação e terrorismo é indirecta, complicada e provavelmente fraca. Em vez de ver o terrorismo como uma resposta directa a poucas oportunidades de mercado ou ignorância, nós sugerimos que será mais exacto vê-lo como uma resposta a condições políticas e sentimentos permanentes de indignação e frustração que têm pouco a ver com a economia".

a eliminação de desigualdades para com as mulheres[43] promovendo a escolaridade primária e secundária, a redução em dois terços da mortalidade natal e infantil, a redução em três quartos da mortalidade maternal, o acesso ao controlo de natalidade e a implementação de estratégias nacionais para o desenvolvimento sustentável (ambiente e ecologia).

Todos estes objectivos terão de ser conseguidos num mundo cuja população se estima venha a crescer cerca de 2 mil milhões entre 2001 e 2025, dos quais 97% nos PVD.

As taxas de redução dos indicadores de pobreza têm sido inferiores ao que seria necessário para atingir aqueles objectivos. Por exemplo, o declínio da mortalidade infantil tem sido obstado pelo aumento da SIDA. Haverá ainda a considerar factores externos à *lógica* económica, e que parecem actuar de modo oposto a ela, como nos demonstra[44] a evidência de que algumas das piores fomes se verificaram em períodos em que não houve diminuição da disponibilidade de alimentos *per capita*, e a evidência de que o aumento populacional tem sido acompanhado, e até superado, por aumento da disponibilidade alimentar (à excepção de certas regiões africanas).

17. Que estratégia(s) adoptar?

Nos anos 1950's e 60's, defendeu-se[45] a necessidade de grandes investimentos em capital e infra-estruturas como meios primários para o desenvolvimento. Nos anos 70's, face à insuficiência destas medidas, apostou-se na saúde e na educação. Nos anos 80's, mudou-se a ênfase para a melhoria da gestão da economia e para o jogo das forças de mercado. Nos anos 90's, promoveu-se o crescimento do trabalho intensivo através da abertura das economias e o investimento em infra-estruturas e no fornecimento de serviços básicos em saúde e educação[46].

---

[43] Sobre a complexa temática do trabalho das mulheres e as condições em que é realizado e avaliado, embora incidindo particularmente nas sociedade desenvolvidas, numa perspectiva assumidamente feminista, VICTORIA CAMPS, *O Século das Mulheres*, Ed. Presença, Lisboa, 2001 (trad.), pp. 38 ss, em que se colocam em relevo as evidentes especificidades do trabalho das mulheres consideradas as condicionantes biológicas, culturais, sociais e políticas, e se fazem arrojadas, e na nossa opinião justas e ajustadas, propostas de acção. V., também, AMARTYA SEN, *Development ...*, cit., pp. 189 ss.

[44] Acompanhamos A. SEN, *Pobreza e Fomes*, cit., p. 20.

[45] *World Development Report 2000/2001: Attacking Poverty*, World Bank Publ./Oxford University Press, 2001, Introdução.

[46] JEFFREY SACHS, *Global Capitalism. Making it Work*, The Economist, Sept. 12th 1998, p. 21, faz uma crítica dura ao FMI, Banco Mundial e outras instituições internacionais por não responderem devidamente às crises, na perspectiva em que o citamos: "Na essência, a América

18. A definição de uma estratégia deve ter presente que[47] "global significa em última análise uma desconexão espaço-tempo: o local deixa de ser, principalmente, remate e fruto da sua própria história, ao ser dominado por um tempo que é do sistema interdependente no seu todo"[48]. O entendimento deste conceito poderá permitir a adopção de uma estratégia correcta, mas também o saber prosseguir as acções adequadas, que sirvam o local dentro do contexto global. De outra forma, como entendemos estar-se a verificar generalizadamente, o que a globalização está a promover, pelas consequências descontextualizadoras trazidas pela imposição dos sistemas abstractos[49], é a destruição dos contextos tradicionais de acção. Tanto a tradição como a globalização referem-se à organização do tempo e do espaço, mas com cursos opostos. Enquanto a tradição controla o espaço mediante o seu controlo sobre o tempo, com a globalização acontece o inverso. Explica GIDDENS[50] que a globalização "é essencialmente *acção à distância*; a ausência predomina sobre a presença, não na sedimentação do tempo, mas devido à reestruturação do espaço".

O pretendido desenvolvimento dos países mais pobres não poderá basear--se simplesmente numa competitividade estrutural ainda por construir, dos recursos humanos às infra-estruturas mais básicas. É necessário promover medidas *bottom-up*, de baixo para cima, num processo endógeno[51].

19. A pergunta seguinte é se o novo paradigma, da economia de mercado global, conterá a resposta[52]. Diz MÁRIO MURTEIRA: "Cremos que o sentido do nacional renovado deve ser procurado hoje em dois movimentos distintos: como tecido dos espaços «locais» organizados em benefício próprio e não em

---

tentou vender o seu *ethos* social: os ricos não precisam ajudar os pobres, uma vez que os pobres podem aumentar os seus padrões de vida e um dia tornarem-se eles próprios ricos."

[47] Seguiremos a partir daqui, de perto e longamente, M. MURTEIRA, *Economia do Mercado Global...*, cit., pp. 53 ss.

[48] Idem, p. 53; v., também, MÁRIO MURTEIRA, *Um Relance sobre Futuros*, in História da Expansão Portuguesa, vol. 5, Círculo de Leitores, Lisboa, 1999, p. 144.

[49] ANTHONY GIDDENS, *Viver numa sociedade pós-tradicional*, in AAVV, *Modernização Reflexiva. Política, Tradição e Estética no Mundo Moderno*, Celta Ed., Oeiras, 2000 (trad.), p. 92.

[50] Idem, p. 93.

[51] M. MURTEIRA, *Economia do Mercado Global...*, p. 55. Sem entrarmos em desenvolvimentos, e fazendo ampla remissão, é preciso promover um equilíbrio entre a economia de proximidade, que fornece produtos e serviços perto do consumidor final, e a economia de globalidade, que é caracterizada por uma gestão mundial da cadeia de valor, STEPHANE GARELLI, *From Competitive Entreprises to Competitive Societies*, in The World Competitiveness Report, 1995, pp. 6 ss.

[52] M. MURTEIRA, *Economia do Mercado Global...*, cit., p. 55.

benefício alheio; como instância intermédia do local intranacional e do regional supranacional, este, por seu turno dalguma forma inserido no espaço global"[53].

20. E deste modo[54] podemos *revisitar*, de uma outra forma, (o jovem) SCHUMPETER, quando defende que a natureza do capitalismo não reside no equilíbrio, mas sim na "destruição criadora", na ruptura do equilíbrio rotineiro pela inovação ou "acto empreendedor"[55].

Assim, regressando a MURTEIRA[56], "com maior ou menor consciência do que se passa à volta, a empresa assume passiva ou activamente certo posicionamento sistémico no mercado global". E mais à frente, "Neste espírito, a capacidade empresarial de adaptação poderá ser relacionada com o potencial de inovação, entendido este último termo em sentido lato, sentido que abrange três níveis de comportamento da empresa, cada um dos quais podendo constituir terreno de actos inovadores". São esses níveis, o nível I (externo), produtos e mercados, o nível II (interno), equipamento e processo tecnológico, recursos humanos, organização, investigação e desenvolvimento experimental, e o nível III (posicionamento sistémico), estratégias de internacionalização e/ou transnacionalização, fusões, alianças, etc.

Desta forma se pode, agora, avançar para uma definição de estratégias e de acções concretas que as corporizem de modo adequado ao problema enfrentado.

21. De acordo com o Banco Mundial[57], e para década 2001/2010, a análise-avaliação-solução do problema passa pelos seguintes aspectos, devendo aqui ser lidos à luz do imediatamente acima referido.

A pobreza resulta da falta de activos, da inacessibilidade dos mercados e da escassez de trabalho. A chave para reduzir a pobreza poderá estar no estímulo ao crescimento económico, na busca da eficiência dos mercados dirigida aos pobres, e na construção dos seus activos. Será preciso dar-lhes oportunidades.

---

[53] Idem, ibidem. E talvez assim se possa encontrar resposta à preocupação com a limitação imposta pela relação curta *eficiência capitalista – lucro*, evidenciada, por exemplo, em CHRIS FREEMAN e FRANCISCO LOUÇÃ, *As Times Goes By. From Industrial Revolutions to the Information Revolution*, Oxford University Press, Oxford, 2001, p. 337.

[54] Pois já está respondida a crítica feita à tese shumpeteriana, qualificada do "*entrepeneur heróico*", que não atenta na importância das mudanças dos sistemas gerenciais, feita por C. FREEMAN e F. LOUÇÃ, *As Times Goes By...*, cit., p. 149.

[55] M. MURTEIRA, *Economia do Mercado Global...*, cit., p.25.

[56] Idem, p.28.

[57] São as propostas contidas no *World Development Report 2000/2001: Attacking Poverty*, cit.

Para além disso, o modo como funcionam as instituições públicas é muitas vezes negativo para os pobres. Os benefícios dos investimentos na educação e na saúde não os atingem, são vítimas de corrupção e arbitrariedades. A pobreza resulta também de normas e valores sociais e práticas consuetudinárias que levam à exclusão, seja dentro da família, da comunidade ou dos mercados. É necessário tornar as instituições mais adequadas às suas necessidades. Dar capacitação[58] aos pobres.

Por fim, a vulnerabilidade dos pobres às externalidades é enorme. Doença, violência, choques económicos, mau tempo, desastres naturais. Ficam acentuados o seu mal-estar, a sua pobreza material e a sua fraca posição negocial. Carecem de segurança.

Em suma, "está em causa criar condições de «competitividade estrutural»"[59] que permita o despontar da "destruição criadora".

22. A questão da eficiência, parece-nos, deverá ser introduzida aqui. A eficiência é uma preocupação central em economia[60]. Numa situação de eficiência não se verifica qualquer desperdício.

Uma economia eficiente (pensemos agora, por conveniência do que nos ocupa, na economia global, considerada no seu todo) encontra-se sobre a sua fronteira das possibilidades de produção.

Com desemprego de recursos (trabalhadores desocupados, fábricas paradas ou em reduzida laboração, terras abandonadas) não nos encontramos nas fronteiras das possibilidades de produção, mas sim num ponto inferior à curva. É evidente que o desemprego não é a única explicação para a economia se encontrar no interior desta curva. Se houver organização ineficiente da economia, irá acontecer o mesmo.

23. Pergunta-se: com a situação de existência de pobreza, a grande escala, a economia mundial (global) será eficiente? Cremos que não[61].

A busca de eficiência, que poderá trazer maior aumento de riqueza global com maior equidade de distribuição e maior igualdade de aproveitamento de benefícios, passa pela adequação do funcionamento dos mercados aos elementos menos favorecidos, mais pobres da comunidade económica global.

---

[58] Sobre esta problemática, v., AMARTYA SEN, *Development* ..., cit., pp 87 ss.

[59] MÁRIO MURTEIRA, *Um Relance* ..., cit., p. 146.

[60] PAUL SAMUELSON e WILLIAM NORDHAUS, *Economia*, 12ª ed. (1985), McGraw Hill, Lisboa, 1988 (trad.), pp. 34-35.

[61] Não que isso nos faça esquecer que "Minimizar custos e maximizar receitas é o que a maximização do lucro, o coração do capitalismo, trata. Ligação sentimental a alguma parte do mundo não é parte do sistema", L. THUROW, *The Future of Capitalism* ..., cit., p. 115.

E isso poderá fazer-se, como referimos acima, pela tal "outra revisitação" a(o jovem) SCHUMPETER, pela promoção do desenvolvimento interior de cada economia pela iniciativa e inovação valorizada de cada agente económico, possibilitando-lhe as condições dessas mesmas iniciativa e inovação pela oportunidade, pela capacitação e pela segurança.

Retornando a MURTEIRA[62], " o «empresário moderno» opõe-se ao «tradicional» pela forma como se insere no tecido das unidades de produção do sistema económico. Se essa inserção obedece à lógica do mercado nacional em gestação, tendo já em perspectiva – explícita ou implicitamente – a integração desse mercado num espaço transnacional e global, podemos falar de empresariado moderno, ainda que porventura as tecnologias utilizadas sejam antiquadas".

24. A diversidade cultural tornar-se-á, assim, simultaneamente, causa e consequência, agente e resultado. A cultura tendencialmente dominante, suportada no vigor do modelo económico vencedor, será enriquecida com conceitos, ideias e propostas provindas de diversas culturas "que não pretendem homogeneizar-se com o principal analogado"[63]. Se bem que concordemos em que a concorrência de mercado inter-culturas pode favorecer a diversidade[64], pela lógica do encontro e do intercâmbio, este é um dos desafios mais importantes da *nova era*, o do equilíbrio entre a esfera cultural e a esfera comercial, preservando aquela de se transformar num mero objecto de consumo. A diversidade cultural, enquanto *sangue da civilização*[65], congrega a tese aristotélica que refuta a separação radical entre o uno e o múltiplo, pois "o ser diz-se de muitas maneiras", e o repúdio pela tese do fim da história, pois ainda não foi tudo dito nem construído[66].

25. Assim acontecerá[67] com o pequeno industrial de tapetes de Marrocos que se junta a outros como ele numa cooperativa, fazendo certificar o seu

---

[62] M. MURTEIRA, *Economia do Mercado Global...*, cit. Pp. 69-71; v., também, MÁRIO MURTEIRA, *A Economia dos Novos Países Africanos de Expressão Oficial Portuguesa*, in História da Expansão Portuguesa, vol. 5, Círculo de Leitores, Lisboa, 1999, p. 141.

[63] VICTORIA CAMPS, *O Século das Mulheres*, cit., p. 30.

[64] BRYAN CAPLAN e TYLER COWEN, *Do We Underestimate the Benefits of Cultural Competition?*, The American Economic Review, vol. 94, n.º 2, May, 2004, p. 402.

[65] A expressão é de J. RIFKIN, *A Era do Acesso*, cit., p. 25.

[66] V. CAMPS, *O Século das Mulheres*, cit., ibidem.

[67] A cultura numa visão bifronte, micro e macro, é certamente uma determinante da competitividade, e pode até ser vista como a *consciência* do desenvolvimento; cfr., por todos, A. MARTELLI, *Miti e realtà della competitività internazionale*, cit, p. 130, e A. SANTOS SILVA, *Produto Nacional Vivo ...*, cit., pp. 38 ss.

produto, e procurando parcerias para colocação dos tapetes nos mercados ocidentais. Ou o produtor de arroz *basmati* da Índia, que adopta processos comprovados de produção higiénica e inscreve receitas exóticas no verso dos sacos. Ou as mulheres de uma aldeia sul-americana que se unem para produzir instrumentos musicais de sopro com elementos decorativos que colocam facilmente nas modernas residências de jovens ocidentais com elevado poder de compra. Evidentemente, tudo isto pressupõe a abertura dos mercados. Ou será a globalização, no que a isto concerne, unidireccionada?

Como afirma o Prof. MÁRIO MURTEIRA, "vista a questão dum ângulo diferente, mas talvez esclarecedor nas sociedades em análise: tornar-se empresário pode ser simplesmente uma questão de sobrevivência, à míngua de oportunidade de emprego remunerado por conta de outrem"[68].

IV. MEDIDAS DE ACÇÃO PARA A REDUÇÃO DA POBREZ

> *Development in our sense is then defined by the carrying of new combinations*
>
> JOSEPH SCHUMPETER

26. As realidades locais, as prioridades nacionais, devem conformar as opções de acção concreta no combate à pobreza. As condições individuais e grupais impõem escolhas bem parametrizadas. E sem esquecer que, previamente à adopção de qualquer medida ou conjunto de medidas, são necessárias duas operações distintas para medir a pobreza[69]. Primeiro identificar os pobres, e depois agregar as suas características de pobreza num indicador global.

As acções poderão, deverão, ser prosseguidas tanto a nível nacional quanto internacional, interligando-se e complementando-se, e os eixos estratégicos propugnados[70] devem ser entendidos de modo articulado.

---

[68] Assim poderá haver lugar às "pulgas", CHARLES HANDY, *Tocqueville Revisited. The Meaning of American Prosperity*, Harvard Business Review, Jan. 2001, p. 61; M. MURTEIRA, *A Economia dos Novos...*, cit., p. 141.

[69] A. SEN, *Pobreza e Fomes*, cit., p. 43 ss.

[70] Se bem que se tome em consideração, e muito, os eixos propostos no *World Development Report 2000/2001: Attacking Poverty*, World Bank Publ./Oxford University Press, 2001, Oportunidade, Capacitação e Segurança, anteriormente sintetizados e que seriam lidos à luz da *estratégia* por nós acima propugnada, preferimos identificar e tratar outros eixos de actuação, numa atitude (presumidamente) mais dinâmica e provocadora de envolvimento entre os diversos actores, e mais adequada à nossa proposta.

27. Propomos Construção, Promoção, Participação, Securitização. À medida que nos debruçarmos sobre cada um procuraremos explicar o que deles entendemos e apresentar as medidas de acção mais relevantes.

IV.1. **Construção**

28. São necessárias, em primeiro lugar, medidas que venham a constituir o suporte estrutural do desenvolvimento e da sustentação do desenvolvimento. Fala-se, por isso, em construção, seja, nos alicerces sólidos das políticas de combate à pobreza, de promoção da iniciativa, de reconhecimento do esforço e de compensação efectiva da coragem da mudança expressos na criação e melhoria contínua dessas condições.

29. Medidas:

- Construir activos para os pobres – activos humanos[71], físicos, naturais e financeiros[72], pelo aumento da despesa pública em serviços básicos (*v.g.*, construção de escolas) e favorecimento de condições de crescimento (*v.g.*, bolsas de estudo), pela melhoria da qualidade de serviço básicos (*v.g.*, qualidade da água)
- Levar as infraestruturas às áreas pobres – rurais e urbanas: transporte, comunicações, escolas, serviços de saúde, electricidade, água.
- Construir o Conhecimento[73], pela transferência de conhecimento e criação de condições de suporte efectivo à sua utilização prática[74].
- Encorajar o investimento privado pela redução do risco dos investidores privados, através de políticas monetárias e fiscais estáveis, de regimes de

---

[71] JOHN WILLIAMSON, *What Should the World Bank Think about the Washington Consensus?*, Research Observer, 15-2, Aug. 2000, p. 257, "… a redução da pobreza exige esforços para construir o capital humano dos pobres."

[72] V., sobre a poupança nos PVD, AAVV, todo o número, The World Bank Economic Review, 14-3, Sept. 2000.

[73] Cfr., GIORGIO BARBA NAVARETTI e DAVID G. TARR, *International Knowledge Flows and Economic Performance: a Review of the Evidence*, The World Bank Economic Review, 14-1, Jan. 2000, pp. 1 ss.

[74] No momento em que se vive uma revolução tecnológica, surgindo um novo paradigma tecno-económico (cfr., C. FREEMAN e F. LOUÇÃ, *As Times Goes By...*, cit., p. 301, e R. LOPES, *Competitividade, ...*, cit., p. 84), as condições de acesso e utilização devem ser criadas a par da construção do mais básico, sob risco da insuficiência e de se criar, imediatamente, uma nova discriminação – o não acesso (sobre esta problemática, v., J. RIFKIN, *A Era ...*, cit.,p. 275).

investimento estáveis, de sistemas financeiros claros e um ambiente de negócios transparente[75].

- Sustentar o investimento privado pela complementaridade do investimento público na criação das condições de mercado e concorrenciais.
- Dar forte apoio institucional à expansão para os mercados internacionais[76] – o comércio externo é uma marca do desenvolvimento das economia.
- Criar as condições para a abertura a investimento directo de longo prazo de capitais externo, o que traz externalidades positivas, como a transferência de tecnologia, enquanto que o investimento de curto prazo traz externalidades negativas, como a volatilidade.
- Construir as bases legais e políticas para o desenvolvimento – instituições transparentes.
- Impedir as barreiras sociais – atenuar a estratificação social e a discriminação sexual, e corrigir ou alterar legislação directa ou indirectamente discriminatória.

IV.2. **Promoção**

30. Criar as condições efectivas de utilização das infra-estruturas pelos pobres e afastar as barreiras discriminatórias legais ou culturais que impedem o desenvolvimento.

31. Medidas:

- Encorajar o investimento privado pela promoção de condições de funcionamento especiais para micro e pequenas empresas, através de linhas especiais de crédito, acesso a novas tecnologias, formação, redução de barreiras físicas.
- Promover a descentralização e o desenvolvimento comunitário – fortalecer os recursos financeiros locais.

---

[75] V., *World Development Report 2005: A Better Investment Climate for Everyone*, World Bank Publ./Oxford University Press, 2004, em particular toda a Parte II.

[76] Veja-se o interessante artigo de JORGE NASCIMENTO RODRIGUES, *As metanacionais portuguesas*, no jornal Expresso, n.º 1486, de 21.04.01, 2.º Caderno, pp. 8 e 9, em que se trata um modelo em que "estas firmas não desenvolveram o modelo evolutivo tradicional das multinacionais – da exportação para a deslocalização e «extenção» da cultura da empresa. Surgiram com uma visão internacional desde a origem".

RICARDO DE GOUVÊA PINTO

- Atacar as desigualdades baseadas no sexo, raça ou religião[77], pela negociação de reformas agrárias[78], pela implementação de sistemas de microcrédito para grupos sociais (particularmente as mulheres), e pelo apoio a pequenas unidades agrárias de base comunitária.
- Afastar a desigualdade sexual, promover a educação de raparigas, permitir os acessos profissionais a mulheres, promover a iniciativa empresarial feminina, reforçar a participação política efectiva das mulheres.
- Impedir as barreiras sociais, pela promoção do desenvolvimento pela educação[79], e pela intensificação da comunicação intergrupal[80].
- Combater o abandono escolar precoce e a abstenção laboral.
- Promover o capital social dos pobres[81], pelo fomento de formas de associação, criação de redes de interajuda, e intensificação do acesso a mercados e a instituições.
- Gerir a tecnologia por forma a contornar a sua falsa neutralidade[82].

---

[77] Sobre esta tão extensa questão, v., todo o número, The American Economic Review, 90-2, *May 2000, Papers and Proceedings of the One Hundred Twelfth Annual Meeting of the American Economic Association, Boston, MA, Jan. 7-9, 2000*, em especial, pp. 308 ss (comparação internacional sobre desigualdade racial e étnica), pp. 393 ss (as crianças em África), pp. 410 ss (assuntos por resolver na economia pessoal), pp. 444 ss. (ganhos no mercado de trabalho feminino) e pp. 466 ss (mulher e economia – formação e impacte). V., também, numa outra perspectiva, sobre a formação de grupos e o grau de participação quando a população é heterogénea (raça ou renda), com teste e evidência realizado nos EUA, ALBERTO ALESINA e ELIANA LA FERRARA, *Participation in Heterogeneous Communities*, The Quarterly Journal of Economics, 462, Aug. 2000, pp. 847 ss.

[78] V., TIMOTHY BESLEY e ROBIN BURGESS, *Land Reform, Poverty Reduction, and Growth: Evidence from India*, The Quarterly Journal of Economics, 461, May 2000, pp. 389 ss., que afirmam haver robusta evidência de uma ligação entre a redução de pobreza e dois tipos de legislação de reforma agrária – reforma de propriedade e abolição de intermediários (p. 424).

[79] ERIC A. HANUSHEK e DENNIS D. KIMKO, *Schooling, Labour Force Quality, and the Growth of Nations*, The American Economic Review, 90-5, Dec. 2000, pp. 1184 ss.

[80] Vd., ALESINA e LA FERRARA, *Participation in Heterogeneous Communities*, cit.

[81] Sobre a noção de capital social, v., MICHAEL WOOLCOK e DEEPA NARAYAN, *Social Capital: Implications for Development Theory, Research and Policy*, Research Observer, 15-2, Aug. 2000, pp. 225 ss, que ironizam, "não é o que tu sabes, é quem tu conheces"; neste muito interessante trabalho, os AA. apresentam quatro perspectivas sobre o capital social, que por óbvias razões excede aqui desenvolver (pp 228 ss.), Comunitarista, Rede, Institucional e Sinergética.

[82] V., JERRY MANDER, *Technologies of Globalization*, in E. GOLDSMITH e J. MANDER (eds.), *The Case Against...*, cit., p. 45 ss (p. 47).

IV.3. Participação

32. Medidas de favorecimento da participação, actuação e liderança das próprias pessoas e grupos de pessoas e comunidades afectadas pelas diversas dimensões da pobreza, na busca dos equilíbrios económicos, sociais e culturais que permitam o seu desenvolvimento[83].

33. Medidas:

- Envolver as comunidades locais na gestão e no controlo do funcionamento das instituições.
- Construir as bases legais e políticas para o desenvolvimento – mecanismos participativos de tomada de decisão e de controlo de implementação.
- Criar administrações públicas que promovam o crescimento e a equidade – acesso a informação sobre orçamentos e contas.
- Promover a descentralização e o desenvolvimento comunitário, aproximar a administração dos cidadãos, adoptar um efectivo princípio de subsidiariedade, envolver as comunidades e as famílias nas actividades locais.

IV.4. Securitização

34. Para além de construir, promover e levar a participar é necessário, concomitantemente, criar e adequar mecanismos de segurança e de garantia. Segurança e garantia de que as iniciativas dos pobres sofrerão as consequências dos seus méritos ou deméritos, mas só esses. Na medida do possível, obviamente. Mas o possível pode ser construído.

35. Medidas:

- Garantir o primado do direito e promover medidas anti-corrupção na actividade económica privada, particularmente no investimento.

---

[83] A utilização das técnicas do *e-government*, pelo acesso a serviços e informações, pela participação facilitada no processo de decisão e pela poupança de tempo e de recursos na participação, para além da transparência que implica, será, se não já, num futuro muito próximo, o principal factor de participação; o que pressupõe, contudo, a construção dessa possibilidade; cfr. SUBHASH BHATNAGAR, *Administrative Corruption: How Does e-Government Help*, Global Corruption Report 2003, Transparency International, Berlin/London, 2003 (ed. electrónica, sem paginação).

- Construir as bases legais e políticas para o desenvolvimento, mediante sistemas de garantia e de protecção de direitos.
- Criar administrações públicas[84] que promovam o crescimento e a equidade, afastando a corrupção[85] e o assédio sobre os pobres, e adoptando medidas de controlo sobre as forças policiais.
- Conseguir ajudar os pobres a gerir o risco[86], gerindo-o consoante a sua diversidade e os diferentes segmentos da população, associando aos programas de microcrédito programas de microseguros e pela constituição de esquemas de prevenção e intervenção rápida em situações de crise.
- Desenvolver programas nacionais de prevenção e resposta aos macrochoques por forma a prevenir a volatilidade do investimento, a garantir a manutenção dos programas de desenvolvimento durante as recessões, e criando fundos de calamidade.
- Desenhar sistemas de gestão de risco social que promovam o crescimento, sistemas de segurança social para não-pobres que incluam pensionamento para pobres, seguros de saúde e seguros de desemprego.
- Lutar contra os conflitos civis que são causadores de grande instabilidade e desperdício, muitas vezes motivados por razões de índole económica pura[87].

---

[84] A estruturação e regulação dos mercados exigem instituições públicas sólidas e respeitadoras do Direito, que protejam os direitos, regulem a participação nos mercados, cuidem da estabilidade macroeconómica, providenciem segurança social e dirimam conflitos. V., DANI RODRICK, *Development Strategies for de 21st Century*, in Annual World bank Conference on Development Economics 2000, Washington D.C., 2000, p. 85.

[85] Veja-se, a propósito de um caso, o que sobre isto diz M. JACINTO NUNES, *As Dívidas do Terceiro Mundo. O Caso do Brasil*, in Temas Económicos, INCM, Lisboa, 1989, p. 252.

[86] Sobre o risco, cfr., A. GIDDENS, *O mundo na era da globalização*, cit., que afirma que "O risco está estreitamente ligado à inovação. E existe sempre a tendência para o minimizar; o enlace activo entre o risco financeiro e o risco empresarial é a verdadeira locomotiva da globalização da economia" (p. 17); mais adiante o A. refere-se ao risco como noção cultural, de sociedades orientadas para o futuro, com os problemas que isso acarreta em sociedades diferentes das do tipo ocidental (v., pp. 32-3). Cfr., ULRICH BECK, *A reinvenção da política. Rumo a uma teoria da modernização reflexiva*, in AAVV, *Modernização Reflexiva. Política, Tradição e Estética no Mundo Moderno*, Celta Ed., Oeiras, 2000 (trad.), p. 9, que nos lembra e avisa que "os riscos dizem-nos o que não deve ser feito, mas não o que deve ser. Com os riscos dominam os imperativos da evitação. Alguém que descreva o mundo como um risco acabará, em última instância, por se tornar incapaz de agir. O importante, aqui, é que a expansão e intensificação da intenção de controlo acaba por produzir o contrário".

[87] B. EMMOTT, *The 20th Century – On the Yellow Brick Road*, cit., p. 7, refere a questão das ditaduras, que matam mais do que as guerras; assim, no século passado, os mortos civis pelos regimes ditatoriais da URSS, China comunista, China Kuomintang, Alemanha nazi e Japão imperial, terão ascendido a cerca de 170 milhões de pessoas, enquanto que os mortos nas guer-

- Lutar contra a epidemia da SIDA, a grande praga do final do século passado, que não tem visto serem adoptadas medidas eficazes contra a sua propagação. Alguns países, como o Brasil, têm desenvolvido uma grande luta pela defesa dos medicamentos genéricos, enquanto outros PVD tributam largamente a importação de medicamentos[88].

V. Reformas para a eficiência dos mercados

The constraints on competitiveness are very much to be found, not in enterprises, but in the capacity of a country to develop its own model of competitive society.

Stephane Garelli

36. Os mais pobres dependem dos mercados para a sua sobrevivência. Os mercados eficientes são importantes dado que geram crescimento e expansão de oportunidades para eles[89]. Daí que, reformas dos mercados, ainda que suaves, tenham vindo a ser levadas a cabo pelos governos dos próprios países em desenvolvimento.

Mas desenvolver os mercados e as instituições que os suportam é uma tarefa difícil e que leva tempo. Por vezes, as reformas para construir mercados falham desastrosamente[90]. Quando isso acontece, grupos específicos da sociedade suportam altos custos económicos e sociais. Ora, as pessoas pobres são particularmente vulneráveis a estes choques[91].

Nos anos 1950's e 60's acreditava-se que o desenvolvimento económico e a redução da pobreza requeriam uma participação activa do Estado e a protecção da indústria local.

---

ras, internacionais e civis, terão ascendido a cerca de 37 milhões de pessoas. Sobre a questão da Democracia e a globalização, v. A. Giddens, *O mundo na era da globalização*, cit., pp. 69 ss.

[88] Como refere B. Emmott, *The 20th Century – On the Yellow Brick Road*, cit., p. 7, por causa da epidemia do HIV-SIDA em África, já se pensa numa recessão da tão temida explosão demográfica mundial.

[89] Acreditando que a lógica essencial do mercado consistirá na troca de equivalentes, M. Murteira, *A economia de mercado ...*, cit., p. 146.

[90] Numa perspectiva pouco abonatória para os resultados dos esforços, v., Florência Castro-Leal, Julia Dayton, Lionel Demery e Kalpona Mehra, *Public Spending in Africa. Do the Poor Benefict?*, Research Observer, 14-1, Feb. 1999, pp. 49 ss.

[91] "Uma sociedade competitiva é uma sociedade que encontrou um equilíbrio dinâmico entre a criação de riqueza, de um lado, e a coesão social, por outro", S. Garelli, *From Competitive Entreprises to Competitive Societies*, cit., p. 6.

Muitos países adoptaram medidas como o proteccionismo, o controlo estatal do investimento e a criação de monopólios estatais em sectores chave da economia.

Em países como a Índia esta estratégia resultou num lento mas persistente crescimento. Noutros países, particularmente na América Latina, esta estratégia inicialmente resultou num forte crescimento a partir de 1960, que contudo veio a vacilar à medida que os países foram "atacados" pela crise do petróleo em 1970's.

Na China, nos fins dos anos 1970's ocorreu uma consciencialização gradual de que a economia, especialmente no sector agrícola, não tinha um bom desempenho sob o controlo do Estado, pelo que se reformou o sistema com base na substituição da intervenção do Estado pela iniciativa privada, designadamente com venda do capital a sócios privados, e na protecção das indústrias domésticas em competição com produtores e investidores estrangeiros.

Em países onde foram implementadas reformas suaves, mas determinadas, em geral a estagnação económica terminou e o crescimento surgiu.

37. Como implementar reformas? A questão é bastante polémica: entre o gradualismo e a terapia de choque, pode-se concluir que as reformas podem ter sucesso de ambos os modos.

A verdadeira questão surge como sendo a de sabermos de que modo as reformas para (re)construir os mercados devem ser desenhadas e implementadas de uma forma que contemple as vertentes económica, cultural, social e política, específicas de cada país. Não existem padrões comuns de necessidades se esses padrões variam de sociedade para sociedade[92].

Inevitavelmente, reformas orientadas para o mercado surtem efeitos diferentes nos diferentes segmentos da sociedade. Todos os programas de reforma têm vencedores e perdedores, e as pessoas pobres podem ser encontradas nos dois grupos[93].

A particular vulnerabilidade dos pobres exige um acompanhamento especial do impacte das reformas na pobreza e a adopção das medidas de compensação apropriadas. A experiência demonstra que o diálogo directo com os mais pobres pode ser significativamente importante na concepção deste processo.

Neste campo assume, também, particular importância[94] o cuidado a colocar na prestação de serviços aos pobres, em quantidade e em qualidade. E não

---

[92] A. SEN, *Pobreza e Fomes*, cit., p. 40.

[93] *World Development Report 2000/2001. Attacking Poverty*, cit., p. 62. Neste ponto específico seguimos de perto conclusões expostas no WDR, que nos parecem muito correctas.

[94] Como, aliás, já resulta do exposto no capítulo anterior.

é por o sector público ter falhas na prestação dos serviços aos pobres que devem ser transferidas essas actividades para o sector privado. O sector privado não só não se orienta para o interesse colectivo, como experiências realizadas falharam rotundamente[95].

38. Em consequências das reformas desenvolvidas nos anos 1980's e 90's os mercados domésticos tornaram-se mais abertos ao comércio internacional e à circulação de capitais. Para além disso, novas leis tributárias foram também adoptadas, e são os mercados (e não os governos) que determinam os preços e a alocação de recursos.

Muitas destas reformas reflectiram princípios do chamado *"Washington Consensus"*[96], que delineou 10 prioridades políticas (note-se, *policies*) aplicadas em combinações diferentes por muitos países.

Os 10 objectivos principais:

1. Disciplina fiscal
2. Redireccionamento das despesas públicas para a educação, saúde e criação de infraestruturas
3. Reforma fiscal
4. Taxas de juro reais, determinadas pelo mercado
5. Taxas de câmbio competitivas
6. Liberalização do comércio- substituição das restrições quantitativas por tarifas mais baixas e uniformes
7. Abertura aos capitais estrangeiros
8. Privatização das empresas detidas pelo Estado
9. Abolição da regulação que impede a entrada ou restringe a concorrência
10. Segurança legal para os direitos de propriedade

39. Um alerta deverá ser deixado para o futuro das reformas: em muitos casos as reformas acima apresentadas são basicamente *first generation reforms*, que pretendem estabilizar a alta inflação, moderar os défices orçamentais e

---

[95] Sobre esta questão, e precisamente neste sentido, o *World Development Report 2004: Making Services Work For Poor People*, World Bank Publ./Oxford University Press, 2004.

[96] A expressão foi introduzida por JOHN WILLIAMSON, *What Should the World Bank Think about the Washinton Consensus?*, cit., para designar o mínimo denominador comum da consulta política das instituições sediadas em Washington dirigida à América Latina em 1989. Para J. SACHS, *Global Capitalism...*, cit., p. 21, "... quase (não houve) qualquer discussão real entre países ricos e pobres sobre os desafios frente a um mundo com a maior desigualdade de rendimentos de sempre na história".

desmantelar as barreiras ao comércio. Consolidar os ganhos destas reformas exige uma construção institucional em áreas bem mais difíceis, como desenvolver um sistema judicial independente[97] e estabelecer profissionalismo no sector público. As reformas chamadas de *second generation*, são não só mais complexas, como requerem muito mais tempo e são muitas vezes invalidadas por interesses poderosos.

Em suma, reformas orientadas para o mercado têm sido propagadas pelo mundo em desenvolvimento. Em geral levaram a inflação mais baixa e a um crescimento mais elevado, ambos forças essenciais para a redução da pobreza.

As evidências nos vários países atestam que reformas macroeconómicas surtiram pouco efeito na distribuição do rendimento, talvez porque muito preocupadas apenas em maximizar o crescimento[98]. Em particular quando os benefícios principais da reforma se traduzem em serviços públicos como a saúde, educação ou infra-estruturas, pode levar algum tempo até que os efeitos na distribuição do rendimento e no desenvolvimento humano se manifestem.

Contudo, a fazer fé nos estudos do Banco Mundial, nos casos em que as reformas tiveram efeitos adversos verifica-se que estes têm pouca representatividade comparados com os benefícios do crescimento implicados pelas reformas, especialmente numa análise plurianual.

40. De qualquer forma, assumindo a análise e as propostas de JEFFREY SACHS[99], na nossa linha de pensamento, o processo de discussão é parte da solução, e é preciso resolver, por um lado, a reforma do sistema financeiro internacional e o problema da dívida e, por outro, a questão do condicionamento da ajuda internacional. Decorrentemente, urge o cancelamento da dívida dos PVD, deveria ser impedida a privatização da ajuda pública internacional pela sua utilização em investimentos privados de ETN e grandes interesses privados nacionais ligados ao poder político e à lógica da corrupção, e a ajuda internacional deveria ser canalizada por organismos regionais e por eles gerida, à imagem do Plano Marshall para a Europa no pós-guerra.

Se a ajuda só é prestada com fins económicos, políticos ou militares, talvez a definição dessas finalidades esteja a ser realizada com muita estreiteza[100].

---

[97] RICHARD E. MESSICK, *Judicial Reform and Economic Development: A Survey of the Issues*, Research Observer, 14-1, Feb. 1999, pp. 117 ss, que defende a integração da reforma judicial com mecanismos informais de reforço da justiça do Estado, p. 128.

[98] J. WILLIAMSON, *What Should the...*, cit., p. 257.

[99] *Global Capitalism...*, cit., pp. 22-25.

[100] M. JACINTO NUNES, *A Ajuda ao Desenvolvimento*, in Temas Económicos, INCM, Lisboa, 1989, p. 259.

A *nova era*, correspondendo a uma sociedade pós-tradicional, representa não só um final, mas também um começo, de uma sociedade global no sentido de *espaço indefinido*, onde existem novas formas de interdependência, não de sociedade mundial[101]. Ou seja, um novo universo social de acção e uma experiência genuinamente nova[102].

41. Regressando à *destruição criadora*, as empresas que se situam nos extremos dos mercados têm sempre oportunidade de se poderem tornar competidoras globais, no sentido amplo atrás referido, em qualquer dos três níveis apresentados, se tiverem uma estratégia clara, paixão pela aprendizagem e uma liderança que junte os dois factores[103].

Nestas condições, "a economia de mercado surge como modelo para todos os países, qualquer que seja o seu nível de desenvolvimento económico e as suas coordenadas geográficas ou específicas referências culturais"[104], porque o modelo propugnado incorpora todas as *localizações* e potencia todos os vectores de identidade.

Concluído em Outubro de 2004.

REFERÊNCIAS

AAVV – *Papers and Proceedings of the One Hundred Twelfth Annual Meeting of the American Economic Association, Boston, MA, Jan. 7-9, 2000*, The American Economic Review, 90-2, May 2000

AAVV – *Annual World Bank Conference on Development Economics 2000*, World Bank Publ., Washington D.C., 2000

ALESINA, Alberto e LA FERRARA, Eliana – *Participation in Heterogeneous Communities*, The Quarterly Journal of Economics, 462, Aug. 2000, pp. 847 ss.

---

[101] Recusa-se, deste modo, uma concepção ultra-liberal, como a expressada em ANTHONY B. ATKINSON e FRANÇOIS BOURGUIGNON, *Poverty and Inclusion from a World Perspective*, in J. E. STIGLITZ, e P.-A. MUET, *Governance, Equity, and Global Markets. The Annual Conference on Development Economics – Europe*, Oxford University Press, Oxford, 2001, pp. 151 ss, capaz de reduzir o problema da pobreza a uma "decisão inadequada sobre os recursos económicos" (*inadequate command over economic resources*, no original, a p. 152) e de fornecer uma análise em que se tem "uma abordagem à medição da pobreza na qual todos os cidadãos do mundo entram em pé de igualdade. As fronteiras nacionais não têm estatuto intrínseco: é uma abordagem mundial ... (em que)... qualquer medida deve ser *globalmente inclusiva*" (p. 151).

[102] ULRICH BECK, *A reinvenção da política. Rumo a uma teoria...*, cit., p. 103.

[103] É a proposta de CHRISTOPHER A. BARTLETT e SUMANTRA GHOSHALL, *Going Global. Lessons from Late Movers*, Harvard Business Review, Mar-Apr. 2000, pp. 132 ss.

[104] M. MURTEIRA, *A Economia dos Novos ...*, cit., p. 131.

RICARDO DE GOUVÊA PINTO

ATKINSON, Anthony B. e BOURGUIGNON, François – *Poverty and Inclusion from a World Perspective*, in STIGLITZ, Joseph E. e MUET, Pierre-Alain, *Governance, Equity, and Global Markets. The Annual Conference on Development Economics – Europe*, Oxford University Press, Oxford, 2001, pp. 151 ss.

BARTLETT, Christopher A. e GHOSHALL, Sumantra – *Going Global. Lessons from Late Movers*, Harvard Business Review, Mar-Apr. 2000, pp. 132 ss.

BECK, Ulrich – *A reinvenção da política. Rumo a uma teoria da modernização reflexiva*, in AAVV, *Modernização Reflexiva. Política, Tradição e Estética no Mundo Moderno*, Celta Ed., Oeiras, 2000 (trad.), pp. 53 ss.

BESLEY, Timothy e BURGESS, Robin – *Land Reform, Poverty Reduction, and Growth: Evidence from India*, The Quarterly Journal of Economics, 461, May 2000, pp. 389 ss.

BHATNAGAR, Subhash – *Administrative Corruption: How Does e-Government Help*, Global Corruption Report 2003, Transparency International, Berlin/London, 2003 (ed. electrónica).

CAMPS, Victoria – *O Século das Mulheres*, Ed. Presença, Lisboa, 2001 (trad.).

CAPLAN, Bryan e COWEN, Tyler – *Do We Underestimate the Benefits of Cultural Competition?*, The American Economic Review, vol. 94, n.° 2, May 2004, pp. 402 ss.

CASTRO-LEAL, Florência, DAYTON, Julia, DEMERY, Lionel e MEHRA, Kalpona – *Public Spending in Africa. Do the Poor Benefict?*, Research Observer, 14-1, Feb. 1999, pp. 49 ss.

EMMOTT, Bill – *The 20th Century – On the Yellow Brick Road*, The Economist, Sept. 11th 1999, p. 5 ss.

FREEMAN, Chris e LOUÇÃ, Francisco – *As Time Goes By. From the Industrial Revolutions to the Information Revolution*, Oxford University Press, Oxford, 2001.

GARELLI, Stephane – *From Competitive Entreprises to Competitive Societies*, in The World Competitiveness Report, 1995, pp. 6 ss.

GIDDENS, Anthony – *O mundo na era da globalização*, Ed. Presença, Lisboa, 2000 (trad.).

GIDDENS, Anthony – *Viver numa sociedade pós-tradicional*, in AAVV, *Modernização Reflexiva. Política, Tradição e Estética no Mundo Moderno*, Celta Ed., Oeiras, 2000 (trad.), pp. 53 ss.

GILPIN, Robert – *The Challenge of Global Capitalism. The World Economy in the 21st Century*, Princeton University Press, New Jersey, 2000.

GOLDSMITH, Edward e MANDER, Jerry (eds.) – *The Case Against the Global Economy. And for a Turn Towards Localization*, Earthscan Publ., London, 2001.

HANDY, Charles – *Tocqueville Revisited. The Meaning of American Prosperity*, Harvard Business Review, Jan. 2001, pp. 57 ss.

HANUSHEK, Eric A. e KIMKO, Dennis D. – *Schooling, Labour Force Quality, and the Growth of Nations*, The American Economic Review, 90-5, Dec. 2000, pp.1184ss.

KRUEGER, Alan B. e MALEĂKOVÁ – *Education, Poverty and Terrorism: Is There a Causal Connection?*, The Journal of Economic Perspectives, vol. 17, n.° 4, Fall 2003, pp. 119 ss.

LANDES, David S. – *A Riqueza e a Pobreza das Nações. Por que são algumas tão ricas e outras tão pobres*, Gradiva, Lisboa, 4ª ed. revista, 2002 (trad.).

LEVERNIER, William – *An Analysis of Poverty in the American South: How Are Metropolitan Areas Different from Non-metropolitan Areas?*, Contemporary Economic Policy, vol. 21, n.° 3, Jul. 2003, pp. 372 ss.

LOPES, Raúl – *Competitividade, Inovação e Território*, Celta Ed., Oeiras, 2001.

MANDER, Jerry – *Technologies of Globalization*, in GOLDSMITH, Edward e MANDER, Jerry (eds.) – *The Case Against the Global Economy. And for a Turn Towards Localization*, Earthscan Publ., London, 2001, pp 45 ss.

GLOBALIZAÇÃO, POBREZA E EFICIÊNCIA DOS MERCADOS: OLHAI OS LÍRIOS DO CAMPO?

MARTELLI, Antonio – *Miti e realtà della competitività internazionale*, Rivista Milanese di Economia, 63, Iug-Sitt. 1997, pp. 111 ss.

MESSICK, Richard E. – *Judicial Reform and Economic Development: A Survey of the Issues*, Research Observer, 14-1, Feb. 1999, pp. 117 ss.

MORRIS, David – *Free Trade: The Great Destroyer*, in GOLDSMITH, Edward e MANDER, Jerry (eds.) – *The Case Against the Global Economy. And for a Turn Towards Localization*, Earthscan Publ., London, 2001, pp 115 ss.

MURTEIRA, Mário – *What´s new on globalization? (a critical comment to Immanuel Wallerstein*, Economia Global e Gestão, V, 1-2/2000, pp. 67 ss.

MURTEIRA, Mário – *A economia de mercado como paradigma normativo*, Ensaios de Homenagem a Francisco Pereira de Moura, ISEG, Lisboa, 1995, pp. 139 ss.

MURTEIRA, Mário – *Economia do Mercado Global. Ensaio sobre Condicionantes Mega e Macro das Estratégias Empresariais*, Ed. Presença, Lisboa, 1997.

MURTEIRA, Mário – *A Economia dos Novos Países Africanos de Expressão Oficial Portuguesa*, in História da Expansão Portuguesa, vol. 5, Círculo de Leitores, Lisboa, 1999, pp. 131 ss.

MURTEIRA, Mário – *Um Relance sobre Futuros*, in História da Expansão Portuguesa, vol. 5, Círculo de Leitores, Lisboa, 1999, pp. 144 ss.

MURTEIRA, Mário – *A Transição para a Economia do Conhecimento em Portugal, paper* para os alunos do Mestrado em Estratégia e Desenvolvimento Empresarial, ISCTE, Lisboa, 2000/2001.

NAVARETTI, Giorgio Barba e TARR, David G. – *International Knowledge Flows and Economic Performance: a Review of the Evidence*, The World Bank Economic Review, 14-1, Jan. 2000, pp. 1 ss.

NORBERG-HODGE, Helena – *The Pressure to Modernize and Globalize*, in GOLDSMITH, Edward e MANDER, Jerry (eds.) – *The Case Against the Global Economy. And for a Turn Towards Localization*, Earthscan Publ., London, 2001, pp. 156 ss.

NORBERG-HODGE, Helena – *Shifting Direction: From Global Dependence to Local Interdependence*, in GOLDSMITH, Edward e MANDER, Jerry (eds.) – *The Case Against the Global Economy. And for a Turn Towards Localization*, Earthscan Publ., London, 2001, pp. 241 ss.

NUNES, Manuel Jacinto – *As Dívidas do Terceiro Mundo. O Caso do Brasil*, Temas Económicos, INCM, Lisboa, 1989, pp. 249 ss.

NUNES, Manuel Jacinto – *A Ajuda ao Desenvolvimento*, Temas Económicos, INCM, Lisboa, 1989, pp. 259 ss.

PEREIRINHA, José A. – *Pobreza e exclusão social: fronteiras conceptuais, relevância para a política social e implicações na sua medida*, Ensaios de Homenagem a Francisco Pereira de Moura, ISEG, Lisboa, 1995, pp. 169 ss.

RIFKIN, Jeremy – *A Era do Acesso*, Ed. Presença, Lisboa, 2001 (trad.).

RODRIGUES, Jorge Nascimento – *As metanacionais portuguesas*, jornal Expresso, n.° 1486, de 21.04.2001, 2.° Caderno, pp. 8 e 9.

RODRIK, Dani – *Development Strategies for the 21st Century*, in AAVV., Annual World Bank Conference on Development Economics 2000, Washington D.C., 2000, pp. 85 ss.

ROHACEK, Jerry K. – *Economic Behaviour*, Prentice Hall, New Jersey, 1989.

ROLO, J.M. – *O Mundo (global?) em que vivemos*, Economia Global e Gestão, V, 1-2/2000, pp. 159 ss.

SACHS, Jeffrey – *Global Capitalism. Making it Work*, The Economist, Sept. 12th 1998, pp. 21 ss.

SAMUELSON, Paul e NORDHAUS, William – *Economia*, 12ª ed. (1985), McGraw Hill, Lisboa, 1988 (trad.).

Santos Silva, Augusto – *Produto Nacional Vivo: Uma Cultura para o Desenvolvimento*, Cadernos SEDES, 2, SEDES, Lisboa, 1988, pp. 19 ss.

Sen, Amartya – *Development as Freedom*, Oxford University Press, Oxford, 1999.

Sen, Amartya – *Pobreza e Fomes. Um ensaio sobre direitos e privações*, Terramar, Lisboa, 1999 (trad.).

Stiglitz, Joseph E. e Muet, Pierre-Alain – *Governance, Equity, and Global Markets. The Annual Conference on Development Economics – Europe*, Oxford University Press, Oxford, 2001.

Thurow, Lester – *The Future of Capitalism – how today's economic forces shape tomorrow world*, N. Brealey Publishers, London, 1996.

Wallerstein, Immanuel – *Globalization or The Age of Transition?: A Long-Term View of the Trajectory of the World System*, Economia Global e Gestão, V, 1-2/2000, pp. 51 ss.

Williamson, John – *What Should the World Bank Think about the Washinton Consensus?*, Research Observer, 15 – 2, Aug. 2000, pp. 251 ss.

Woolcok, Michael e Narayan, Deepa – *Social Capital: Implications for Development Theory, Research and Policy*, Research Observer, 15-2, Aug. 2000, pp. 225 ss.

World Development Report 2000/2001 – *Attacking Poverty*, World Bank Publ./Oxford University Press, 2001.

World Development Report 2004 – *Making Services Work for Poor People*, World Bank Publ./Oxford University Press, 2004.

World Development Report 2005 – *A Better Investment Climate for Everyone*, World Bank Publ./Oxford University Press, 2004.

Estado da questão

A Resolução de Litígios no contexto da Internet

Mariana Soares David[*]

> Sumário: 1. O surgimento e as implicações da "Sociedade da Informação"; Do desenvolvimento tecnológico à revolução transversal; Novo paradigma jurídico? – Modelos de regulação; – "Governance" vs. Governação. 2. Do comércio electrónico, em particular; – Regime dos contratos à distância – Regime do comércio electrónico. 3. Problemas de Direito Internacional Privado; 3.1. Direito da Competência Internacional (determinação do foro competente); Meios de resolução extrajudiciais; Meios de resolução judiciais – Regulamento 44/2001; – Pacto atributivo de jurisdição; – Critério geral; – Critérios especiais derrogatórios: matéria contratual (art. 5.º-1), matéria extracontratual (art. 5.º-3), matéria de contratos celebrados com consumidores (arts. 15.º e segs.); 3.2. Direito de Conflitos *stricto sensu* (determinação do direito aplicável); Convenção de Roma de 1980; – Critério geral (art. 3.º); – Critério supletivo (art. 4.º); – Critério especial nos contratos celebrados por consumidores (art. 5.º). 4. Considerações finais

1. O surgimento e as implicações da "Sociedade da Informação"

Surge o presente trabalho no âmbito da cadeira de Direito Internacional Privado II (Direito Processual Civil Internacional) leccionada, no semestre de Verão do ano lectivo de 2004/2005, pela Sra. Professora Maria Helena Brito[1].

No estudo de "situações da vida privada internacional"[2], o tema da Internet, das relações jurídicas geradas neste contexto (adiante, "relações electrónicas"), e dos litígios aí emergentes, na sua actualidade e penumbra, desenhou-se de forma verdadeiramente apelativa, num convite que não pudemos deixar de aceitar.

---

[*] Aluna de Licenciatura da Faculdade de Direito da Universidade Nova de Lisboa.

[1] A quem muito agradeço não apenas o acompanhamento e correcção do trabalho como a disponibilidade, atenção, motivação e simpatia ao longo destes anos.

Um especial agradecimento também à Senhora Professora Doutora Maria Eduarda Gonçalves, e aos Senhores Professores Doutores Rui Pinto Duarte e Cláudia Trabuco pelas leituras e comentários finais.

[2] Cfr. João Baptista Machado, *Lições de Direito Internacional Privado*, Coimbra, 2002, p. 12.

Pelas razões que aqui nos trazem e, numa área tão notoriamente permeável à influência quase imediata de diferentes ordenamentos jurídicos e tão estranha às tradicionais circunscrições territoriais estaduais, prestar-se-á particular atenção ao modo de determinação do foro competente (Direito da Competência Internacional – 3.1) e do direito aplicável (Direito de Conflitos *stricto sensu* – 3.2) às referidas "relações electrónicas" e aos conflitos que aí possam, eventualmente, surgir. Este trilho, já de si tão amplo e denso, acabou por conduzir-nos necessariamente a um capítulo introdutório – a que, em seguida, nos entregaremos – e que visa sobretudo a inserção e compreensão deste objecto principal mais restrito no contexto mais vasto de uma Sociedade da Informação e dos desafios que esta coloca ao Direito.

Na verdade, se os anos 80 receberam boquiabertos o surgimento da informática, com o computador pessoal, e da telemática, os nossos dias têm o privilégio de acompanhar não apenas o início mas o *booming*, de alcance transversal, do fenómeno da Internet, que tem provocado transformações gritantes não só a nível tecnológico (mais óbvias), como a nível social, espacial[3], ocupacional, cultural, económico[4] e comunicacional, elevando a informação a principal recurso estratégico da sociedade pós-industrial.

A *INTERNET* é uma rede composta por diferentes redes, postas em contacto através de um protocolo comum[5] (IP – *Internet Protocol*). Um sistema imaterial de comunicação global inscrito no ciberespaço que, tendo surgindo em 1969 pela necessidade de interligar alguns laboratórios universitários que colaboravam com o Departamento da Defesa norte-americano com a *Advanced Research Projects Administration* (ARPA), revolucionou quantitativa e qualitativamente as tecnologias de informação e comunicação.

---

[3] Atravessando todas as barreiras espácio-temporais ainda que, as mais das vezes, fazendo uso de linhas já existentes.

[4] Correspondendo hoje a quase 50% do PIB norte-americano.

[5] Um protocolo é um conjunto de especificações objectivas que os computadores entendem e que caracterizam o formato e a sequência de transmissão de informação.

A título exemplificativo:
- IP (identificação de máquinas e redes e reencaminhamento ou *routing* correcto das transmissões entre elas);
- FTP (transferência de ficheiros);
- HTTP (visualização de uma página *web* ligando clientes *www* e *web servers*);
- TCP (controlo da transmissão de pacotes de informação);
- TCP/IP (definição da comunicação entre computadores);
- SMTP (transferência de mensagens: *mailing list* ou *forwarding* para outro SMTP pelo TCP).

A RESOLUÇÃO DE LITÍGIOS NO CONTEXTO DA INTERNET

Muitos falam hoje na emergência de uma verdadeira "SOCIEDADE DA IN-FORMAÇÃO"[6] da qual resultam, não apenas novas faculdades e direitos, como acrescidos riscos que todos conhecemos e que reclamam tutela apropriada.

Pergunta-se, a este respeito, se não será necessário um *novo paradigma jurídico* adequado à multidimensionalidade e universalidade de um fenómeno volátil que escapa às fronteiras territoriais dos auto-referenciais direitos continentais.

Não obstante, e apesar do inegável empenho da União Europeia (que, numa lógica de *spill-overs* materiais, e por pressão da Comissão e de variados ONGs, se tem apresentado como *regulatory state*[7]), este é ainda um incipiente olhar jurídico sobre a realidade, sem unidade codificadora ou jurisdicional, baseado sobretudo em instrumentos de *softlaw*, e proveniente de instituições de discutido défice democrático e de cidadania.

Os modelos de regulação propostos digladiam-se.

A uma perspectiva democrática de hetero-regulação e transposição dos princípios estaduais, que sobrepõe o interesse público inerente a um serviço público a eventuais interesses económico-sociais, contrapõe o determinismo tecnológico um modelo mais flexível, de auto-regulação. Numa visão liberal da evolução e utilização da rede, realçam os defensores deste determinismo tecnológico a ilegitimidade de quaisquer autoridades exteriores, propondo que a regulação se faça pelo mercado ou pelo próprio utilizador, através de uma legalidade específica, viva, e pragmática, baseada no chamado costume *internético*[8].

O compromisso é encontrado em métodos intermédios de co-regulação, capazes de pôr em permanente interacção a lei e quaisquer outros meios de regulação.

Mas enquanto nos perdemos no fácil lamento pela ausência de um mais detido acompanhamento da evolução tecnológica e sua projecção *de iure constituto,* deixamos passar o "pântano jurídico" – que por meio deste trabalho viemos a descobrir – e que talvez só não mereça maior aplicação por desconhecimento.

Sublinhe-se ainda a possibilidade de inclusão destes novos fenómenos nas já muitas leis que temos e que sempre permitirão uma interpretação extensiva ou, na medida em que não sejam excepcionais, a sua aplicação analógica a

---

[6] *Vide,* por todos, a fabulosa síntese de Maria Eduarda Gonçalves, *Direito da Informação,* Coimbra, 2003.

[7] Cfr. Majone, *Regulating Europe,* Londres, 1996.

[8] Segundo Mathias, *in La Cité Internet,* Paris, 1997, uma *"netiquette".*

situações omissas, que não foram nem têm de ser disciplinadas directamente mas que, pela sua similitude estrutural, exigem igual tratamento. Assim se acautelam os princípios da igualdade e da coerência do sistema jurídico que não podem deixar de guiar o aplicador de Direito (*vide* arts. 8.°-3, 9.°-1 e 10.°- -1 e 2 do Código Civil).

A título exemplificativo, e de entre os múltiplos elementos de regulação directa encontrados (em que se incluem, neste muito lato sentido do jurídico, simples instrumentos de *soft-law*), realcem-se[9]:

DIREITO INTERNACIONAL

- *UNCITRAL Model Law on Electronic Commerce* de 1996
- *UNCITRAL Model Law on Electronic Signatures*
- Normas das Nações Unidas para os negócios electrónicos (*Une Trade S.Net*), http://www.unece.org
- Convenção do Conselho da Europa, de 23 de Novembro de 2001, sobre a Cibercriminalidade (ainda não aprovada para ratificação em Portugal)

- *Model clauses for use in contracts involving transborder data flows* da CCI, de 23 de Setembro de 1998
- *General Usage for International Digitally Ensured Commerce (version II)* da CCI, de Outubro de 2001
- *Business-to-business and consumer-to-consumer Alternative Dispute Resolution Inventory Project* da CCI, de Março de 2002
- *Condensed version of the Global Plan for Electronic Business (3rd edition)* da CCI, de Julho de 2002
- *Final approved version of alternative standard contractual clauses for the transfer of Personal Data from thee EU to Third Countries (controller to controller transfers)* da CCI, de Janeiro de 2005
- Recomendação do Conselho de Ministros da Organização para a Cooperação e o Desenvolvimento Económico (OCDE), de 23 de Setembro de 1980, sobre as Linhas Directrizes Regulamentadoras da Protecção da Vida Privada e dos Fluxos de Dados Pessoais

---

[9] Tendo por principal objectivo a demonstração de que, apesar do seu comum desconhecimento, são múltiplos os mecanismos "jurídicos" de regulação das "relações electrónicas", a presente enumeração não pretende – como se refere no texto – ser exautiva, mas tão só alertar para alguns destes diplomas, impressionando (talvez) pela sua imensidão. Também por essa razão nos escusámos a um maior rigor no critério que a presidiu, apresentando os diplomas escolhidos de acordo com a sua a hierarquia normativa e sucessão no tempo.

- Declaração do Conselho de Ministros da OCDE, de 11 de Abril de 1985, sobre os fluxos transfronteiriços de dados
- Declaração do Conselho de Ministros da OCDE, de 19 de Outubro de 1998, sobre a protecção da vida privada nas redes mundiais

Direito Comunitário

- Directiva 95/46/CE do Parlamento Europeu e do Conselho, de 24 de Outubro de 1995, relativa à protecção dos dados pessoais e respectiva circulação
- Directiva 96/9/CE do Parlamento Europeu e do Conselho, de 11 de Março de 1996, relativa à protecção de bases de dados
- Directiva 97/7/CE do Parlamento Europeu e do Conselho, de 20 de Maio de 1997, relativa à protecção dos consumidores em matéria de contratos à distância (*Directiva Contratos à Distância*)
- Directiva 97/66/CE do Parlamento Europeu e do Conselho, de 15 de Dezembro de 1997, relativa à protecção de dados pessoais e da privacidade nas telecomunicações
- Directiva 98/84/CE do Parlamento Europeu e do Conselho, de 20 de Novembro de 1998, relativa à protecção dos serviços que se baseiem ou consistam num acesso condicional
- Directiva 1999/93/CE do Parlamento Europeu e do Conselho, de 13 de Dezembro de 1999, relativa às assinaturas electrónicas
- Regulamento (CE) n.º 733/2002, do Parlamento Europeu e do Conselho, de 22 de Abril de 2002, relativo à implementação do domínio de topo ".eu"
- Directiva 2000/31/CE do Parlamento Europeu e do Conselho, de 8 de Junho de 2000, relativa a certos aspectos legais dos serviços da sociedade da informação, em especial do comércio electrónico, no mercado interno (*Directiva Comércio Electrónico*)
- Directiva 2000/46/CE do Parlamento Europeu e do Conselho, de 18 de Setembro de 2000, relativa ao acesso à actividade das instituições de moeda electrónica e ao seu exercício, bem como à sua supervisão prudencial
- Directiva 2001/29/CE do Parlamento Europeu e do Conselho, de 22 de Maio de 2001, relativa à harmonização de certos aspectos do direito de autor e dos direitos conexos na sociedade de informação
- Directiva 2002/21/CE do Parlamento Europeu e do Conselho, de 7 de Março de 2002, relativa a um quadro regulamentar comum para as redes e serviços de comunicações electrónicas

- Directiva 2002/22/CE do Parlamento Europeu e do Conselho, de 7 de Março de 2002, relativa ao serviço universal e aos direitos dos utilizadores em matéria de redes e de serviços de comunicação electrónicas (Directiva serviço universal)
- Directiva 2002/58/CE do Parlamento Europeu e do Conselho, de 12 de Julho de 2002, relativa ao tratamento de dados pessoais e à protecção da privacidade no sector das comunicações electrónicas
- Directiva 2002/65/CE do Parlamento Europeu e do Conselho, de 23 de Setembro de 2002, relativa à comercialização à distância de serviços financeiros prestados a consumidores
- Recomendação da Comissão, de 8 de Dezembro de 1987, relativa a um Código europeu de boa conduta em matéria de pagamento electrónico
- Recomendação da Comissão, de 19 de Outubro de 1994, relativa aos aspectos jurídicos da transferência electrónica de dados
- Recomendação do Conselho, de 7 de Abril de 1995, relativa a critérios comuns de avaliação da segurança nas tecnologias da informação
- Resolução do Conselho e dos Representantes dos Estados-Membros, de 17 de Fevereiro de 1997, sobre conteúdos lesivos na Internet
- Recomendação da Comissão, de 30 de Julho de 1997, relativa às transacções realizadas através de um instrumento de pagamento electrónico e, nomeadamente, às relações entre o emitente e o detentor
- Resolução do Conselho, de 19 de Janeiro de 1999, sobre aspectos relativos ao consumidor na sociedade da informação
- Decisão n.º 276/1999/CE do Parlamento Europeu e do Conselho, de 25 de Janeiro de 1999, que adopta um Plano de Acção Comunitário Plurianual para fomentar uma utilização mais segura da Internet através do combate aos conteúdos ilegais e lesivos nas redes mundiais
- Resolução do Conselho, de 3 de Outubro de 2000, relativa à organização e à gestão da Internet
- Recomendação da Comissão, de 4 de Abril de 2001, relativa aos princípios aplicáveis aos organismos extrajudiciais envolvidos na resolução consensual de litígios do consumidor
- Decisão do Conselho, de 28 de Maio de 2001, que cria uma rede judiciária europeia em matéria civil e comercial
- Decisão da Comissão Europeia, de 15 de Junho de 2001, nos termos da Directiva 95/46/CE, relativa às cláusulas contratuais tipo aplicáveis à transferência de dados pessoais para países terceiros
- Decisão da Comissão Europeia, de 27 de Dezembro de 2001, relativa às cláusulas contratuais tipo aplicáveis à transferência de dados pessoais para subcontratantes estabelecidos em países terceiros

- Resolução do Conselho, de 28 de Janeiro de 2002, sobre uma abordagem comum e acções específicas no domínio da segurança das redes e da informação
- Resolução do Conselho, de 25 de Março de 2002, relativa ao Plano de Acção 2002 eEuropa sobre a acessibilidade dos sítios *web* e do seu conteúdo

DIREITO INTERNO

- Lei n.° 109/91, de 17 de Agosto, sobre a criminalidade informática
- Portaria n.° 1150/94, de 27 de Dezembro, que regula o serviço de pagamento automático (transferência electrónica) fixando, nomeadamente tarifas e preços
- Lei n.° 24/96, de 31 de Julho, que aprova a *Lei de Defesa dos Consumidores* (alterada pelo DL n.° 67/2003, de 8 de Abril)
- Lei n.° 69/98, de 26 de Outubro, sobre o tratamento de dados pessoais e a protecção da privacidade no sector das telecomunicações
- Lei n.° 6/99, de 27 de Janeiro, que regula a publicidade domiciliária por telefone e telecópia
- Decreto-Lei n.° 375/99, de 18 de Setembro, que equipara a factura electrónica à factura em papel (alterado pelo DL n.° 62/2003, de 3 de Abril)
- Decreto-Lei n.° 290-D/99, de 2 de Agosto, sobre os documentos electrónicos e as assinaturas digitais
- Decreto-Lei n.° 122/2000, de 4 de Julho, sobre a protecção jurídica de bases de dados
- Portaria n.° 1370/2000, de 12 de Setembro, que define as características do contrato de seguro obrigatório de responsabilidade civil a que se refere a alínea d) do artigo 12.° do Decreto-Lei n.° 290-D/99, de 2 de Agosto
- Decreto-Lei n.° 234/2000, de 25 de Setembro, que cria o Conselho de Credenciação para as assinaturas digitais
- Decreto-Lei n.° 16/2000, de 2 de Outubro, que regulamenta as facturas electrónicas para fins fiscais
- Decreto-Lei n.° 143/2001, de 26 de Abril, relativo à protecção do consumidor em matéria de contratos negociados fora dos estabelecimentos comerciais (*transposição da Directiva contratos à distância*)
- Portaria n.° 1214/2001, de 23 de Outubro, que aprova modelos de impressos de declaração fiscal, a entregar obrigatoriamente por transmissão electrónica

- Portaria n.º 375/2003, de 10 de Maio que cria a obrigação de envio, por transmissão electrónica, da declaração periódica dos sujeitos passivos de IVA
- Portaria n.º 523/2003, de 4 de Julho, que estabelece a apresentação do modelo de retenção na fonte de IRC/IRS ou pagamento de Imposto de Selo por transmissão electrónica
- Portaria n.º 1282/2003, de 13 de Novembro, que aprova a declaração modelo1 para a inscrição de prédios urbanos na matriz, via Internet
- Decreto-Lei n.º 7/2004, de 7 de Janeiro, relativa a certos aspectos legais dos serviços da sociedade de informação (*transpõe a Directiva Comércio Electrónico*)
- Portaria n.º 51/2004, de 16 de Janeiro, que torna o envio electrónico de declarações fiscais obrigatório para sujeitos passivos de IRC/IRS, titulares de rendimentos empresariais ou profissionais, e facultativo para os restantes
- Decreto-Lei Regulamentar n.º 25/2004, de 15 de Julho, que aprova as regras técnicas de segurança exigíveis às entidades certificadoras que emitem certificados qualificados
- Lei n.º 50/2004, de 24 de Agosto, que transpõe a Directiva n.º 2001//29/CE, do Parlamento Europeu e do Conselho, de 22 de Maio, relativa à harmonização de certos aspectos de direito de autor e direitos conexos na sociedade de informação

- Resolução do Conselho de Ministros n.º 69/97, de 5 de Maio, que regula provisoriamente a matéria dos nomes de domínio da Internet para Portugal
- Despacho n.º 10 854/97, de 11 de Novembro (Ministro das Finanças), que possibilita a entrega de declarações de IRC/IRS via Internet
- Resolução do Conselho de Ministros n.º 115/98, de 1 de Setembro, que aprova a Iniciativa Nacional para o Comércio Electrónico
- Despacho n.º 18 751/98 (2ª serie), de 19 de Outubro (Ministros das Finanças), que possibilita a consulta, via Internet, da conta corrente de IVA
- Resolução do Conselho de Ministros n.º 95/99, de 25 de Agosto, que aprova o documento orientador da Iniciativa Nacional para o Comércio Electrónico
- Guia do Consumidor para o Comércio Electrónico, Fevereiro de 2001 (Instituto do Consumidor)
- Resolução do Conselho de Ministros n.º 22/2002, de 31 de Janeiro, que determina a referenciação dos sítios da Internet do Estado e a publicação de publicidade do Estado em sítios da Internet operados por terceiros

- Resolução do Conselho de Ministros n.º 107/2003, de 12 de Agosto, que aprova o Plano de Acção para a Sociedade de Informação
- Resolução do Conselho de Ministros n.º 109/2003, de 12 de Agosto, que aprova a Iniciativa Nacional para a Banda Larga

DIREITO ESTRANGEIRO

- *Code on Copyright and Neighbouring Rights* – Decree Law No. 63/85, Março 1985 (UK)
- *Communications Decency Act* do Congresso dos Estados Unidos de 1 de Fevereiro de 1996 (EUA)
- *Digital Millenium Copyright Act* de 28 de Outbro de 1998 (EUA)
- *Avis de l'Observatoire des droits de l'Internet sur la confiance dans le commerce eléctronique*

Em face da variabilidade destes elementos, da sua demasiada especificidade e relativismo perante um fenómeno cujos contornos não parecem possíveis de circunscrever, ousamos postergar a absolutização de qualquer modelo de regulação ou governo por instituições formais, em prol daquilo a que se tem chamado *"GOVERNANCE"*[10], uma combinação de mecanismos informais que ofereçam maior participação, legitimidade, internormatividade e *policy interoperability*.

A toda esta análise subjaz uma **concepção tecnologicamente neutra do Direito** que, na esteira de Dário Moura Vicente[11], perfilhamos.

Na verdade, a grande especificidade das "relações electrónicas" não reside nos valores que lhe estão subjacentes nem tão pouco nos interesses aí atendíveis mas nas suas concretizações pelo que, nem a realidade é tão distinta que mereça disciplina autónoma[12] nem o Direito é tão hermético que se tenha de circunscrever ao contexto histórico-cultural que o viu nascer.

O movimento de hiper-regulação a que assistimos é compreensível não só pela inovação transversal que o fenómeno da Internet introduz e pelas suas inegáveis vantagens para o desenvolvimento do tráfico jurídico e comercial, como pela ameaça que representa para a autoridade do Estado e para a liber-

---

[10] Cfr. Maria Eduarda Gonçalves, ob. Cit, pp. 197-201.

[11] Dário Moura Vicente, "Direito Internacional Privado", *Ensaios*, II, Coimbra, 2005, pp. 351-353.

[12] À excepção de uma outra matéria cuja especificidade requerer disposições especiais que a viabilizem.

dade dos cidadãos e pela sensação de insegurança que potencia perante a (pretensa) incorporalidade deste novo modelo de forma. Não obstante, esta quase obsessão legislativa pela regulação do pormenor particularizante, quando não aniquila aquela que é a grande potencialidade dos meios electrónicos – a liberdade de circulação de informação em sentido lato – culmina num ordenamento confuso, composto por retalhos que, na ignorância dos seus pares e julgando-se imprescindíveis, vão sendo cozidos paralela ou contraditoriamente. Isto se não acabar mesmo por conduzir tão louváveis intenções ao triste destino do desconhecimento que as transforma em letra morta.

Nesta ordem de ideias e, rejeitando esta (tão nossa) tendência de profusão legislativa, acreditamos que a busca do efectivo conhecimento do Direito posto e da compreensão e descoberta dos novos tempos, novos direitos e necessidades se deverá fazer através das "nossas óptimas leis". Se a História tem, de facto, o papel de nos deixar um relato dos erros passados, que também neste ponto os nossos (famosos) "péssimos executores[13] busquem inspiração e ensinamento.

2. DO COMÉRCIO ELECTRÓNICO, EM PARTICULAR

Uma análise de cariz técnico-jurídico focada sobre as "relações electrónicas", nomeadamente as resultantes do comércio electrónico, e sobre a resolução de litígios aí emergentes não pode dispensar um enquadramento prévio que nos apresente a realidade socio-económica subjacente.

Por esta razão surge o presente ponto. Um retrato específico mas geral do comércio electrónico, no seu funcionamento e regulamentação, necessariamente circunscrito ao ordenamento jurídico português.

O chamado *e-commerce* é um processo de distribuição de bens e serviços (B2B, B2C, B2A, C2B ou mesmo C2C)[14], que introduziu na actividade económica a oportunidade de celebração de contratos à distância, por intermé-

---

[13] A expressão é da autoria de João Maria Tello de Magalhães Colaço.

[14] A nomenclatura, muito usual na esfera negocial, deve ler-se da seguinte forma: B2B= *Business to Business* (contratos entre empresas, nomeadamente em cadeias de distribuição), B2C=*Business to Consumer* (contratos de consumo, entre um comerciante e um utilizador final que actue fora do âmbito das suas actividades profissionais), B2A=*Business to Administration* (contratos que têm por "comprador" a Administração Pública), C2C=*Consumer to Consumer* (de que podem ser exemplo os leilões) ou C2B=*Consumer to Business* (casos em que a iniciativa seja do consumidor e a transacção se efectue neste sentido).

dio de meios electrónicos, designadamente computadores e redes de telecomunicação, que escapam à tradicional concepção de corporalidade.

Esta modalidade que permite, desde logo, aumentar as oportunidades de negócio do empresário (facilitando a auto-promoção num *site* visionável 24/24 horas e permitindo o acesso a uma clientela de âmbito internacional); facilita a elaboração de estudos de mercado direccionados ao conhecimento da procura; simplifica as operações e procedimentos administrativos necessários ao empreendimento da actividade; reduz significativamente os custos com pessoal e recursos físicos; e permite um mais estreito controlo da entrada e saída de produtos. Por seu lado, também o consumidor pode assim gozar de maior comodidade na compra (evitando horários, filas de trânsito, atendimento e pagamento) e de um leque de escolhas muito mais amplo e a preços mais acessíveis, ultrapassando quase todas as barreiras físicas oponíveis à procura.

Não obstante, há ainda, sobretudo por parte das gerações mais velhas (sejam comerciantes ou consumidores), uma certa desconfiança relativamente a um método tão diferente e deslocalizado de transacção que lhes transmite uma enorme sensação de anonimato e insegurança. Às referidas vantagens são, neste contexto, contrapostas a dificuldade em apurar a idoneidade e honestidade do consumidor ou a identidade real do fornecedor, a maior exposição do consumidor (seja pelo uso e abuso de *cookies* e hiperligações invisíveis; seja através de *spyware* que regista os seus hábitos de navegação tendo em vista uma mais direccionada, e por isso aliciante, invasão de *spam*; seja ainda pelo potencial uso indevido de dados pessoais), a redução do tempo de maturação da vontade de contratar manifestada por um simples "click", a redução da capacidade de inspecção imediata dos produtos, e a teia de armadilhas jurídicas que podem resultar da diversidade de ordenamentos jurídicos que convoca.

Contudo, os últimos anos apontam no sentido não só do crescimento da oferta electrónica, que vai desde serviços bancários à compra de produtos alimentares ou de entertenimento, como do aumento da sua utilização à medida que este fórum comercial vai sendo difundido e regulamentado, nomeadamente, em matéria de dados pessoais, modo de transacção, protecção do consumidor e meios de pagamento.

São, em resumo, dois os principais diplomas do nosso ordenamento jurídico (que tomamos sempre por referência) a reter no domínio material do comércio e da contratação electrónica: o *DL 143/2001*, de 26 de Abril, que estabelece o regime dos contratos à distância e o *DL 7/2004*, de 7 de Janeiro, que traça o regime do comércio eletrónico.

A esquemática delimitação dos seus contornos que se propõe *infra* pretende – num exercício lógico de dedução do *ser* a partir do *dever-ser* – ajudar a compreender a essência deste esquema negocial, suas vantagens e perigos.

Regime dos contratos à distância

DL 143/2001, de 26 de Abril que transpõe parcialmente para o ordenamento português a Directiva 97/7/CE do Parlamento e do Conselho, de 20 de Maio de 1997 – âmbito material de aplicação:

1. *contratos celebrados à distância*[15] (DL 1.°-1)
   - relação entre um consumidor e um fornecedor[16];
   - contrato de compra e venda de bens ou prestação de serviços integrado num sistema organizado pelo fornecedor;
   - utilização exclusiva, até à celebração e no momento da celebração, de uma ou mais técnicas de comunicação à distância[17];
   - operador de técnica de comunicação[18].

2. *contratos ao domicílio e outros equiparados* (DL 1.°-2)
   - fornecimento de bens ou serviços proposto e concluído pelo fornecedor/representante no domicílio do consumidor sem pedido prévio (expresso);

---

[15] Excluindo, de forma genérica, os serviços financeiros, leilões, contratos de construção e venda de imóveis ou direitos relativos (que não arrendamento), ou celebrados através de distribuidores automáticos, estabelecimentos comerciais automatizados ou operadores de telecomunicação por cabinas telefónicas públicas (Dir. 3.°-1 e DL 3.°-1); e, parcialmente – apenas na aplicabilidade das normas sobre informação prévia, confirmação escrita, direito de resolução e execução –, contratos de fornecimento corrente/regular de bens de consumo no domicílio do consumidor, de prestação de serviços especificada de alojamento, transporte ou tempos livres (Dir. 3.°-2, DL 3.°-2).

Este Capítulo corresponde, no essencial, ao conteúdo da Directiva 97/7/CE, ao qual o DL 143/2001 acrescenta ainda as modalidades 2. e 3.

[16] Seja empresário, comerciante ou outro profissional, mesmo que liberal.

[17] Qualquer meio que, sem a presença física e simultânea das partes, possa ser usado para a celebração do contrato.

[18] Profissional cuja actividade consista em pôr à disposição dos fornecedores uma ou mais técnicas de comunicação à distância, seja um fornecedor de serviços de correio físico ou de acesso à Internet, uma operadora de serviços telefónicos fixos ou móveis, uma emissora de rádio ou televisão ou um serviço de imprensa ou publicidade.

A RESOLUÇÃO DE LITÍGIOS NO CONTEXTO DA INTERNET

– algumas obrigações no que diz respeito à identificação do fornecedor pelas empresas que serviços de distribuição comercial, ao conteúdo dos catálogos; direito de resolução; e a proibição de exigir o pagamento antecipado.

3. *outras modalidades contratuais de fornecimento de bens ou serviços* (DL 1.º-2)

– Cap.IV – vendas automáticas (responsabilidade pela colocação à disposição, para aquisição, por determinado equipamento e pela imposição de pagamento antecipado do seu custo);

– Cap.V – vendas especiais esporádicas (obrigatoriedade de comunicação à Inspecção-Geral de Actividades Económicas de vendas ocasionais, fora dos estabelecimentos comerciais, em instalações ou espaços privados especialmente contratados ou disponibilizados para o efeito);

– Cap.VI – modalidades proibidas (vendas por entidades cuja actividade principal não é comercial; vendas em cadeia; vendas forçadas com presunção de aceitação; venda de bens não solicitados; vendas ligadas).

regime aplicável aos contratos celebrados à distância:

– *dever de informação prévia*, em tempo útil e antes da celebração, preferencialmente de forma expressa, no próprio *website* (identidade do fornecedor, características do bem, preço, modalidades de pagamento...)[19] – DL 4.º e Dir 4.º;

– *confirmação por escrito* (ou documento susceptível de apresentação como declaração escrita) ou outro suporte durável (forma de *read-only memory* como o CD-ROM), o mais tardar até ao momento da entrega quando ainda não tenham sido prestadas informações, sob pena de pagamento de coimas e aumento do prazo de resolução para 3 meses, – DL 5.º-1, 2, 3 e Dir 5.º;

– *direito potestativo de arrependimento imotivado*, sem pagamento de qualquer indemnização, num prazo mínimo de 14 dias[20], por carta regis-

---

[19] Não se trata de informar mas *"fazer de modo a que o consumidor seja informado"*, de acordo com uma regra tácita de proporcionalidade que aumenta a exigência no comércio electrónico (cfr. Miguel Pupo Correia, "Contratos à distância: uma fase na evolução da defesa do consumidor na sociedade da informação?", *Estudos de direito do consumidor*, n.º 4, pp. 165 e ss..)

[20] Alargando o prazo de 7 dias estabelecido pela Directiva.

tada com aviso de recepção (expedida dentro do prazo), ou mensagem de correio electrónico que assegure recepção[21] (com assinatura digital certificada por entidade credenciada, e recepção comprovada por mensagem assinada e recebida pelo remetente), salvo nos casos de impossibilidade de exercício dos arts.7.º DL e 6.º-3 da Dir – DL 6.º, Dir 6.º;

– *execução do contrato* no prazo supletivo de 30 dias depois da transmissão da encomenda (DL 9.º, Dir 7.º);

– norma protectora de *pagamento por cartão de crédito ou débito* que permite solicitar à entidade bancária não só a anulação do pagamento fraudulento como a restituição dos montantes debitados em 60 dias, da qual terá esta direito de regresso contra os infractores ou contra o fornecedor do serviço de má fé (DL 10.º);

– *combate a práticas comerciais agressivas e ardilosas*, exigindo consentimento prévio para as de OPT-IN (sistema de chamada automática sem intervenção humana ou telefax) e inexistência de oposição manifesta nas de OPT-OUT (qualquer outra que permita comunicação individual) – DL 11.º e Dir 10.º;

– *irrenunciabilidade dos direitos transpostos* (Dir 12.º);
– *ónus da prova genérico do fornecedor;*

– *infracções* fiscalizadas e instruídas pela Inspecção-Geral e aplicação de coimas pela Comissão de Aplicação de Coimas em Matéria Económica;

– isenção de taxa de justiça por parte dos consumidores (sejam R. ou A. e desde que o valor da causa não exceda a alçada dos tribunais de 1ª instância)[22].

Regime do comércio electrónico[23]

DL 7/2004, de 7 de Janeiro, que transpõe para o ordenamento português a Directiva 200/31/CE do Parlamento e do Conselho, de 8 de Junho de 2000, *âmbito material*:

---

[21] Nomeadamente através de protocolos especiais de transmissão ou efeito padrão no ambiente X-400.

[22] Cfr. Joel Timóteo Pereira, *Compêndio Jurídico da Sociedade da Informação*, Lisboa, 2004, pp. 443 e ss.

[23] *Vide*, Ian Walden, "Regulating electronic commerce: Europe in the global economy", *in O comércio electrónico: estudos jurídico-económicos* (coord. Glória Teixeira et al.), Coimbra, 2002, pp. 9 e ss.; e *Guia do consumidor para o comércio electrónico, in* http://www.ic.pt, 2001.

A RESOLUÇÃO DE LITÍGIOS NO CONTEXTO DA INTERNET

– regulação do funcionamento do mercado interno garantindo a livre circulação de serviços da sociedade de informação entre Estados-Membros (Dir 1.°), com especial atenção ao comércio electrónico[24].

regime aplicável:

– *liberdade de exercício de actividade de prestação de serviços* sem necessidade de autorização prévia (DL 3.° e Dir 4.°), salvas as restrições por razões de ordem pública, saúde e segurança pública e protecção de consumidores (DL 7.°)

– obrigatoriedade de os prestadores de serviços terem sempre *determinadas informações* permanentemente disponíveis (DL 10.° e Dir 15.°)

– *responsabilidade:* deveres comuns de informação sem qualquer dever geral de vigilância da informação que transmitem ou armazenam (DL, 12.° e 13.°) e criação de *safe harbours* para actividades de simples transporte (DL 14.° e Dir 12.°), armazenagem intermediária, temporária ou *caching* (DL 15.°, Dir 13.°), ou armazenagem principal em servidor (DL 16.° e Dir 14.°)

– *princípio geral de validade e liberdade de contratação electrónica* (por via electrónica ou informática seja ou não comercial), ou automática, desde que a sujeição a esta forma decorra de um acto voluntário, nunca de uma cláusula contratual de imposição (DL 25.°-1, Dir. 9.°-1 e CC 405.°)

– obrigações especiais de *informação prévia* (DL 28.°), possibilidade de *correcção de erros* (DL 27.°), *ordem de encomenda* e *aviso de recepção* para o endereço indicado ou utilizado, *"logo que receba a encomenda"* (DL 29.°)[25]

---

[24] Excluindo a matéria fiscal, a disciplina da concorrência, o tratamento de dados pessoais e protecção da privacidade, o patrocínio judiciário, os jogos de fortuna, a actividade notarial ou equiparada (DL 2.°-1) mas não normas de DIP ou de competência, ao contrário da Directiva.

[25] Cfr, art. 11.° da Directiva, neste aspecto, muito mais ambíguo: *"sem atraso justificado".*

<u>proposta contratual</u> (possibilidade de desistência automática ou até ao envio do aviso de recepção)	+ aceitação (submissão de formulário ou envio de mensagem de correio electrónico de encomenda completa)[26]
<u>convite à contratação</u> (desistência até à confirmação do consumidor)	→ + aviso de recepção + confirmação do destinatário (prestador deve solicitá-lo logo no aviso de recepção)
	= CELEBRAÇÃO DO CONTRATO → (sendo que o momento relevante há-de ser aquele em se torna possível o acesso ou em que se recebe a última declaração contratual necessária ainda que não transferida para o computador)

– solução extrajudicial de litígios (DL 34.º e Dir. 17.º)

– *infracções* contra-ordenacionais supervisionadas e supervisionadas pelo ICP-ANACOM (DL 35.º)

3. Problemas de Direito Internacional Privado

Após um enquadramento exigido pela própria especificidade das "relações electrónicas", cumpre enfim lançar o olhar sobre os problemas de Direito Internacional Privado que aí se suscitam de forma especial e que norteiam o presente artigo. Esse objectivo será prosseguido em dois momentos lógicos correspondentes a duas importantes dimensões deste ramo do Direito: o <u>Direito da Competência Internacional</u> enquanto modo de determinação do foro competente para a resolução de litígios emergentes no contexto das "relações electrónicas" (dando particular atenção ao Regulamento n.º 44/2001[27] e o <u>Direito de Conflitos *stricto sensu*</u> enquanto modo de determinação da lei

---

[26] O aviso de recepção, não deixando se ser obrigatório, não determina a conclusão do contrato.

[27] Regulamento 44/2001 do Conselho, de 22 de Dezembro de 2000, relativo à competência judiciária, ao reconhecimento e à execução das decisões em matéria civil e comercial.

A RESOLUÇÃO DE LITÍGIOS NO CONTEXTO DA INTERNET

aplicável aos negócios celebrados nesse mesmo contexto (analisando de forma especial a Convenção de Roma de 1980[28].

Para delimitação de um estudo que não pode pretender abarcar em demasia sob pena de se perder numa improfícua ambição, apenas se tomará em consideração o *Direito Internacional Privado supranacional, em vigor na ordem jurídica portuguesa*. Nesta ordem de ideias, em cada um dos seguintes pontos, analisar-se-ão apenas as fontes jurídicas internacionais – que não as internas, constantes do Código Civil e do Código de Processo Civil – aplicáveis em Portugal.

3.1. Direito da Competência Internacional

A par da evolução a que, felizmente, vimos assistindo no âmbito do Direito interno, também na resolução de litígios de contornos internacionais deve fazer-se uso – tanto quanto possível – de meios extrajudiciais, ditos alternativos aos judiciais[29-30]. Não é demais relembrar a urgência de uma maior flexibilização e desburocratização da Justiça, através de um modelo que substitua a coercividade e imposição do direito "estrito" pela participação e autoreconhecimento nos regimes traçados ou escolhidos.

No particular contexto da Internet e sem qualquer pretensão de exaustividade, assumem especial interesse, seja pela entidade que os comanda, seja pelo seu *modus operandi*:

– o recurso a entidades administrativas como a Comissão Nacional de Protecção de Dados (CNPD) [31] ou o ICP-ANACOM[32];

---

[28] Convenção sobre a lei aplicável às obrigações contratuais aberta a assinatura em Roma em 19 de Junho de 1980 (80/934/CEE).

[29] Não obstante, apesar de comummente reputados como *Alternative Dispute Resolution Methods*, a maioria destes métodos não constitui verdadeiramente uma alternativa, não podendo, as mais das vezes, prescindir daqueles, seja para seu complemento, seja para assegurar uma tutela jurisdicional efectiva ou o duplo grau de jurisdição.

[30] *Vide*, Dário Moura Vicente, "Meios extrajudiciais de composição de litígios emergentes do comércio electrónico", *Direito da Sociedade de Informação*, separata do volume V, Coimbra, 2004, pp.145-183.

[31] Responsável pela emissão de decisões, com força obrigatória, de proibição temporária ou peremptória de tratamento, bloqueio ou destruição de bases de dados ofensivas de direitos e liberdades individuais.

[32] Entidade reguladora das telecomunicações, capaz de remover ou vedar o acesso a conteúdos disponíveis em linha, sem violar a reserva de jurisdição dos tribunais uma vez que, nem

− a mediação em linha[33];

− a arbitragem em linha[34];

− ou procedimentos *sui generis* como o *Uniform Domain Name Dispute Resolution Policy* (UDRP)[35] ou os *notice and take down procedures*[36].

Regulamento 44/2001

Para determinação do foro judicial competente para uma decisão jurisdicional nesta sede − e tornando a análise tão concisa quanto possível − debruçar-nos-emos preferencialmente sobre o Regulamento 44/2001 do Conselho, de 22 de Dezembro de 2000, diploma relativo à competência judiciária, ao reconhecimento e à execução das decisões em matéria civil e comercial (âmbito material de aplicação) que assegura a perenidade e aplicação do, muito semelhante, texto da Convenção de Bruxelas de 1968 às acções intentadas depois de 1 de Março de 2002 (âmbito temporal de aplicação). Não se deixará, contudo, de fazer também referência a este outro texto, realçando as razões e o resultado das principais alterações operadas pelo Regulamento, sempre que se julgue adequado.

---

a competência administrativa é exclusiva (depende de providências cautelares judicias), nem as suas decisões são definitivas (existe sempre direito de queixa junto da própria CNPD ou recurso para os tribunais administrativos), nem aquele princípio implica um monopólio da primeira palavra.

[33] Meio privado, informal, confidencial, voluntário e não contencioso de auxílio na procura de uma solução amigável de qualquer litígio, processada exclusiva ou fundamentalmente através de rede electrónica de comunicação − EcoDir e que pode ser reforçada por meio de mecanismos também informais de reconhecimento do seu cumprimento (nomeadamente, pela divulgação dos acordos na Internet ou pela incorporação de "selos" ou "ícones" em que se certifique que os fornecedores aderiram a determinado sistema de regulação extrajudicial, nas suas págs. *web*).

[34] Modelo de hetero-regulação por meio de sentenças judiciais proferidas por pessoas escolhidas entre as partes, convencionado, processado e decidido fundamentalmente através de uma rede electrónica de transmissão de dados, susceptível de execução coactiva pelos tribunais judiciais.

[35] Conjunto de regras complementares sobre tramitação e regime de decisão, aprovadas pela ICANN em 1999, para a resolução em linha de litígios sobre nomes de domínio, que não vincula senão as partes, nem dispensa a intervenção judicial quer para a atribuição de força geral quer, nomeadamente, para a determinação dos danos causados.

[36] Procedimentos de advertência e retirada de conteúdos disponíveis em rede, de acordo com o *Digital Millenium Copyright Act*.

A RESOLUÇÃO DE LITÍGIOS NO CONTEXTO DA INTERNET

Sem correspondência com aquele que seria o esquema metodológico adequado[37], o plano de exposição adoptado parece-nos justificado por razões didácticas – passe-se o aparente pretensiosismo – e de ginástica lógico-intelectual.

A inclusão num ou noutro dos seguintes preceitos, e a sua subsunção ao regime por eles gizado, há-de fazer-se unicamente pelo jogo das particulares circunstâncias do caso concreto, atenta a especialidade de cada um deles[38].

Em primeiro lugar, de acordo com o princípio da autonomia das partes e numa aproximação à Justiça extrajudicial, haverá que averiguar da existência de eventuais *pactos atributivos de jurisdição*, convencionados entre as partes, por meio dos quais, salvo estipulação em contrário, se atribui competência jurisdicional exclusiva[39] a determinado tribunal (*art. 23.º*).

Para a validade de uma convenção desta importância exige-se que, pelo menos uma das partes tenha domicílio num Estado-Membro; a atribuição se faça ao tribunal de um qualquer Estado-Membro; não afaste quaisquer competências exclusivas determinadas pelo art. 22.º; e preencha um de três requisitos que acautelam os interesses das partes: ser celebrada por escrito[40] ou verbalmente com confirmação escrita, ser conforme aos usos estabelecidos entre as partes ou, no comércio internacional, aos usos que as partes conheçam ou devam conhecer e que sejam amplamente conhecidos em tal comércio e regularmente observados pelas partes em contratos do mesmo tipo e ramo comercial[41].

---

[37] Que deve partir do mais particular dos critérios para o mais geral, de utilização residual.

[38] Sobre a matéria, cfr. Luís Lima Pinheiro, "Competência internacional em matéria de litígios relativos à Internet", *in Estudos em homenagem ao Professor Doutor Inocêncio Galvão Telles* (org. A. Menezes Cordeiro, L. Menezes Leitão, J. Costa Gomes), vol. V – *Direito Público e vária*, Coimbra, 2003, pp. 695 e ss.; Joakin St Oren, "International jurisdiction over consumer contracts in e-Europe", *International and Comparative Law Quarterly*, http://www.droit-technologie.org, 2001; Priscilla Moens, *Loi applicable et juge compétent: la CCI ne veut pas d'exception pour le consomateur*, http://www.droit-technologie.org, 2001.

[39] Pelo contrário, a Convenção de Bruxelas estabelece/ia presunção contrária, no sentido de que a atribuição de competência só será exclusiva se e quando isso seja expressamente definido pelas partes (art. 17.º).

[40] Por acréscimo relativamente ao texto da Convenção, o n.º 2 deste art. 23.º equipara a documento escrito qualquer comunicação electrónica que permita um registo duradouro, por exemplo, uma troca de emails, cartas ou faxes, com referência ao pacto (v. acórdão TCE 14/12/76), ou a aceitação de cláusulas contratuais gerais em sítios interactivos por um simples "click" num ícone.

[41] Preceito semelhante ao art. 9.º-2 da Convenção de Viena sobre a compra e venda internacional de mercadorias de 1980, de fácil aplicação no âmbito da Internet – espaço propício à

167

Acresce que, *ex vi* art. 23.º-5, nos especialmente tutelados contratos de seguros (art. 13.º), consumo (art. 17.º) ou trabalho (art. 21.º), se exigem adicionalmente determinadas características. Para este efeito, importa sobretudo realçar o preceituado no art. 17.º – na medida em que muitos dos negócios celebrados por via electrónica representarão provavelmente contratos de consumo – nos termos do qual, para protecção do consumidor, qualquer convenção desta natureza há-de (alternativamente) ser posterior ao nascimento do litígio[42], alargar o leque de tribunais indicados por aquela secção, ou atribuir competência ao tribunal do Estado-Membro onde consumidor e contraparte celebraram o pacto de atribuição de competência e tinham domicílio ou residência habitual, no momento da celebração do contrato, salvo se a lei desse EM não permitir tais convenções.

Nos restantes casos[43], recorrer-se-á ao regime geral traçado pelo Regulamento, que adiante se esboça e que, aliás, decorria já, em larga medida, do texto da Convenção de Bruxelas.

Assim sendo, e nos termos do *art. 2.º*, o *critério geral é o de que "as pessoas domiciliadas no território de um EM devem ser demandadas, independentemente da sua nacionalidade, perante os tribunais deste Estado"*.

No entanto, e apesar do auxílio dos novos arts. 59.º e 60.º da Convenção de Roma, que permitem quase uma determinação *ope legis* do elemento de conexão, particulares dificuldades se levantam pela deslocalização própria do comércio electrónico. Por esta razão defende Lima Pinheiro[44] a formulação de uma norma material, inspirada nos regimes do Comércio Electrónico e Contratos à Distância analisados *supra*, que obrigue os fornecedores de acesso à Internet a conferir a identidade real e localização do cliente a pessoas que tenham contratado através da Internet ou sofrido danos por qualquer actuação através deste meio.

Apenas assim não será quando, por qualquer das regras especiais (optativas para o A.) constantes das secções 2 a 7 (art. 3.º-1)[45], se atribua compe-

---

rápida formação de usos. Atente-se aliás a já indiscutível compreensão, numa ainda tão jovem área tecnológica, de um simples "click" como a aceitação do clausulado contratual proposto.

[42] Em clara derrogação do disposto no art. 23.º: *"têm competência para decidir quaisquer litígios que tenham surgido ou possam surgir de uma determinada relação jurídica"* (sublinhado nosso).

[43] Isto é, quando nada tenha sido convencionado pelas partes, ou a convenção seja, por qualquer razão, inválida.

[44] Lima Pinheiro, "Competência internacional em matéria de litígios relativos à Internet", cit., pp. 698.º e ss.

[45] Note-se que o Regulamento apenas considera especiais as competências resultantes dos arts. 5.º e segs., nomeadamente, as concernentes a matéria de responsabilidade contratual

A RESOLUÇÃO DE LITÍGIOS NO CONTEXTO DA INTERNET

tência ao tribunal de outro EM. Atente-se, em particular, os n.ºs 1 e 3 do art. 5.º e os arts. 15.º e segs. respeitantes, respectivamente, a relações contratuais, extracontratuais ou de consumo que, no seu conjunto e em diferentes planos, abarcam a generalidade das questões que podem ser suscitadas no âmbito das "relações electrónicas".

Desde logo, *em matéria contratual, uma pessoa com domicílio num EM pode ser demandada "perante o tribunal do lugar onde foi ou deva ser cumprida a obrigação em questão" (art. 5.º-1)).*

Cláusula geral que operará por si só (*vide* alínea c)), por determinação *lege causae*, quando as partes nada convencionem a este respeito e não sejam suficientes os critérios de concretização oferecidos na alínea b). De acordo com a referida alínea, o lugar do cumprimento da obrigação em questão será, consoante se trate de uma venda de bens ou de uma prestação de serviços, o lugar onde, nos termos do contrato, os bens foram ou devam ser entregues, ou os serviços foram ou devam ser prestados.

Note-se ainda a clarificação operada pelo Regulamento 44/2001 ao substituir a nebulosa e ambígua expressão "*lugar onde a obrigação que serve de fundamento ao pedido foi ou deva ser cumprida*" por "*lugar onde foi ou deva ser cumprida a obrigação em questão*", e acrescentar estas alíneas b) e c) ao correspondente art. 5.º-1 da Convenção de Bruxelas.

Embora a opinião seja discutível, parece-nos de entender o 1.º parágrafo da alínea b) como prescindindo totalmente do lugar do cumprimento da obrigação de pagamento[46], em favor do lugar do cumprimento da prestação característica (mesmo que o pedido se fundamente naquela obrigação de pagamento), no momento da determinação do foro competente para a disciplina de um contrato de compra e venda.

De facto, a referência feita a "*venda*" é dúbia havendo quem a entenda de forma estrita, no sentido de que a alínea apenas se refere àqueles casos em que a obrigação de entrega sirva de fundamento ao pedido. Sendo que, em consequência, se o pedido tiver por causa de pedir a obrigação de pagamento deverá ser autonomizado e regido não pela alínea b) mas pelas alíneas c) e a). Parece, no entanto, que na reforma da Convenção de Bruxelas se procurou, ao invés, limitar os inconvenientes do *dépeçage* e abarcar nesta alínea todo o fenómeno contratual implícito à compra e venda, independentemente da

---

e extracontratual. Não obstante, para este efeito, utilizarei a qualificação "especial" para qualquer desvio à regra enunciada.

[46] Que pode inclusivamente – como é o caso do art. 885.º do nosso Código Civil – apontar para o domicílio do credor, elemento de conexão a que o Regulamento é totalmente avesso.

questão que no caso em apreço seja trazida a juízo. Pelo exposto, consubstanciaria aquela outra tese um injustificado e indesejável retorno à complexidade e indefinição da redacção daquele preceito que o Regulamento veio alterar.

Nesta ordem de ideias, apenas quando entre as partes tenha sido estipulado noutro sentido, quando se não trate de um contrato de compra e venda ou de prestação de serviços, ou quando não seja possível determinar a prestação característica, se deve aplicar a residual alínea c).

Todavia, a Internet parece, adicionalmente, levantar dificuldades muitas vezes insuperáveis à determinação do lugar de cumprimento da *"obrigação em questão"*[47].

Por esta razão se propõe, com Lima Pinheiro[48], uma redução teleológica do art. 5.º-1 que, excluindo a aplicação do critério especial, terá de reconduzir-nos ao critério geral do art. 2.º. Isto por a solução de substituição pelo lugar da sede/residência habitual do fornecedor não convencer pela sua dispensabilidade (coincidindo com o domicílio do R. se a acção for proposta pelo adquirente) ou mesmo inconveniência (sujeitando o adquirente a um foro com o qual pode não ter conexão significativa, e incompatível com o espírito do Regulamento que é contrário ao foro do domicílio do A., se a acção for proposta pelo fornecedor).

Por outro lado, uma "relação electrónica" de base contratual, pode também caber na secção 4 do regulamento. Secção esta que se encontra imbuída de uma especial preocupação com os *contratos celebrados com consumidores*[49], definidos implicitamente pela sua forma de actuação no contrato, com *"finalidade que possa ser considerada estranha à sua actividade comercial ou profissional"*.

Desta forma se compreende que o *art. 16.º* estabeleça que, enquanto as *acções propostas pela contraparte do consumidor apenas podem ser intentadas*

---

[47] Por exemplo, dar-se-á por cumprida a obrigação no momento do "click" que consubstancia a celebração do negócio pela Internet? Se assim for, que local devemos tomar em consideração? O lugar onde o vendedor acede à Internet? Aquele onde o comprador acede à rede? Qualquer dos potenciais locais de acesso à Internet para compra daquele produto? Ou, por outro lado, o lugar de entrega? E que dizer acerca da determinação do lugar de pagamento, se o tomarmos como relevante para este efeito?

[48] Lima Pinheiro, "Competência internacional em matéria de litígios relativos à Internet", cit., pp. 699 e ss.

[49] Físicos (singulares) ou jurídicos (colectivos) – não se aplicando a barreira que resulta do elemento de conexão *"residência habitual"* da Convenção de Roma de 1980.

170

no seu domicílio, as que sejam propostas pelo consumidor podem também sê-lo no tribunal do domicílio da contraparte[50-51].

Para que as estatuições da presente secção se apliquem importa, *prima facie*, confirmar se o contrato em causa se inclui no seu âmbito material de aplicação, delimitado pelo art. 15.°-1. Para tal, pode um tal contrato ter por objecto a venda a prestações de bens móveis corpóreos, operações de crédito para o seu financiamento ou, no fundo, quaisquer outros tipos e matérias contratuais[52] como as relativas a programas de computadores, ficheiros de texto, músicas ou vídeos[53].

Nos termos da parte final da alínea c) deste art. 15.°-1, mais se exige que se verifique uma especial conexão com o Estado-Membro cujos tribunais se convocam. Por tudo isto, deverá o contrato ter sido celebrado no âmbito de uma actividade profissional:

– que determinada pessoa *"tem"* no EM do domicílio do consumidor; ou

– que essa pessoa *"dirige (...) por quaisquer meios* (sublinhado nosso), *a esse Estado-Membro ou a vários Estados incluindo esse Estado--Membro".*

Nesta parte, a reformulação do preceito permite abarcar uma gama muito mais vasta de formas de direccionamento da actividade, como sejam o envio de mensagens publicitárias por correio electrónico e a utilização do *site* do fornecedor, seja ele interactivo (permitindo a celebração em linha do contrato) ou passivo (que, por natureza, se limitará a divulgar o produto; por isso

---

[50] Ainda que seja fictício. Servirá sempre como alternativa para o A. relativamente à proposição no país do seu domicílio real -Lima Pinheiro, ob. cit. p. 698.

[51] Ou ainda no lugar onde o co-contratante do consumidor tenha sucursal, agência ou qualquer outro estabelecimento, quanto aos litígios relativos à sua exploração (v. art. 15.°-2).

[52] Neste ponto se mostra o Regulamento muito mais abrangente do que a Convenção de Bruxelas (ou a Convenção de Roma de 1980, como se demonstrará *infra*) que, ao invés, se aplica somente a contratos que tenham por objecto a prestação de serviços ou o fornecimento de bens móveis corpóreos, e desde que observadas as restantes condições exigidas, respectivamente, pelo art. 13.°-3 da Convenção de Bruxelas (v. nota 48) e pelo art. 5.° da Convenção de Roma (v. ponto 3.2, *infra*).

[53] De todo o modo, e de acordo com a leitura tecnologicamente neutral do Direito propugnada, sempre aqui se incluiriam os referidos negócios, através de uma compreensão da corporalidade com as adaptações que lhe pede o desenvolvimento ou, como propõe Lima Pinheiro, por aplicação analógica fundamentada numa mesma necessidade de protecção do consumidor.

se exigindo ainda que o *site* convide à celebração de contratos à distância e que tenha efectivamente sido celebrado, por qualquer meio, um contrato deste tipo)[54].

O chamado *zippo* ou *directing-test*, que estabelece a distinção entre *websites* activos/passivos, surgiu no caso *Zippo Manufacturing Co. v. Zipp Dot Com, Inc.*, de 1997. Segundo o referido caso, apenas os *sites* activos seriam passíveis de gerar responsabilidade para o fornecedor já que nos passivos, pelo contrário, em princípio não seria possível a conclusão negocial em linha. Apesar de ter sido pensado para violações de *trademarks*, que não para actividades comerciais, e abranger um leque de contratos muito mais vasto e conceitos muito diferentes, este método é muitas vezes aplicado para averiguar se a jurisdição pessoal baseada em actividades na *net* se coaduna com o *due process of law*.

Esta "isenção" deve, no entanto, ter-se por inaplicável neste contexto. O maior alcance dos fornecedores justifica que suportem o risco de ser demandados em qualquer um dos países que tocam; risco já existente na Convenção de Bruxelas (aliás em muito maior grau[55]), e sem impacto substancial na oferta de produtos por este meio. Até porque é de senso comum que os consumidores raramente propõem acções em contratos celebrados à distância.

Assim sendo, parece que uma qualquer "isenção" só pode decorrer de uma vontade objectiva imputada ao vendedor, resultante da análise de todos os factos da actividade comercial em causa que delimitem o âmbito espacial a que o fornecedor se lançou e ao qual deve ser sujeito, como sejam indícios de especificidade do *site*[56] ou o uso de *right-fence mechanisms*[57].

---

[54] Confronte-se o n.º 3 do art. 13.º da Convenção de Bruxelas onde se lê:

"*Relativamente a qualquer outro contrato que tenha por objecto a prestação de serviços ou o fornecimento de bens móveis corpóreos se:*

a) a celebração do contrato tiver sido precedida no Estado do domicílio do consumidor de uma proposta que lhe tenha sido especialmente dirigida ou de anúncio publicitário; e

b) o consumidor tiver praticado nesse Estado os actos necessários para a celebração do contrato."

[55] Veja-se que, como se transcreveu *supra*, no texto da Convenção, se exigia cumulativamente que a celebração do contrato tivesse sido precedida, no Estado do domicílio do consumidor, de proposta que lhe tivesse sido *"especialmente dirigida"* ou de anúncio publicitário e o consumidor tivesse *"praticado nesse Estado os actos necessários para a celebração do contrato"* (ainda assim menos exigente que a Conv. Roma que exige a prática de todos os actos necessários).

[56] Como sejam nomes de domínio com sufixos nacionais (.uk, pt), língua usada no *site*, definição das moedas aceites para pagamento ou número de conta estadual.

[57] Dos quais o mais simples será porventura a obrigatoriedade de indicação do domicílio antes da conclusão do contrato ou *mandatory registration process*.

Por último, *em matéria extracontratual,* de litígios respeitantes a direitos absolutos, não baseados numa qualquer relação contratual mas que podem muitas vezes surgir paralelamente, *oferecem-se ao A. não uma mas duas opções (nos casos em que não coincidam) àquele critério geral: o lugar do evento causal, i.e., "onde ocorreu" o facto danoso*[58] *ou o lugar de produção do dano, i.e., onde "poderá ocorrer o facto danoso" (art. 5.º-3).*

Densificando o preceito no que diz respeito a actos cometidos na rede, o lugar do evento causal será o lugar de actuação do agente ou aquele em que a mensagem é colocada na *net* (i.e., o lugar de expedição de uma mensagem de correio electrónico ou a partir do qual é carregada uma página web num servidor); mas já o lugar de produção do dano requer uma apreciação casuística em função do direito perturbado[59].

3.2. Direito de Conflitos *stricto sensu*

Convenção de Roma de 1980

É na Convenção Europeia n.º 80/934/CE que encontramos o regime que orienta, entre os EM, a procura da lei aplicável a obrigações contratuais (âmbito material de aplicação – art. 1.º-1) decorrentes de contratos celebrados após a entrada em vigor do diploma nesse EM[60] (âmbito temporal de aplicação – art. 17.º)[61].

A lei por esta forma determinada – *lex contratus* – disciplina o contrato em geral, num vasto âmbito que o art. 10.º enumera exemplificativamente do

---

[58] Inovação do Regulamento, que agora contempla directamente os casos de aplicação preventiva.

[59] Como exemplifica Lima Pinheiro, ob. cit., pp. 701-704, num caso de direitos de autor, aplicar-se-á o lugar onde a mensagem é colocada na rede sem autorização ou reproduzida por qualquer forma; num caso de propriedade intelectual, o lugar da prática do acto lesivo em país onde o direito é protegido; num caso de concorrência desleal, o lugar onde a vítima desenvolve a sua actividade; e num caso de ofensa ao bom nome, todos os lugares de acesso em que o ofendido seja conhecido.

Outras vozes se elevam, contudo, no sentido de uma justa sobrecarga do fornecedor, que beneficia consideravelmente do uso deste meio, tornando-o "accionável" em qualquer dos lugares onde se pode aceder ao seu *site*. Solução esta que nos parece demasiadamente onerosa.

[60] No caso português, após 1 de Setembro de 1994.

[61] Note-se que nos limitaremos, para este efeito, à análise do referido diploma e, por conseguinte, das ditas "relações electrónicas" de base contratual, evitando considerações de outra índole que nos conuziriam forçosamente às normas de conflitos vigentes no nosso ordenamento jurídico, contantes dos artigos iniciais do Código Civil.

seguinte modo: interpretação, cumprimento e incumprimento (danos e suas consequências), causas e consequências de extinção (incluindo expressamente a prescrição e caducidade[62]) e invalidade. Quanto aos modo de cumprimento e às medidas que o credor deve tomar no caso de cumprimento defeituoso atender-se-á sempre, no entanto, à lei do país onde é cumprida a obrigação.

Um diploma estruturalmente semelhante ao da Convenção de Bruxelas de 1968 com a qual começou aliás a ser feita em paralelo apesar de esta, pelas grandes dificuldades de uniformização, só mais tardiamente ter visto a luz do dia.

A *regra geral traçada pelo art. 3.º*, mais uma vez favorável à autonomia das partes, reside na *lei escolhida pelas partes* para uma parte[63] ou para a totalidade do contrato. Esta escolha (real) pode ser expressa ou tácita, na medida em que resulte inequivocamente das disposições do contrato ou das circunstâncias da causa.

Contudo, como bem nota Elsa Dias Oliveira[64], no âmbito dos contratos de consumo em que, como vimos, se pode circunscrever em traços largos o comércio electrónico, esta opção pode não ser a mais favorável para o consumidor, parte contratual mais fraca, muitas vezes instigado a escolher a lei que ao fornecedor mais convém.

Supletivamente, i.e., na ausência de escolha, estatui o *art. 4.º-1* que o contrato será regulado pela *lei do país com o qual apresente uma conexão mais estreita*.

Cláusula geral a concretizar, em princípio, de acordo com a presunção do n.º 2, nos termos do qual se presume que o contrato apresenta uma conexão mais estreita com o país onde a parte que está obrigada a fornecer a prestação característica do contrato tem, no momento da celebração do contrato, a sua residência habitual/administração central ou, se o contrato for celebrado no exercício de uma actividade económica ou profissional dessa parte, o país do seu estabelecimento principal/estabelecimento onde a prestação deve ser for-

---

[62] Solucionando eventuais, e fundamentadas, dúvidas de qualificação emergentes da comparação de diferentes sistemas jurídicos, nomeadamente os de *civil law* e *commonlaw*.

[63] Na medida em que o *dépeçage* não desfigure o contrato nem destrua o sinalagma contratual.

[64] Elsa Dias Oliveira, "Lei aplicável aos contratos celebrados com consumidores através da Internet e tribunal competente", *Estudos de direito do consumidor*, n.º 4, Coimbra, 2002, p. 221.

necida. Só assim não será nos casos de inadmissibilidade da presunção elencados no n.º 4 ou naqueles casos em que, de acordo com o n.º 5, a prestação característica não seja determinável (bastante frequentes), ou em que o conjunto das circunstâncias do contrato ilidam a presunção, apontando uma conexão mais estreita com outro país[65].

No comércio electrónico, além do problema de determinação da prestação característica referido *supra*, coloca-se ainda a dificuldade de determinação da residência/habitual de fornecedor, muitas vezes deslocalizado ou oferecendo como única referência um endereço electrónico que pode não o traduzir fidedignamente. Ter-se-á neste caso de ponderar, sempre que possível, quaisquer outros elementos, como sejam as iniciais do país servidor, se constantes do endereço, e na medida em que não tenham carácter genérico ou indefinido[66].

Face a estas considerações, e afastando liminarmente a hipótese demasiadamente parcial de Verbiest[67] e Timóteo Pereira[68], no sentido de que a prestação característica será sempre a entrega do bem pelo fornecedor, parece que as mais das vezes a presunção não poderá pura e simplesmente aplicar-se. Caso contrário, pela aplicação da lei que lhe é mais familiar, beneficiar-se-ia nitidamente o fornecedor em detrimento daquela que é a parte mais débil na relação contratual.

Restará a aplicação da cláusula geral de conexão mais estreita, uma vez mais, a densificar perante as particulares circunstâncias do caso concreto.

A particular debilidade do *consumidor* justifica também neste diploma um critério especial que aqui funciona a dois níveis distintos: como limite negativo face à escolha feita de acordo com o art. 3.º (determinando a *inadmissibilidade de uma escolha que prive o consumidor da protecção mais favorável de normas imperativas da lei da sua residência habitual – art. 5.º-2)* e como *elemento de conexão para a determinação da lei subsidiariamente competente nos termos do art. 4.º (art. 5.º-3)*.

Assim se salvaguarda o "ambiente do consumidor", a considerar naqueles casos que se circunscrevam no âmbito material (comum) de aplicação do artigo, i.e., contratos celebrados por consumidores, e preencham uma das três alternativas do n.º 2 – ilustração necessária da conexão com o Estado da resi-

---

[65] Não teria sido, porventura, mais proveitoso prescindir desta técnica presuntiva em prol de um catálogo determinativo como o suíço?

[66] Como seria o caso das iniciais.org e.com.

[67] Thibault Verbiest, *Commerce eléctronique: loi applicable et jurisdiction compétente (une synthèse)*, http://www.droit-technologie.org, 2002.

[68] J. Timóteo Pereira, ob. cit., pp. 704 e ss..

dência habitual[69] e da situação de convencimento passivo do consumidor, que motiva a especial necessidade de protecção[70]. Quanto ao primeiro aspecto (âmbito material de aplicação), retomam-se no essencial as considerações tecidas *supra* quanto ao equivalente art. 15.º do Regulamento[71], sendo apenas de sublinhar que o seu objecto é ainda delimitado daquela mesma forma estrita da Convenção de Bruxelas, que o Regulamento veio posteriormente alargar[72]. Já para o preenchimento dos requisitos daquele n.º 2, que se há-de aplicar para efeitos quer do n.º 2 quer do n.º 3 deste art. 5.º da Conv. de Roma, necessário será que:

Tendo o essencial da negociações decorrido nesse lugar:

i. a celebração do contrato tenha sido precedida, nesse país, de uma proposta que lhe foi especialmente dirigida ou de anúncio publicitário e o consumidor tenha executado nesse país todos os actos necessários à celebração do contrato;

ii. ou que a outra parte, ou o respectivo representante, tenha recebido o pedido do consumidor nesse país;

Ou, tendo o essencial decorrido em qualquer outro lugar:

iii. que o vendedor tenha organizado a viagem do consumidor a outro país para aí o incitar a comprar e o consumidor se tenha efectivamente deslocado, tendo aí feito o seu pedido.

Retomando o enfoque sobre o comércio electrónico, saliente-se apenas a maior exigência da Conv. de Roma, muito próxima mas ainda superior à da Conv. de Bruxelas, que o Regulamento veio flexibilizar.

No entanto, e na leitura conforme à evolução tecnológica proposta, para a primeira parte do ponto i. terá de bastar um mero convite a contratar comunicado por correio electrónico, transmissão televisiva, catálogo enviado por correio ou Internet, salvo se o fornecedor se tiver salvaguardado por meio de quaisquer *right-fence mechanisms*. Por outro lado, se ao exigir a execução nesse país de todos os actos necessários à execução do contrato a Conv. de Roma retoma os problemas de determinação do que sejam "*actos necessários*

---

[69] Cfr. Lima Pinheiro, ob. cit., pp. 223 e ss..

[70] Cfr. Elsa Dias Oliveira, ob. cit.

[71] *Vide* ponto 3.1.2.

[72] Estatui o art. 5.º-1 da Convenção de Viena: "*o presente artigo aplica-se aos contratos que tenham por objecto o fornecimento de bens móveis corpóreos ou de serviços a uma pessoa, o «consumidor», para uma finalidade que pode considerar-se estranha à sua actividade profissional, bem como aos contratos destinados ao financiamento desse fornecimento*".

à *execução do contrato*", bastar-nos-emos, neste contexto e para este efeito, com a assinatura de determinado documento, o envio da encomenda, o "click" sobre o ícone "aceito" ou, segundo Lima Pinheiro, o acesso a um *website* interactivo.

Quanto ao ponto *iii.*, suficiente parece que aquela viagem tenha sido organizada através da Internet e que, no *site*, se incite à compra no local de destino[73].

Assim se evita o injustificado benefício do fornecedor[74] e se dão mais alguns passos no sentido da compreensão do verdadeiro sentido do princípio da unidade e coerência do sistema jurídico.

Ressalve-se, não obstante, a *aplicação imperativa de certas normas materiais do foro*, espacialmente autolimitadas que, pela sua especial intensidade valorativa, reclamam aplicação independentemente da lei normalmente competente (de que são exemplos normas de direito cambiário, bancário ou de protecção dos consumidores) – art. 7.°-2.

4. Considerações Finais

Retomando as considerações introdutórias tecidas *supra*, o fenómeno da Internet ganha entre nós, a par e passo, uma crescente e multidimensional importância, sobretudo à medida em que se tende também para a sua massificação e democratização.

Sempre se tem dito que as instituições morais ou religiosas reagem, tendencialmente, contra a Ciência e o progresso. A novidade com que nos deparámos foi o reconhecimento de que em semelhante sentido tem andado a nossa comunidade jurídica, fechando os olhos não tanto às evidentes transformações tecnológicas como aos verdadeiros contornos do fenómeno. Com efeito, toda esta era de inovação, mais do que abrir uma fissura relativamente à sociedade que a antecedeu exige apenas[75] uma reconfiguração dessa mesma

---

[73] Neste sentido, Elsa Dias Oliveira, ob. cit., pp. 230-231.

[74] Numa perspectiva que nos parece também demasiadamente laxativa, Verbiest, apontando a passividade do fornecedor na *web*, considera que este apenas poderá ser abrangido por este pedaço do preceito quando efectue ofertas não solicitadas, nomeadamente, fazendo aparecer automaticamente o seu *site* em determinado écran de busca.

[75] O advérbio *apenas*, longe de uma desvalorização do peso e das implicações de tais mudanças e da propugnada reconfiguração, pretende quebrar o dramatismo das teorias transformacionistas que continuam a tomar por mais adequadas e evidentes (será?) as soluções de completa ruptura e reedificação.

sociedade, dos seus quadros mentais e forma de organização no caminho para a Modernidade.

É certo que a novidade gera comummente perplexidade e estranheza perante o desconhecido. Mas é também certo que a mudança deve ser recebida como tal, sem medo das implicações que possa e venha a ter, longe da rejeição ou desconfiança inflexíveis.

Acresce que a reacção a esta revolução transversal, operada pelas novas tecnologias de informação e comunicação, não parece diferir em muito daquela que caracterizou os nossos antepassados perante a descoberta da electricidade. Também a este fenómeno se procurou o mundo adaptar como recuperando da ruptura criada. Também este foi acolhido num misto de entusiasmo e receio perante uma forma de energia que, aparentemente, fugia aos padrões de corporalidade anteriormente conhecidos. Hoje, mais de um século volvido, redefinimos o nosso conceito de corporalidade não tanto para se adaptar a estas inovações mas porque, neste percurso de conhecimento que é a vida, descobrimos que, perante a heterogeneidade que o mundo nos oferece, um tal conceito não pode ser tão redutor.

A evolução talvez deva passar mais pela descoberta e readequação do que pela ruptura e reconstrução. Tal raciocínio há-de aplicar-se *cum grano salis* à Internet (que hoje vivemos ainda naquela primeira fase de estranheza e adaptação, como se de uma ruptura se tratasse). Esperemos que o conhecimento histórico possa valer-nos contra uma tendência de multiplicação legislativa que dilacera o pensamento e a pesquisa jurídica. É que, bem vistas as coisas, e passado o imediato espanto, também esta nos parece uma natural ilustração de desenvolvimento que não exigirá, no essencial, grandes piruetas para ser recebido na maior parte das nossas leis. Quanto ao restante, não terá o legislador nacional ou europeu qualquer constrangimento em dissertar sobre o assunto.

Basta de exercícios de demonstração de criatividade, desnecessários ou puramente teóricos, que caiam no esquecimento daqueles que, fazendo hoje uso da Internet e desconhecendo na totalidade a imensidão de diplomas que procurámos catalogar, se queixam das ameaças e perigos que correm e dos quais julgam não estar (se é que estão mesmo!) protegidos.

Se pode valer a opinião de quem ainda há pouco se lançou nesta pesquisa, a solução passará mais facilmente por um esforço acrescido de compreensão da Internet e das suas potencialidades; de conhecimento e divulgação dos inúmeros instrumentos de regulação já existentes; de inclusão (na medida do possível), no Direito existente, por via interpretativa ou integrativa; e, apenas em última análise, pela criação de novos diplomas efectivamente necessários a um correcto funcionamento das "relações electrónicas" e a uma maior protecção e confiança dos seus utilizadores.

Inexplicavelmente, o percurso seguido tem sido o inverso.

No que concerne especificamente às questões de Direito Internacional Privado que aqui se podem suscitar (que constituem o objecto central deste artigo e que sempre procurámos ter por Norte, mesmo quando empreendemos por considerações de natureza mais genérica) reitera-se a posição que propugnamos e temos vindo a gizar.

Apesar das inegáveis dificuldades suscitada por negócios jurídicos[76] tão deslocalizados nada parece, em abstracto, afastar a possibilidade de regulação por meio das normas e diplomas "comuns" de Direito Internacional Privado, vigentes em determinado ordenamento jurídico[77], lidas de forma tecnologicamente neutral[78]. Se é certo que nem sempre a operação se afigura simples, por outro, as mesmas dificuldades se colocam, as mais das vezes, perante litígios estranhos a este contexto. Acresce que, nem estas se colocam normalmente em termos insuperáveis, nem o legislador poderia ter a pretensão de abarcar todo o universo do "ser", nem a actividade interpretativa poderá, de qualquer forma, e em qualquer caso, ser dispensada.

No *terminus* de um trabalho, que se quis sintético e fundamentalmente analítico, prescindir-se-ão de mais detidas conclusões.

A inovação tecnológica continuará certamente a marcar e redimensionar, de forma crescente, o curso dos nossos dias. Resta saber se a sociedade estará preparada para dispender mais tempo na sua compreensão, no reconhecimento da evolução que representa e no acolhimento da especificidade que acrescenta, em vez de se deixar petrificar pela mudança ou de se escudar contra a diferença.

Se o Direito é, de facto, "um continente de que conteúdo são os fenómenos sociais na sua contante mutação"[79], como pode pretender coarctar o

---

[76] Particularizando propositadamente o universo de relações jurídicas possíveis e concebíveis.

[77] A título exemplificativo, e por serem de facto diplomas frequentemente convocados no nosso ordenamento jurídico – de onde logicamente partimos – pelo seu âmbito de aplicação material e espacial, o Regulamento 44/2001 (quanto à determinação do foro competente) e da Convenção de Roma de 1980 (quanto à determinação da lei aplicável a obrigações contratuais), que analisámos *supra* (pontos 3.1 e 3.2)

[78] A que têm, inclusivamente, sido feitas algumas alterações que tornam clara essa sua aptidão para a regulação deste novo "pedaço de vida".

[79] Como já em 1999 defendia Inocêncio Galvão Teles na sua Introdução ao Direito, volume I, Coimbra, 2001, p. 40.

desenvolvimento? Se o Direito brota da vida em sociedade, por forma a disci-
pliná-la, como pode ser indiferente às evoluções que decorrem no plano do
ser? Se este conceito de Direito em que acreditamos conserva ainda a sua validade, então o Jurídico, em torno de um conjunto de "princípios perenes porque conformes com a natureza permanente do homem" [80], não pode deixar
de ser concebido como um livro aberto à inclusão dos novos conteúdos que o
próprio mundo vai fazendo surgir.

SINOPSE DA REGULAÇÃO DOS PROBLEMAS DE DIREITO INTERNACIONAL PRIVADO NO CONTEXTO DA INTERNET

DIREITO DA COMPETÊNCIA INTERNACIONAL

Regulamento 44/2001

PACTO ATRIBUTIVO DE JURISDIÇÃO (art 23.º)
– requisitos   domicílio de uma das partes num Estado-Membro
                atribuição de competência ao tribunal de um Estado-Membro
                exigência alternativa do n.º 1
                exigências especiais dos art 17.º *ex vi* art 23.º-5 (alternativas
                entre si)
– consequência – atribuição de competência exclusiva

CRITÉRIO GERAL (art 2.º) = *tribunal do domicílio do Réu*, num Estado-Membro

CRITÉRIO ESPECIAL (art 3.º-1) EM MATÉRIA CONTRATUAL (art 5.º-1)
= *tribunal do lugar onde foi ou deva ser cumprida a obrigação em questão*

determinação *lege causae*
⇓
concretização supletiva para certos casos (alínea b)
⇓
dificuldades insuperáveis
⇓
redução teleológica art 5.º-1 = exclusão do critério especial
= critério geral art 2.º

---

[80] Inocêncio Galvão Teles, ob. cit., p. 40.

Convenção de Bruxelas de 1968 art 5.º-1	Regulamento 44/2001 art. 5.º-1
"Em matéria contratual, perante o tribunal do lugar onde a obrigação que serve de fundamento ao pedido foi ou deva ser cumprida (…);"	"a) Em matéria contratual, perante o tribunal do lugar onde foi ou deva ser cumprida a obrigação em questão; b) Para efeitos da presente disposição e salvo convenção em contrário, o lugar do cumprimento da obrigação em questão será: – no caso da venda de bens, o lugar num Estado-Membro onde, nos termos do contrato, os bens foram ou devam ser entregues, – no caso da prestação de serviços, o lugar num Estado-Membro onde, nos termos do contrato, os serviços foram ou devam ser prestados; c) Se não se aplicar a alínea b), será aplicável a alínea a);"

CRITÉRIO ESPECIAL (art. 3.º-1) EM MATÉRIA EXTRACONTRATUAL (art. 5.º-3) = tribunal do lugar onde ocorreu ou poderá ocorrer o facto danoso (alternativa para o A. entre o lugar do evento causal e o lugar de produção do dano, em caso de não coincidência)

Convenção de Bruxelas de 1968 art. 5.º-3	Regulamento 44/2001 art. 5.º-3
"Em matéria extracontratual, perante o tribunal do lugar onde ocorreu o facto danoso"	"Em matéria extracontratual, perante o tribunal do lugar onde ocorreu ou poderá ocorrer o facto danoso."

CRITÉRIO ESPECIAL (art. 3.º-1) EM MATÉRIA DE CONTRATOS COM CONSUMIDORES (secção 4 – arts. 15.º ss)

Contrato com consumidor:

Objecto – venda a prestações de bens móveis corpóreos <u>ou</u> operações de crédito para o seu financiamento <u>ou</u> qualquer outro contrato (em certas condições – al.c))

Fornecedor – actuação no quadro de actividade comercial ou profissional (ou fora dela desde que o consumidor o desconheça e não devesse conhecê-lo)

Consumidor – definido implicitamente pela finalidade do contrato:

- <u>acção proposta pelo consumidor</u> (16.º-1): tribunal do EM do *domicílio do consumidor;* tribunal do *domicílio da contraparte*/domicílio "fictício" (art.15.º-2)
- <u>acção proposta pela contraparte</u> (16.º-2): tribunal do EM do *domicílio do consumidor*

DIREITO DE CONFLITOS STRICTO SENSU

Convenção de Roma de 1980

Regra geral (art. 3.º) – lei escolhida pelas partes (escolha real)

Critério supletivo (art. 4.º) = lei com a qual o contrato apresente conexão mais estreita

- *concretização*: presunção do n.º 2: país onde a parte que está obrigada a fornecer a prestação característica tem a sua residência habitual/administração central, no momento da celebração; indeterminação (n.º 5); ilisão pelo conjunto das circunstâncias do contrato (n.º 5)

Critério especial, de aplicação *in mellius*, para contratos celebrados por consumidores (art. 5.º)

= lei da residência habitual do consumidor (ambiente do consumidor) funcionando como limite negativo face ao art. 3.º (inadmissibilidade de escolha que prive o consumidor de protecção mais favorável de normas imperativas da lei da sua residência habitual) e como elemento de conexão para a determinação da lei subsidiariamente competente (art. 4.º)

Contrato celebrado por consumidor.

Objecto – contratos de fornecimento de bens móveis corpóreos ou serviços <u>ou</u> contrato de financiamento desse fornecimento;

Fornecedor – actuação no quadro de actividade profissional (ou fora dela desde que o consumidor o desconheça e não devesse conhecê-lo);
Consumidor – Pessoa singular definida implicitamente pela finalidade do contrato.

+ uma das alternativas do n.º 2: demonstração de convencimento passivo do consumidor e de conexão com o estado da lei determinada

Convenção de Bruxelas art. 13.º	Regulamento 44/2001 art. 15.º-1
"1. Quando se trate de venda a prestações de bens móveis corpóreos; 2. Quando se trate de empréstimo a prestações ou de outra operação de crédito relacionados com o financiamento da venda de tais bens; 3. Relativamente a qualquer outro contrato que tenha por objecto a prestação de serviços ou o fornecimento de bens móveis corpóreos se: a) A celebração do contrato tiver sido precedida no Estado do domicílio do consumidor de uma proposta que lhe tenha sido especialmente dirigida ou de anúncio publicitário; e b) O consumidor tiver praticado nesse Estado os actos necessários para a celebração do contrato.(…)"	"a) Quando se trate da venda, a prestações, de bens móveis corpóreos; ou b) Quando se trate de empréstimo a prestações ou de outra operação de crédito relacionados com o financiamento de tais bens; ou c) Em todos os outros casos, quando o contrato tenha sido concluído com uma pessoa que tem actividade profissional no Estado-Membro do domicílio do consumidor ou dirige essa actividade, por quaisquer meios, a esse Estado-Membro ou a vários Estados incluindo esse Estado-Membro, e o dito contrato seja abrangido nessa actividade."

CONVENÇÃO DE ROMA art. 5.º	CONVENÇÃO DE BRUXELAS art. 13.º-3
"Se a celebração do contrato tiver sido precedida, nesse país, de uma proposta que lhe foi especialmente dirigida ou de anúncio publicitário e se o consumidor tiver executado nesse país todos os actos necessários à celebração do contrato; ou Se a outra parte ou o respectivo representante tiver recebido o pedido do consumidor nesse país; ou Se o contrato consistir numa venda de mercadorias e o consumidor se tiver deslocado desse país e aí tiver feito o pedido, desde que a viagem tenha sido organizada pelo vendedor com o objectivo de incitar o consumidor a comprar."	"a) A celebração do contrato tiver sido precedida no Estado do domicílio do consumidor de uma proposta que lhe tenha sido especialmente dirigida ou de anúncio publicitário; e b) O consumidor tiver praticado nesse Estado os actos necessários para a celebração do contrato.(...)"

BIBLIOGRAFIA

BAPTISTA MACHADO, João – *Lições de Direito Internacional Privado*, Coimbra, Almedina, 2002

CORREIA, Miguel Pupo – "Contratos à distância: uma fase na evolução da defesa do consumidor na sociedade da informação?", *Estudos de direito do consumidor*, n.º 4, Coimbra, Coimbra Editora, 2002

LIMA PINHEIRO, Luís – *Direito Internacional Privado*, volume I, 2003, e volume II, 2002, Coimbra, Almedina

LIMA PINHEIRO, Luís – "Competência internacional em matéria de litígios relativos à Internet", *Estudos em homenagem ao Professor Doutor Inocêncio Galvão Telles* (org. A. Menezes Cordeiro, L. Menezes Leitão, J. Costa Gomes), vol. V – *Direito Público e vária*, Coimbra, Almedina, 2003

GONÇALVES, Maria Eduarda – *Direito da Informação*, Coimbra, Almedina, 2003

Guia do consumidor para o comércio electrónico, http://www.ic.pt, 2001

MOENS, Priscilla – *Loi applicable et juge compétent la CCI ne veut pas d'exception pour le consommateur*, http://www.droit-technologie.org, 2001

MOURA VICENTE, Dário – "Direito Internacional Privado", *Ensaios*, II, Coimbra, Almedina, 2005

OLIVEIRA, Elsa Dias – "Lei aplicável aos contratos celebrados com consumidores através da Internet e tribunal competente", *Estudos de direito do consumidor*, n.º 4, Coimbra, Centro de Direito do Consumo, 2002

A RESOLUÇÃO DE LITÍGIOS NO CONTEXTO DA INTERNET

PEREIRA, J. Timóteo – *Compêndio Jurídico da Sociedade da Informação*, Lisboa, Quid Juris, 2004

ST OREN, Joakim – "International Jurisdiction over Consumer Contracts in e-Europe", *International and Comparative Law Quarterly*, Oxford Univ. Press/BIICL, 2001

VERBIEST, Thibault – *Commerce eléctronique: loi applicable et jurisdiction compétente (une synthèse)*, http://www.droit-technologie.org, 2002

VERBIEST, Thibault; WERY, Etienne – *Commerce eléctronique par le téléphone mobile (m-commerce) un cadre juridique mal défini*, http://www.droit-technologie.org, 2004

WALDEN, Ian – "Regulating electronic commerce: Europe in the global economy", *O comércio electrónico: estudos jurídico-económicos* (coord. Glória Teixeira *et al.*), Coimbra, Almedina, 2002

Vida
académica

Arguição da Dissertação de Doutoramento em Direito da Mestre Helena Maria Pereira de Melo Subordinada ao Tema Implicações Jurídicas do Projecto do Genoma Humano: Constituirá a Discriminação Genética uma Nova Forma de Apartheid?

Rui Nunes[1]

Congratulo-me pelo facto da candidata ao grau de Doutor – Mestre Helena Maria Pereira de Melo – ter escolhido a problemática do Genoma Humano como objecto de investigação. De facto, a possibilidade de prever o futuro biológico de cada ser humano é hoje possível pela análise da informação disponível sobre o património genético, através do desenvolvimento do Projecto Genoma Humano, permitindo, assim, o diagnóstico precoce da vasta maioria das anomalias genéticas, monogénicas ou multifactoriais. A detecção, *in vivo* ou *in vitro*, de afecções de manifestação tardia, bem como de características somáticas ou traços psico-afectivos, confere à tecnologia genética potencialidades ainda mais amplas[2].

Mas, se a comunidade científica abraçou este empreendimento com a curiosidade e expectativa habituais a qualquer megaprojecto, dispensou, igualmente, parte substancial dos seus recursos para o estudo aprofundado das questões éticas e jurídicas despertadas pela análise do genoma humano.

Assim, iniciava a apreciação e discussão da Dissertação questionando a candidata sobre os motivos pelos quais seleccionou este tema de investigação.

Mergulhando no texto que suporta a Dissertação verifica-se que se trata de um extenso estudo com 1378 páginas, divididas em quatro grandes partes, com 4319 notas de rodapé e 1596 referências bibliográficas actualizadas nesta temática.

---

[1] Professor Catedrático da Faculdade de Medicina da Universidade do Porto.

[2] Nunes R (Relator) "Relatório/Parecer 43/CNECV/2004 sobre o Projecto de Lei N.º 28/IX Informação Genética Pessoal e Informação de Saúde" Documentação 9, Ano 2004, Conselho Nacional de Ética para as Ciências da Vida, Presidência do Conselho de Ministros, P. 23-43, Lisboa, 2004.

Dividirei esta arguição em três componentes essenciais, nos termos do que foi previamente acordado entre os membros do júri. Assim, abordarei sequencialmente:

a) o conceito proposto pela candidata de Genoma Humano e a sua relação com a identidade genética pessoal, nomeadamente face à plausibilidade da discriminação em razão da constituição genética;

b) a importância da atribuição de um estatuto ético e jurídico ao embrião humano no quadro da aplicação das novas tecnologias de reprodução humana, tal como o diagnóstico genético pré-implantação (DGPI) e o diagnóstico pré-natal (DPN);

c) a intervenção programada no Genoma Humano, nomeadamente na dimensão terapêutica – a terapia génica – e na esfera do melhoramento – o eugenismo.

Refere a candidata na página 41 da Dissertação que, e passo a citar, "quando nos referimos ao «genoma de uma espécie», referimo-nos ao conjunto do suporte material da sua hereditariedade, à colecção de genes que se encontram presentes na sua totalidade em cada uma das células de cada indivíduo da espécie. Por sua vez, quando aludimos ao «genoma de cada indivíduo», aludimos à soma dos genomas presentes em cada uma das células…" fim de citação.

Em meu parecer para apreciar devidamente o fenómeno vital torna-se fundamental ter uma visão simultaneamente mais abrangente e mais estrita de "Genoma Humano", nomeadamente na intersecção com o conceito de vida humana sendo interessante obter um comentário da parte da candidata da perspectiva que passo a referir.

De facto, o genoma compreende o património genético de cada ser humano, identificando-o com a espécie a que pertence. Mas, será que podemos realmente encontrar nos 30-50.000 genes característicos da espécie humana uma definição de vida humana? Em meu parecer, vida humana refere-se a qualquer célula ou conjunto de células cujo património genético seja, na sua essencialidade, de origem humana.

Vida humana refere-se, então, a um processo contínuo ao longo dos dias, anos, séculos e milénios, de propagação da nossa espécie, independentemente de cada existência individual e do ser humano como um todo. O património genético humano, se bem que variável ao longo das gerações como garante da necessária adaptação a novos parâmetros evolutivos, tem assegurada a sua permanência irreversível na natureza, enquanto subsistir a nossa espécie. Em consequência, a questão pertinente a colocar não deve ser "o que é ou quando começa a vida humana", mas sim, quando é que esta é relevante do ponto de vista ético e, a jusante, do ponto de vista jurídico[3].

Por outro lado, qual a relação entre o Genoma Humano e a pessoa humana? Esta, de toda a evidência, vai-se desenvolvendo progressivamente, desde a concepção até à morte biológica, atingindo a sua influência máxima na ocasião em que um ser humano atinge a idade da razão[4]. O raciocínio, permitindo a manifestação de características especificamente humanas, é condição suficiente, embora não absolutamente necessária, para a inserção na comunidade moral humana. Na verdade, o raciocínio é suficiente para identificar uma personalidade humana; mas um indivíduo humano pode existir mesmo sem dispor de raciocínio. O ser humano, independentemente de já ter ou não nascido, é o suporte material da vida humana. Na sua evolução, está permanentemente a enriquecer a sua capacidade de auto-reconhecimento até ao momento em que dispõe de autoconsciência deste auto-reconhecimento.

Aqui, sim, começa a estruturar-se a pessoa humana, por um processo de memorização da cultura exterior simbólica e de invenção que só termina com a demência ou com a morte. Desta forma, não pode definir-se com clareza um ponto a partir do qual surge uma nova pessoa humana. Esta vai-se progressivamente transformando, recorrendo à potencialidade inerente ao seu património genético. Ou seja, recorrendo ao seu genoma. E a influência do ambiente, desde os primeiros momentos de vida intra-uterina, ajuda a moldar o espírito humano, adaptando-o à nova realidade da vida em sociedade.

Logo, deduz-se facilmente que a pessoa humana não se reduz ao seu património genético. Concordará porventura com esta afirmação mas gostava de ouvir a sua opinião. Qualquer forma de determinismo genético é, assim, inconsistente com uma visão personalista das relações humanas, sendo a pessoa humana mais do que a soma algébrica do genoma e do ambiente (como refere na página 1164 e seguintes). Existe um efeito multiplicador nesta inter-relação dado que a pessoa humana é sempre uma realidade autónoma que se vai lentamente transformando nela própria de um modo verdadeiramente singular[5].

---

[3] Neste contexto, o conceito de gerações futuras – amplamente abordado nesta Dissertação – é uma verdadeira abstracção, mas talvez necessária para se definirem políticas sociais a longo prazo. Biologicamente, contudo, as futuras gerações não existem, ou só já existem em termos de potencial biológico. Não é possível uma separação completa e integral entre uma geração e as seguintes. Ver Nunes R: "Questões éticas do diagnóstico pré-natal da doença genética", Faculdade de Medicina da Universidade do Porto, Porto, 1995 (Dissertação para obtenção do grau de Doutor).

[4] Nunes R: "A vida humana: início e termo", Humanística e Teologia 17, N.º 3: 341-349, 1996.

[5] Nunes R: "A identidade genética", Cadernos de Bioética N.º 22; 2000: 3-15.

Pergunto, então, à candidata porque é que o Direito atribui uma importância considerável à identidade genética pessoal a ponto de merecer protecção constitucional. Aliás, a Dissertação dedica largas dezenas de páginas a este tópico – entre as páginas 451 e 483 – onde explicitamente se invoca o n.º 3 do artigo 26.º da Constituição da República que refere que "A Lei garantirá a dignidade pessoal e a identidade genética do ser humano, nomeadamente na criação, desenvolvimento e utilização das tecnologias e na experimentação científica".

Este preceito constitucional não poderá originar uma consequência paradoxal, mesmo perversa, em relação ao bem ético e jurídico que pretendia salvaguardar? Tendo apenas em atenção esta norma constitucional, e a título de exemplo, um investigador na área da medicina da reprodução não poderá reclamar para si o direito de utilizar a tecnologia da clonagem humana por transferência somática nuclear, uma vez que está cientificamente comprovado que não existe identidade genética entre os dois seres humanos concebidos por esta técnica devido à dissemelhança dos genes mitocondriais[6]: a candidata concorda com esta perspectiva? E, protegendo a identidade genética, a Lei não deveria proteger, também, a individualidade genética de cada pessoa?

Mais ainda, como sugere a candidata que se compagine esta protecção constitucional à identidade genética pessoal com o advento das novas técnicas de Procriação Medicamente Assistida (PMA) – nomeadamente a inseminação artificial heteróloga (com esperma de dador). Neste caso, inúmeras autoridades têm defendido o anonimato do dador – ao arrepio, portanto, deste preceito constitucional. Que sugestões faria ao legislador no quadro da discussão em curso sobre esta temática na Assembleia da República? Existe, ou não, um direito à historicidade genética?

Reformulando a questão, e dada a função pedagógica do Direito, ao acentuar a protecção jurídica da identidade genética pessoal não estaremos a abrir subtilmente a porta a formas de discriminação eticamente discutíveis? Note-se que uma das conclusões principais do Programa da Diversidade do Genoma Humano (um programa subsidiário em relação ao Projecto do Genoma Humano) é, precisamente, o facto de que os seres humanos são genetica-

---

[6] Na técnica de transferência somática nuclear apenas se transfere o material genético presente nos cromossomas do núcleo e não o DNA mitocondrial pelo que não existe, verdadeiramente, uma identidade genética total entre as duas células. Mais ainda, durante o processo de desenvolvimento de cada indivíduo o património genético está em constante mudança (por mutação), pelo que é muito pouco provável que os genes nucleares sejam totalmente idênticos após a clonagem. Ver Nunes R: "Dilemas éticos na genética", *in* Ética em Cuidados de Saúde (Daniel Serrão e Rui Nunes coordenadores), Porto Editora, Porto 1998.

192

mente muito semelhantes entre si e que a heterogeneidade genética, num sub-grupo populacional seleccionado ao acaso, pode atingir 60% da heterogenei-dade genética da população humana global[7].

Entrando na segunda fase da arguição coloca-se a questão de saber qual o estatuto que deve ser reconhecido ao embrião humano. Este tema, que frac-tura e divide amplamente as sociedades ocidentais[8], independentemente das convicções políticas, ideológicas, religiosas ou culturais dos diferentes prota-gonistas, é exemplarmente debatido ao longo da Dissertação entre as páginas 809 e 867.

De facto, está por determinar o estatuto do embrião humano. Pode-se argumentar que apesar do embrião humano não ser portador das caracterís-ticas mentais que definem filosófica e ontologicamente uma pessoa, possui um dinamismo interno e um potencial para se tornar numa pessoa pelo que, como tal deve ser respeitado. Isto é que, desde o início, encontra-se inserido na comunidade moral devido a uma ampla solidariedade ontológica. Se-guindo esta linha de pensamento, a legislação deve pugnar para que o embrião humano seja não apenas objecto de protecção jurídica, mas, tam-bém, um sujeito efectivo de direito.

Mas, por outro lado, pode igualmente considerar-se que nas primeiras fases de divisão do ovo, o embrião pré-implantatório (pré-embrião) é um mero aglomerado celular, ainda que de origem humana, pelo que é legítima a sua manipulação.

Note-se que esta questão não é despicienda[9]. A aplicação clínica de um grande número de técnicas de Procriação Medicamente Assistida está na estrita dependência da protecção concedida ao embrião humano. A título exemplificativo, a fertilização *in vitro* e transferência de embriões, a criação de embriões excedentários, a injecção intracitoplasmática de espermatozóides

---

[7] Sou de opinião que existe uma justificação biológica para uma igualdade fundamental entre todos os seres humanos. Essa igualdade reside no facto de todos eles pertencerem à mesma espécie, devendo, uns aos outros, a obrigação de respeito e ajuda em todas as circuns-tâncias. Trata-se de uma ampla solidariedade entre os seres humanos, pelo simples facto de o serem. Esta igualdade, que a todos diz respeito, é uma plataforma de partida, não de chegada. Refere-se a uma verdadeira solidariedade ontológica ao longo de toda a evolução de um novo ser humano para com os seus semelhantes. Ver a este propósito Nunes R: "Dimensões éticas da terapia génica", Actas do IV Seminário do Conselho Nacional de Ética para as Ciências da Vida. Presidência do Conselho de Ministros, Imprensa Nacional Casa da Moeda, Lisboa, 1998.

[8] Nunes R: "The status of the embryo and the foetus", EU-Project Biomed II – Basic ethi-cal principles in bioethics and biolaw, Centre for Ethics and Law, Copenhagen, 1997.

[9] Nunes R: "Parecer N.º P/01/APB/05 Sobre a Utilização de Embriões Humanos em Inves-tigação Científica, Associação Portuguesa de Bioética, Julho de 2005 (www.apbioetica.org).

(ICSI), a experimentação destrutiva em embriões[10] ou a colheita de células estaminais, são bons exemplos de técnicas altamente promissoras do ponto de vista científico, mas que aguardam por uma reflexão ética mais aprofundada e por normas jurídicas elaboradas em consonância com os valores mais representativos da nossa sociedade.

Então, perante esta constatação, gostaria de colocar duas questões de fundo à candidata. A primeira prende-se com a prática do diagnóstico genético pré-implantação. Como é do conhecimento geral, com este diagnóstico pretende-se a determinação da constituição genética e cromossómica do embrião humano[11]. Esta modalidade de diagnóstico foi idealizada, inicialmente, como um método complementar ao diagnóstico pré-natal, método este que é hoje prática corrente no nosso país.

Porém, ao contrário deste último, o diagnóstico pré-implantação não implica a prática da interrupção voluntária da gravidez, pelo que é uma alternativa para os casais que recusam a prática do abortamento por motivos de natureza pessoal. O que de facto está em causa é a selecção embrionária e a transferência dos embriões dotados do património "adequado" para alcançar a gravidez desejada.

Está para além desta arguição a discussão técnica do diagnóstico genético pré-implantação, mas parece-me particularmente relevante debater quais as indicações concretas para um exame desta envergadura e com as consequências já conhecidas.

Como muito bem salienta a candidata, além da detecção de anomalias genéticas e cromossómicas manifestadas por deficiências graves no período peri-natal ou durante os primeiros anos da infância, o desenvolvimento do Projecto do Genoma Humano veio permitir a detecção *in vitro* de afecções de manifestação tardia (doença de Huntington, por exemplo), bem como de características somáticas e traços psico-afectivos (depressão, por exemplo).

Então, em seu parecer, é possível o Direito traçar uma "linha prudencial", estabelecendo *a priori* aquelas doenças que devem ser objecto de diagnóstico? Quais os riscos potenciais de criar uma lista positiva de doenças que podem originar um pedido desta natureza?

Mais ainda, o diagnóstico pré-implantação foi já utilizado para seleccionar embriões humanos para benefício de terceiros, nomeadamente de um outro filho do casal que se encontre gravemente doente e necessite de um trans-

---

[10] Nunes R: "Experimentação em embriões humanos", Cadernos de Bioética 14: 77-94, 1997.

[11] Nunes R: "O diagnóstico pré-implantatório", *in* Bioética (L. Archer, J. Biscaia, W. Osswald – coordenadores), Verbo, Lisboa, 1996.

plante histo-compatível, por exemplo, porque padece de uma leucemia ou de uma talassemia ß. Neste caso a candidata admite que existe uma instrumentalização desproporcional do embrião humano ou, em alternativa, pensa que se trata de um exemplo candente de solidariedade e altruísmo?

A segunda questão respeita ao diagnóstico pré-natal. É sabido que este método de diagnóstico exige geralmente o recurso a técnicas invasivas tal como a amniocentese – isto é, a colheita de líquido da cavidade amniótica por punção transabdominal sob controlo ecográfico – ou a biópsia de vilosidades coriónicas (o córion é o precursor da placenta e tem origem na mesma célula primordial que o embrião). Tratando-se de métodos invasivos associam-se a um risco conhecido de abortamento iatrogénico, pelo que o DPN não é de aplicação universal em todas as gravidezes, mas apenas quando estas se enquadram num determinado grupo de risco[12].

Pretendia debater dois pontos a este propósito. Refere a candidata na página 782, e passo a citar, que "a menos que se atribua um estatuto jurídico diferente ao embrião e ao feto (que não é a posição que defendemos) as soluções jurídicas a adoptar terão de se orientar no mesmo sentido – se se consentir a destruição da vida embrionária, consente-se igualmente o aborto eugénico, se não se consentir essa destruição terá de se considerar ilícita a interrupção de gravidez por aquela indicação", fim de citação.

Compreendo a coerência interna desta argumentação, mas pergunto: será possível o Direito atribuir um estatuto intermédio ao embrião humano? A protecção a conceder terá que ser sempre total, não poderá ser parcial? Coloco esta questão de um modo muito pragmático por duas ordens de razões. Em primeiro lugar, porque existe uma corrente de pensamento – genericamente designada por perspectiva evolutiva – que sugere que o respeito (e a protecção correlativa) a conceder ao embrião deve ser directamente proporcional ao seu desenvolvimento ontogénico[13].

Ou seja, e num plano ontológico, se o conceito de pessoa é essencialmente filosófico e não biológico, será ou não admissível que aquilo que entendemos

---

[12] No futuro, porém, estará ao alcance dos geneticistas a análise directa do património genético de uma célula fetal colhida por uma variedade de técnicas diferentes, incluindo a obtenção de células fetais existentes na circulação materna, permitindo não só o rastreio como o diagnóstico efectivo da presença de um determinado gene considerado anormal e sem qualquer risco para a mulher grávida. Ver Nunes R: "Prenatal genetic diagnosis: A national survey", EU-Project Biomed II – Basic ethical principles in bioethics and biolaw, Centre for Ethics and Law, Copenhagen, 1997; e Nunes R: "O diagnóstico pré-natal em Portugal", Cadernos de Bioética 10: 25-63, 1995.

[13] Nunes R: "A natureza do embrião humano", *in* Clonagem: O risco e o desafio, Gabinete de Investigação de Bioética, Porto, 2000.

por pessoa humana seja uma virtualidade que se vai lentamente transformando em realidade recorrendo a uma dinâmica interna e a um potencial de desenvolvimento também eles evolutivos no tempo?

Note-se que a Medicina assume implicitamente esta perspectiva, nomeadamente quando designa a vida humana pré-natal de "embrião" até às oito semanas de gravidez – ocasião em que termina a organogénese ganhando o ser humano a sua forma externa – e de "feto" a partir das oito semanas de desenvolvimento.

Em segundo lugar, porque quando se especula sobre qual o estatuto a atribuir ao embrião humano gerado *in vitro* está-se a aludir a uma entidade humana fisicamente autónoma e individualizada. Não é este o caso quando reflectimos sobre o estatuto fetal, porque, invariavelmente, este se encontra fisicamente ligado à mãe, tornando-se necessário ter em consideração os direitos inalienáveis desta à privacidade individual e à integridade pessoal.

Assim, não será por estes motivos que aos olhos do cidadão comum o diagnóstico genético pré-implantação é mais aceitável do que o diagnóstico pré-natal? De facto, estudos científicos no domínio da saúde mental comprovaram, há largos anos, que após um abortamento – espontâneo ou induzido – a mulher grávida tem uma sensação de perda directamente proporcional ao período de tempo que durou a gravidez.

O segundo ponto de fundo que seria interessante debater, refere-se ao potencial ilimitado do diagnóstico pré-natal. Actualmente sabe-se que existem mais de 5000 doenças genéticas monogénicas (dominantes e recessivas, autossómicas e ligadas ao sexo) sendo teoricamente possível a detecção antenatal de muitas delas por métodos bioquímicos (estudos metabólicos) ou por análise de DNA[14].

No entanto, num futuro próximo, o desenvolvimento de testes preditivos de doenças genéticas multifactoriais frequentes como, por exemplo, o cancro de cólon, do seio e do ovário, bem como de doenças mais raras, como o rabdomiosarcoma alveolar ou o síndroma de Waardenburg, permitirão a detecção de fetos portadores de genes associados a estas patologias, ainda que algumas delas se desenvolvam somente muitas décadas mais tarde. Esta problemática é aliás extensivamente abordada na Dissertação, fazendo-se alusão em concreto à realidade portuguesa e, entre outras, à doença de Machado-Joseph.

Quando a candidata afirma que, e passo a citar, "A mulher na medida em que é titular da liberdade de procriação e de dispor do seu próprio corpo é

---

[14] Nunes R: "O diagnóstico pré-natal da doença genética" *in* Genética e Reprodução Humana, Colectânea Bioética Hoje N.º 1, Gráfica de Coimbra, Coimbra, 2000.

livre nesta sua decisão de suportar ou não a gravidez quando, como se diz no nosso Código Penal, houver seguros motivos para prever que o nascituro virá a sofrer, de forma incurável, de doença grave ou malformação congénita e for realizada nas primeiras vinte e quatro semanas de gravidez", fim de citação, a questão de fundo que entendo que não está devidamente dilucidada é a determinação de quem dispõe de autoridade para interpretar esta norma jurídica.

Não está em causa, naturalmente, o imperativo ético e jurídico de obtenção de consentimento esclarecido para efectuar a interrupção de gravidez. Está em causa, sim, determinar com clareza e sem ambiguidade o conceito de "doença grave ou malformação congénita". Como é sabido, em Portugal, esta decisão impende sobre uma comissão técnica (que não a comissão de ética) composta, no essencial, por médicos das especialidades relevantes neste domínio.

A candidata acha razoável que uma comissão desprovida de legitimidade democrática para o efeito, que não representa as diversas tendências de uma sociedade plural, que não tem critérios objectivos para decidir e que é variável de instituição para instituição esteja dotada de tais poderes de decisão?

Entramos, na última fase desta apreciação. E, ainda bem, dado que nesta fase se perspectivam divergências de fundo, quiçá, mesmo, alguma colisão ideológica. Refiro-me à terapia génica humana.

W. French Anderson – o médico norte-americano pai da terapia génica humana – conceptualizou a engenharia genética no ser humano em quatro variantes distintas: terapia génica somática, terapia génica em células da linha germinal, engenharia genética de melhoramento e engenharia genética para fins eugénicos. Trata-se de uma abordagem pragmática que pretende, essencialmente, traçar uma linha divisória entre tratamento e melhoria. A tecnologia genética, em si mesma, não difere substancialmente de um método para outro. Difere, sim, a aplicação previsível dessa tecnologia[15].

Nesta reflexão vou debruçar-me sobre duas vertentes interpretativas da terapia génica: o objectivo em si mesmo e o método para alcançar este objectivo. Irei argumentar que a legitimidade da terapia génica, enquanto método de tratamento, depende da observância de princípios éticos e jurídicos aceites e estabelecidos, em especial o respeito pela dignidade da pessoa humana.

De facto, através da terapia génica em células somáticas, a Medicina pretende tratar doenças genéticas para as quais não exista um método terapêutico alternativo. Cumpridos determinados requisitos processuais, parece ser consensual que a terapia génica somática não coloca novas questões éticas ou

---

[15] Nunes R: "Questões éticas da terapia génica", Arquivos de Medicina 7 N.º 4: 254-260, 1993.

jurídicas. A legitimidade desta intervenção terapêutica fundamenta-se na aplicação do princípio da beneficência, sendo considerada uma extensão dos métodos tradicionais de tratamento. Já com a terapia génica em células da linha germinal está em causa o tratamento de doenças genéticas hereditárias (monogénicas ou multifactoriais) não apenas no sujeito seleccionado, mas ao longo das gerações[16].

Já a engenharia genética de melhoramento, em células somáticas ou germinais, pretende a introdução ou a alteração de um ou mais genes (cirurgia génica) com a finalidade de aperfeiçoar determinada característica física, traço morfológico ou psico-afectivo. Trata-se de decisões que poderão afectar as gerações futuras, nomeadamente quando está em causa a engenharia genética em células da linha germinal. A engenharia genética com uma finalidade eugénica refere-se a uma orientação social dos cuidados de saúde no sentido de melhorar colectivamente a constituição genética da espécie humana.

Neste contexto, e por economia de tempo, apenas abordarei as intervenções terapêuticas na linha germinal.

A candidata afirma com determinação na página 1017, e passo a citar, "parece-nos que atenta a impossibilidade de se definir o que se deve entender por «genes malignos» e os inegáveis riscos eugénicos desta forma de terapia ... que a mesma deve ser declarada ilícita.", fim de citação.

Nesta fase do desenvolvimento científico-tecnológico, não é legítima a sua utilização à luz do princípio da precaução. Os argumentos aduzidos são, globalmente, de natureza metafísica e baseiam-se em especulações teóricas sobre as consequências da manipulação genética descontrolada. Refere-se, a título exemplificativo, que a sobrevivência da espécie humana e o equilíbrio ecológico dependem da existência harmónica do património genético das várias espécies.

Seguindo a linha deste argumento, a heterogeneidade genética seria um bem em si mesmo sendo ilícita qualquer interferência nesta pré-determinação. Existiria, assim, uma responsabilidade substantiva para com o património genético global, visão esta certamente influenciada por Hans Jonas, em particular para com o Genoma Humano, sendo reprovável qualquer interferência externa no processo de geração e manutenção da vida. A existência e consagração de um "direito a herdar um património genético que não tenha sido artificialmente alterado" defendido, entre outros, pela Assembleia Parlamentar do Conselho da Europa, certamente que contribuiu para este desiderato.

---

[16] Nunes R: "Human gene therapy", Decisions, Winter: 24-30, 1995.

ARGUIÇÃO DA DISSERTAÇÃO DE DOUTORAMENTO EM DIREITO DA MESTRE HELENA MELO PEREIRA

Mas, e ao contrário da candidata, tenho dúvidas que exista uma objecção de princípio, e não meramente formal, ao tratamento de doenças genéticas hereditárias graves, mesmo mortais, através do recurso à terapia génica em células da linha germinal.

De facto, em meu parecer, a terapia génica em células germinais poderá ser eticamente aceitável quando se demonstrar inequivocamente a sua inocuidade. Isto é, quando se comprovar que a probabilidade de se introduzirem alterações irreversíveis no património genético humano global está reduzida para níveis aceitáveis. Neste caso, não parecem existir motivos suficientemente sólidos para que se impeça o tratamento de doenças genéticas graves, associadas a grande sofrimento e morte precoce, que se manifestam ao longo de gerações como, por exemplo, a *diabetes mellitus*.

Pressupõe-se a obtenção de consentimento informado do caso índex, sendo legítimo presumir-se o consentimento das gerações futuras. De facto, nada nos leva a crer, no estado actual dos conhecimentos, que as gerações vindouras se oporiam a este tipo de intervenção. Esta é, também, a posição defendida pelo *Council for International Organizations of Medical Sciences* que, num parecer emitido em 1990, refere claramente que "a tentativa de modificar células da linha germinal pode ser a única hipótese de tratamento de determinadas patologias, sendo importante a continuação da discussão dos aspectos técnicos e éticos"[17].

Para finalizar esta apreciação gostaria de questionar a candidata sobre o tema que aborda na Quarta Parte da Dissertação, no sub-capítulo atinente à Discriminação e Neoeugenismo, e que se prende com o conceito de disgenismo. Em 2002 propus a seguinte abordagem conceptual:

"por disgenismo entende-se uma selecção genética culturalmente imposta não para alcançar a melhoria da pessoa humana mas para escolher traços genéticos que estão geralmente associados a uma condição socialmente incapacitante, em síntese considerados como uma deficiência"[18].

Neste contexto, o disgenismo pode ser classificado resumidamente em:
A) DISGENISMO POSITIVO: pretende-se aumentar o número absoluto de pessoas com um traço genético em especial, por exemplo a surdez ou o

---

[17] CIOMS: CIOMS XXIV Round Table Conference: Genetics, Ethics, and Human Values: Human Genome Mapping, Genetic Screening and Therapy. Inuyama 22-27 July, 1990.

[18] Ver a este propósito Nunes R: "Deafness, genetics and dysgenics" *in* Genoma e Dignidade Humana. Colectânea Bioética Hoje N.º 5, Gráfica de Coimbra, Coimbra, 2002. Este trabalho foi posteriormente desenvolvido e completado em Nunes R: "Deafness, genetics and dysgenics", Medicine, Health Care and Philosophy 9; 2006: 25-31.

nanismo. Pode ser alcançado através da contracção de matrimónio entre pessoas deficientes ou através do recurso à repro-genética, nomeadamente à inseminação artificial, e à terapia génica;

b) Disgenismo Negativo: pretende-se diminuir a prevalência de pessoas normais (não portadoras do gene alterado). Por exemplo, através do diagnóstico pré-natal e abortamento de fetos normais ou do diagnóstico pré-implantação e não transferência de embriões geneticamente saudáveis.

Gostaria de colocar a seguinte questão à candidata. Qual a objecção plausível a este tipo de prática, se for respeitado o direito à autodeterminação reprodutiva dos casais? Recorde-se que numa sociedade plural e democrática os cidadãos encontram-se frequentemente como "estranhos morais", recorrendo às palavras de Tristram Engelhardt Jr.. Pergunto ainda, se a relação médico/doente não é apenas outro dos contextos onde os valores individuais devem ser respeitados.

Uma resposta possível seria deslocarmos o centro da decisão do casal que pretende reproduzir para os interesses, mesmo direitos, do nascituro. A este propósito qual a opinião da candidata sobre a plausibilidade da Lei vir a proteger o "direito a um futuro aberto" da criança que vai nascer[19]. A existência deste direito foi proposta inicialmente por Joel Feinberg que se referiu ao conceito de "*rights-in-trust*", ou seja a direitos que devem ser preservados até à idade adulta para, então, se poder exercer plenamente a autonomia pessoal.

Estes direitos devem ser protegidos no presente para serem exercidos mais tarde na vida. Esta categoria geral de direitos assenta na ideia de que os pais não são "donos" dos seus filhos mas apenas guardiães, tutores, em homenagem ao seu melhor interesse. O direito a procriar é o paradigma desta nova classe de direitos; ninguém deve ter o poder de limitar indefinidamente a capacidade de uma criança se reproduzir, qualquer que seja o motivo, e qualquer que seja o enquadramento jurídico-normativo. Deduz-se que a capacidade da criança poder vir a escolher o seu futuro deve ser protegida.

Ainda a propósito da interface entre repro-genética e disgenismo pretendia salientar a inovação intelectual desta Dissertação, aplicando com grande acuidade a doutrina atrás expendida ao caso particular da injecção intracitoplasmática de espermatozóides. A candidata refere na página 767, e passo a citar, que "o risco mais importante que se corre com a aplicação desta técnica é o da transmissão de anomalias genéticas às crianças por ela nascidas" e que

---

[19] Nunes R: "O direito a um futuro aberto" *in* Desafios à Sexualidade Humana. Colectânea Bioética Hoje N.º 10, Gráfica de Coimbra, Coimbra, 2006.

"o mesmo pode acontecer com delecções do cromossoma Y associadas a azoospermias e oligozospermias severas que se forem transmitidas através da ICSI aos descendentes masculinos estes quando chegarem a adultos sofrerão de problemas de fertilidade idênticos aos dos pais" fim de citação.

No entanto, considera a candidata que a intenção e a estrutura motivacional dos progenitores é sobreponível aos casos da surdez e do nanismo? Ou seja, concorda ou não, que no caso da infertilidade masculina o disgenismo é uma consequência previsível, e não desejada, da injecção intracitoplasmática e que os progenitores querem simplesmente ter um "filho" e não um "filho portador de deficiência"?

Por fim, uma última questão (que é uma preocupação importante no domínio da análise do Genoma Humano) e que diz respeito à neutralidade no aconselhamento genético. Muito se tem questionado sobre qual a postura que o geneticista deve assumir durante o processo de aconselhamento. A noção de "neutralidade" ou "não dirigismo" (*nondirectiveness*) veio progressivamente ultrapassar o paternalismo como ideologia predominante no aconselhamento genético. Várias causas contribuíram para este desiderato, mas o respeito pelo direito à autodeterminação individual e, em menor medida, o receio de litígio judicial foram, talvez, as mais determinantes.

Porém, a maioria das autoridades é de opinião que esta postura actua mais como um modo de proceder do que, verdadeiramente, como um princípio substantivo. Isto é, a neutralidade por parte do conselheiro apenas nos informa qual o agente que deve tomar uma decisão final, mas nada nos diz sobre a bondade da acção em si mesma. Nos países de influência anglo-saxónica a atitude do conselheiro tem sido, genericamente, a de informar com a maior precisão possível e não a de convencer ou persuadir. Este aconselhamento, não dirigido segundo os valores do conselheiro, tem sido, nesses países, o pilar da orientação clínica pré-natal.

Concorda a candidata que – tal como sugere Robert Murray – quando confrontado com o dilema ético de utilizar a tecnologia genética para conceber uma criança deficiente, o conselheiro tem seguros motivos para não respeitar o princípio da neutralidade porque o resultado reprodutivo líquido apresenta maior probabilidade de produzir dano do que benefício?

Terminava com uma questão de ordem geral. Ou seja, no parecer da candidata o Biodireito – que se encontra na interface com outras ciências e outros saberes tal como a Medicina, a Genética, ou a Biologia – deve-se constituir ou não como um ramo autónomo do Direito[20]?

---

[20] De facto esta Dissertação representa um espantoso roteiro jurídico pelo mundo da Nova Genética demonstrando cabalmente a importância da inter-disciplinaridade no domínio da

Em suma, e para concluir esta apreciação, não posso deixar de afirmar que se trata de um estudo bem concebido e estruturado, sobre um tema relevante e actual, alicerçado nos pressupostos metodológicos subjacentes à investigação em ciências sociais e humanas. Mais ainda, e na esteira da obra seminal do Professor Luís Archer "Da Genética à Bioética"[21], estou em crer que esta Dissertação reforça o trajecto "Da Genética ao Biodireito".

Concluo formulando um voto. Que este trabalho contribua não apenas para a afirmação do Direito da Vida mas, sobretudo, para a construção de uma sociedade mais justa, solidária e equitativa.

---

repro-genética. Em especial, a análise do Genoma Humano implica que a segmentação tradicional das diversas ciências biológicas, sociais e humanas – tal como a Medicina, a Genética, o Direito ou a Ética – conduza a uma nova realidade, a um novo paradigma de pensamento epistemológico porventura distinto da visão de Thomas Kuhn (Kuhn T: "The structure of scientific revolutions", The University of Chicago Press, Chicago, 1970). Ver sobre a temática da interdisciplinaridade na genética, Soini S, Ibarreta D, Anastasiadou V et al: "The interface between assisted reproductive technologies and genetics: technical, social, ethical and legal issues", European Journal of Human Genetics 14; 2006: 588-645.

[21] Archer L: "Da genética à bioética", Colectânea bioética Hoje N.º 11, Gráfica de Coimbra, Coimbra, 2006.

ARGUIÇÃO

JOÃO CAUPERS[*]

1. INTRODUÇÃO

A Mestra Helena Melo submete à apreciação deste júri, com a intenção de obter o grau de doutora em direito, a dissertação que intitulou *Implicações jurídicas do projecto do genoma humano: constituirá a discriminação genética uma nova forma de apartheid?*

Trata-se de um tema que se situa na vanguarda da investigação jurídica, com evidentes dificuldades teóricas e enormes implicações práticas, numa área em que o futuro encerra ameaças e perigos sérios à condição humana, mas também desafios apaixonantes ao futuro da humanidade.

Tanto quanto sei, trata-se da primeira vez que, numa escola de direito portuguesa, uma dissertação de doutoramento em direito é arguida por dois professores, sendo um com formação em ciência jurídica e outro com formação em ciência médica. Ainda não há muito tempo, ter-se-ia considerado esta circunstância um autêntico sacrilégio, uma vez que o paradigma do ensino e da investigação jurídica era *um doutor em direito sabe, obviamente, de tudo. E só ele pode fazer outro doutor em direito.*

Este é, para utilizar um termo do título da dissertação, um *apartheid* que esta Faculdade nunca aceitou. Bem pelo contrário: sempre tratou de igual para igual as outras áreas científicas, reconhecendo que existe hoje cada vez menos espaço para "capelinhas" e que fazer ciência é, cada vez mais, uma actividade interdisciplinar; privilegiou a contextualização descomplexada do ensino e da investigação jurídica, confiando as regências de disciplinas não jurídicas a economistas, sociólogos, antropólogos e historiadores.

A dissertação submetida a este júri apresenta clara natureza interdisciplinar, situando-se na confluência da ciência jurídica e da ciência médica; ajusta-se assim, na perfeição, aos princípios fundamentais da FDUNL e à cultura que nos empenhamos em cultivar nesta escola.

A seriedade e a qualidade da investigação parecem-me inquestionáveis: mesmo nas partes que me merece críticas, estas não põem em causa o apreço que o trabalho justifica e os seus muitos aspectos positivos.

---

[*] Professor Catedrático da Faculdade de Direito da Universidade Nova de Lisboa e seu Director.

JOÃO CAUPERS

Mas as regras do jogo – que tanto eu como a candidata conhecemos e aceitámos antecipadamente – tornam indispensáveis nestas provas o confronto de ideias – aliás fácil de alimentar, consideradas as várias divergências que pude comprovar entre as nossas maneiras de ver o mundo e de pensar o direito. Além do mais, nenhum de nós desejaria atraiçoar as expectativas do público, que tem a justificada esperança de assistir a um bom debate.

Espero que as provas corram de acordo com as expectativas da Mestra Helena Melo. Pela minha parte, farei o melhor que puder.

2. ASPECTOS FORMAIS

Uma observação preliminar tem a ver com o título da dissertação. Tendo este a forma de uma interrogação, seria de esperar que, em algum ponto do texto, nomeadamente numa das conclusões, lhe tivesse sido dada uma resposta. Significando a palavra *apartheid* «vida separada», considera a candidata que uma eventual discriminação de base genética conduzirá à constituição de grupos sociais separados? Se sim, que grupos? Os geneticamente perfeitos e os geneticamente imperfeitos? Fará isso algum sentido?

Para além de gralhas e pequenos erros (muitos deles corrigidos na errata), a principal crítica de natureza formal que ao texto dirijo tem a ver com a forma de citar.

Não se trata, evidentemente, de uma crítica de grande relevo, mas foi uma das coisas que mais me incomodou no texto.

A Mestra Helena Melo cita de uma forma que eu nunca tinha encontrado em obra alguma – e já devo ter lido alguns milhares. É que repete as citações até à exaustão, fazendo sempre corresponder a cada uma nota de rodapé, chegando a extremos que lhe dariam direito a entrar no *Guiness Book of Records*. Vejamos alguns exemplos, dos muitos possíveis:

- cita cinco vezes consecutivas a p.317 de uma obra de Aristóteles (p.95); a p.64 de uma obra de Locke (p.113); a p.235 de uma obra de Nozick (p.173); a p.210 de uma obra de Rawls (p.221);
- cita sete vezes consecutivas a p.27 de uma obra de Boécio (pp.106-107);
- nas pp.121-122 cita seis vezes consecutivas a p.56 e quatro vezes consecutivas a p.59 de uma obra de Montesquieu (pp.121-122).

Mas é nas pp.137-138 e 144-145 que a citação atinge o paroxismo: nas primeiras, um excerto de cinco páginas de uma mesma obra de Bentham é citado, consecutivamente, por sete vezes, sempre com o título integralmente transcrito e sempre com a frase *a tradução é nossa*, logo após este!

Nas pp.144-145 sucedem-se quinze citações – e quinze notas de rodapé – das mesmas três páginas (pp.56 a 58) de uma mesma obra de Bentham, distinta da anterior! Obra esta sempre citada com título integralmente transcrito, título este a que a candidata sempre acrescentou – 15 vezes seguidas – *a tradução é nossa*! Mas o que é isto? Uma obsessão, ou a extrema incontinência do *cut and paste*?

Sublinho ainda que esta questão das citações nem sequer é uma embirração meramente formal minha. Algumas vezes reflecte – o que é mais sério e mais criticável – uma insuficiência bibliográfica. Na verdade, a candidata apresenta uma tendência para tratar de diversos aspectos da temática com base num número muito reduzido de autores, que cita exaustiva e excessivamente, quase como se cada um deles tivesse o monopólio de uma preocupação ou fosse dono de um problema.

O melhor exemplo disto são as páginas dedicadas à interpretação da Constituição: a leitura das pp. 347 a 361 do texto levaria a pensar que apenas três autores escreveram algo de realmente importante sobre o tema: Alexy, citado 14 vezes; Dworkin, citado 15 vezes e Cristina Queirós, citada 32 vezes! Comparadas com estes números, pouco significam as 9 citações de Gomes Canotilho, as 8 de Jorge Miranda e as 3 de Maria Lúcia Amaral.

Omite-se mesmo qualquer referência a obras clássicas que abordaram a problemática da interpretação constitucional; a título meramente exemplificativo, referem-se três:

- *El texto constitucional como limite de la interpretación*, de Konrad Hesse;
- *Teoria de la Constitución*, de Karl Loewenstein;
- *Le Costituzione e le sue disposizioni di prinzipio*, de Crisafulli.

Outro exemplo de alguma debilidade bibliográfica pode ser encontrado nas pp.251 a 256 do texto. Newton-Smith não é, seguramente, o único cultor da lógica do mundo, como quase somos levados a concluir da respectiva leitura. Numa breve pesquisa, encontrei duas obras que, na minha modesta opinião de leigo em lógica, me pareceram de melhor qualidade explicativa: *The Language of Logic*, de Samuel Guttenplan, e *Philosophy of Logics*, de Susan Haack, sendo de sublinhar a excelente explicação sobre o problema da validade que se contém no Capítulo 2 desta última.

De resto e bem vistas as coisas, aquelas páginas do texto – que mais parecem extraídas de um livro de filosofia para o ensino secundário – são de utilidade mais do que discutível na economia da dissertação, terminando com uma conclusão (p.256) que deixaria La Palisse roído de inveja.

Aliás, em matéria de conclusões – não se contestando a sua inclusão no próprio texto, que é uma escolha aceitável –, não pode deixar de se sublinhar a vacuidade de algumas delas, como, por exemplo, as da p.153 (conclusão 51) e da p.341 (conclusão 132) e até uma surpreendente "conclusão interrogativa" – p.341 (conclusão 129).

Finalmente, para concluir as questões de natureza formal, ou quase, deixo uma pergunta e uma dúvida. A primeira respeita sentido do termo *supeditados*, que não parece uma gralha, mas que não consta de dicionário algum (p.154); a segunda respeita ao sentido daquilo que designa por *cláusula statu quo*. Quererá referir-se ao que a doutrina jus internacionalista costuma designar por *cláusula stand still*?

Muito embora não seja uma questão formal em sentido próprio, farei aqui um breve comentário à sistematização da obra.

Ela compõe-se, para além de uma introdução, de quatro partes:

– uma primeira, sobre o projecto do genoma humano;
– uma segunda, sobre o principio da igualdade e os seus limites;
– uma terceira, que aborda o mesmo princípio no direito português e no direito internacional;
– uma quarta, sobre a discriminação em razão da constituição genética.

Sucedem-se 197 teses, cera de 130 páginas de bibliografia e o índice. A sistematização não me justifica especial crítica, apenas me tendo intrigado a razão da existência de duas partes sobre o princípio da igualdade. Afinal, fui induzido em erro pela epígrafe da primeira, uma vez que o que ali se trata é da igualdade propriamente dita e não do princípio da igualdade.

3. PRÉ-COMPREENSÕES

Um trabalho desta natureza não se faz sem sólidas pré-compreensões. É indispensável uma certa concepção do homem e uma determinada visão da sua situação no mundo para se sustentarem posições firmes sobre as implicações da descoberta do genoma humano. Não tenho dúvidas que a candidata as tem, por vezes tão óbvias que mais parecem preconceitos. Mas esta é uma crítica que seria injusta e que, por isso, não farei. É que não poderia, de consciência tranquila, opor-lhe algo que também não seriam, provavelmente, mais do que outros preconceitos – não necessariamente melhores por serem os meus.

Na verdade, é particularmente difícil debater um tema que mexe necessariamente connosco, com as nossas convicções mais profundas, mantendo uma atitude cientificamente neutra, por muito desejável e louvável que tal

ARGUIÇÃO DA DISSERTAÇÃO DE DOUTORAMENTO EM DIREITO DA MESTRE HELENA MARIA PEREIRA

fosse. Nós, jus publicistas, não nos livramos do embaraço: pode discutir-se desapaixonadamente a natureza jurídica do direito de crédito ou do arrendamento; mas não a suposta inconstitucionalidade de um novo referendo sobre a interrupção voluntária da gravidez ou sobre a regionalização.

Em todo o caso, não devo, nem posso, ignorar as pré-compreensões: pelo menos uma delas, pela influência que tem na forma como a Mestra Helena Melo aborda o tema da discriminação genética. Refiro-me, evidentemente, à igualdade entre mulheres e homens, que ocupa, recorrentemente, muitas dezenas de páginas da dissertação. Tentarei dilucidar esta sua pré-compreensão, procurando evitar que este esclarecimento caia no sarcasmo ou na caricatura, o que seria lamentavelmente desadequado a provas académicas.

Começarei por lhe dar conta da minha pré-compreensão deste problema, para que, pelo menos, nos possamos entender sobre o nosso eventual desentendimento.

Não tenho qualquer discordância relativamente à candidata quando escreve que a desigualdade em razão do sexo é muito o resultado de uma construção social masculina, sedimentada ao longo de séculos. Sempre entendi que tal circunstância justificava medidas legislativas, políticas, sociais, administrativas e outras no sentido da compensação da desigualdade ou da reposição da igualdade, como se preferir, medidas essas favoráveis às mulheres. Fui mesmo o coordenador do grupo de trabalho que elaborou a lei de 1979 sobre a igualdade entre mulheres e homens no acesso ao emprego e no trabalho, ainda hoje em vigor, muito embora com alterações.

Apesar desta minha posição de há muito, – ou talvez por isso mesmo – fiquei impressionado com o modo como me parece encarar esta questão.

Como ponto de partida, é certo que a candidata reconhece explicitamente as *diferenças entre homens e mulheres no plano reprodutivo*. Não obstante, o seu pensamento a este propósito suscita-me algumas perplexidades.

Desde logo, a Mestra Helena de Melo parece não estar inteiramente convencida de que existem dois sexos e só dois sexos – circunstância que, confesso, jamais me ocorreria considerar como outra coisa que não uma afirmação incontestável e insofismável. De facto, ao escrever na p.247, a frase *se partirmos do pressuposto de que existem apenas dois sexos e de que estes apresentam características anatómicas diferentes*, deixa-me a dúvida sobre se admite como possível qualquer outro *pressuposto*. Qual seria esse pressuposto? Que há apenas um sexo? Que há três ou mais sexos? Que existem dois mas são anatomicamente iguais?

A suspeita de que a candidata tende a considerar, afinal, existir um só sexo, é acentuada pelo que escreve a p.296: aí esclarece que *o feminino é o produto da imaginação masculina*.

Seria eu o último a contestar que as mulheres – pelo menos algumas mulheres – sempre povoaram o imaginário dos homens. Mas será razoável e sensato afirmar que foram estes que imaginaram as mulheres? De resto, de duas uma:

- ou estaríamos perante uma impossibilidade lógica, pois antes de os homens imaginarem as mulheres também não existiam homens – existiria, sim, um outro ser, distinto do homem e da mulher, uma vez que a diferenciação ainda não se teria ainda produzido;
- ou a explicação alternativa subalternizaria as mulheres, uma vez que admitia que os homens já existiam antes de haver mulheres – o que sendo até compatível com a explicação bíblica da costela de Adão, não é, seguramente, aceitável pela candidata.

Note-se que a ideia de que a diferenciação entre mulheres e homens seria, apenas ou, pelo menos, essencialmente, resultado de uma *construção socioju-rídica* – uma construção masculina para justificar a dominação exercida sobre as mulheres, um estratagema para legitimar o exercício exclusivo do poder por parte dos homens, portanto – parece ser confirmada pelo modo como a candidata a compara com outras diferenciações, nomeadamente as diferenciações de raça.

Na realidade, em inúmeros passos do texto a diferenciação em razão do sexo aparece ao lado da diferenciação em razão da raça: as pp. 235, 258, 259, 267, 276, 285, 294, 297 constituem disso exemplo.

Isto conduz-me a colocar à Mestra Helena Melo uma questão: será que, em sua opinião, num futuro próximo, as leis que consideram o casamento um contrato entre duas pessoas de sexo diferente irão ser julgadas da mesma forma como hoje julgamos as leis nazis que proibiam casamentos entre arianos e não arianos, ou as leis do *apartheid* sul-africano que proibiam os casamentos entre brancos e não brancos? Será nesse futuro próximo tão aceitável o casamento de dois homens ou de duas mulheres, como é hoje o casamento de um branco e uma negra, ou de um asiático e uma branca?

Em meu entender, a comparação entre a diferenciação de sexo e a diferenciação de raça, ao menos nos termos simplistas em que é feita pela candidata, não faz sentido. Na verdade, a distinção entre as diferentes raças – se é que existem raças diferentes, coisa que hoje se não aceita – nunca assentou (ressalvadas as criminosas obsessões nazis e outras semelhantemente aberrantes) numa diferenciação biológica: as diferenciações apenas surgiram quando as raças foram postas em contacto umas com as outras.

Não é isso, evidentemente, o que se passa com a diferenciação de sexo: homens e mulheres, em qualquer lado, em qualquer época, em qualquer forma de organização social, sempre foram biologicamente distintos, apresentando funções diferenciadas no plano da reprodução da espécie. Estas funções – parece absurdo não o admitir (v. os períodos de gravidez) – condicionaram, e ainda condicionam, mais as mulheres do que os homens, razão pela qual exigem um tratamento social compensador daquelas.

O que aconteceu – e isso sim, pode e deve ser questionado – é que essas diferenças biológicas foram acentuadas, teorizadas e exploradas no sentido de criar e consolidar a ideia da inferioridade da mulher, contribuindo de forma decisiva para facilitar a construção de sociedades assentes no poder dos homens e na sujeição das mulheres.

Não é, pois, que a diferença não exista, porque existe: o que sucedeu é que ela tem de ser tratada, no plano da vida social, com o valor facial que tem, que não torna os homens superiores às mulheres – nem as mulheres superiores aos homens, bem entendido.

Deixará de ser assim no futuro? Bom, se nos recordarmos de Huxley e do seu *Admirável mundo novo*, desaparecida a gestação no ventre materno, transformados todos, mulheres e homens, em meros fornecedores de matéria prima reprodutora, talvez a distinção entre mulheres e homens deixe um dia de ter base biológica. Não sei se à Mestra Helena de Melo agradaria um tal mundo novo; a mim, seguramente que não. O que me vale é que a lei da vida sempre me poupará a tal pesadelo.

4. APRECIAÇÃO DE FUNDO

Uma das ideias fundamentais sustentadas na dissertação – provavelmente, a principal no plano jurídico – é, suponho, a da substituição daquilo a que a candidata chama *paradigma igualitário* pelo *paradigma emergente da igualdade para a diferença* (p.273).

Se bem o entendi o pensamento da Mestra Helena Melo pode resumir-se assim.

O paradigma igualitário, na medida em que promove a igualdade a partir dos simultâneos reconhecimento e recusa de certas diferenças, contribuiu e contribui para dividir a sociedade em grupos, delimitados de acordo com as categorias em que assentam: sexo (homem/mulher), raça (branco/não branco), religião (cristão/não cristão), orientação sexual (heterossexual /homossexual), etc. (p.293). A intenção da ordem jurídica de combater a discriminação potenciaria assim, paradoxalmente, a própria discriminação (p.294). Expressão emblemática deste paradigma seria o artigo 13.º da Constituição.

Na opinião da candidata, será indispensável substituir este paradigma pelo da *igualdade para a diferença,* um *direito de todos os seres humanos a serem tratados de forma idêntica para além das suas diferenças* (p.236), que a candidata designa, com manifesta infelicidade semântica, por *direito à indiferença* ou, na redacção que propõe para o artigo 13.º da Constituição, *direito à livre expressão das suas diferenças* (p.387).

Debalde se procurará no texto o esclarecimento conceptual deste direito e das consequências do seu eventual reconhecimento, para além de afirmações vagas e superficiais. O tratamento idêntico apesar da diferença significa exactamente o quê? Em que consiste a *livre expressão das diferenças?* Quais as suas implicações? Para atingir tal esclarecimento, torna-se indispensável colocar algumas questões à candidata.

1. O tratamento idêntico apesar da diferença obrigará, por respeito a esta, as empresas a conceder o descanso semanal às sextas-feiras aos seus trabalhadores muçulmanos e aos sábados aos trabalhadores judeus?

2. O tratamento idêntico apesar da diferença obrigará, por respeito a esta, os canais de televisão a acompanhar a generalidade dos programas com linguagem gestual (por causa dos surdos), a dobrar os filmes em português (por causa dos analfabetos) e a acompanhá-los por narradores (por causa dos cegos)?

3. O tratamento idêntico apesar da diferença obrigará, por respeito a esta, as pastelarias a ter à disposição dos diabéticos bolos feitos com aspartame ou outro adoçante?

4. O tratamento idêntico apesar da diferença proibirá, por respeito a esta, as companhias aéreas de exigir, como é sua prática habitual, aos passageiros obesos a compra de dois bilhetes de avião?

5. O tratamento idêntico apesar da diferença obrigará, por respeito a esta, os restaurantes a oferecerem nas suas cartas pratos vegetarianos?

6. E, bem no âmago do tema da dissertação, a igualdade para a diferença no plano genético, de que trata nas pp.649 a 650, significa reconhecer o "direito" do cego a ser e continuar cego, ou do diabético a ser e continuar diabético e, até, de transmitir esta característica aos seus filhos?

Independentemente das respostas que quiser e puder dar a esta questões, a Mestra Helena Melo reconhece no seu texto que o paradigma actualmente dominante é o igualitário, tanto no plano interno, como no internacional, como, ainda, no do direito comunitário (pp.381, 516 e 614, respectivamente).

Todavia, em vez de explicitar e procurar entender o porquê do predomínio de tal paradigma – mesmo que para continuar a discordar dele, que é um direito que lhe assiste –, ocupa-se em criticar as disposições constitucionais que o consagram, negligenciando o extraordinário progresso que elas permitiram e o valor que representam para todos quantos se habituaram a ver na Constituição uma protecção segura contra os abusos e as discriminações. E chega ao extremo de propor a eliminação do artigo 26.° da lei fundamental por razões meramente lógicas: ou seja, propõe a eliminação da garantia constitucional de *protecção legal contra quaisquer formas de discriminação*, por ser, diz, *uma expressão do paradigma igualitário* (p.471).

Procede de idêntica forma relativamente ao direito comunitário: elogia o papel do TJCE no domínio do combate à discriminação, mas *lamenta* o facto de tal combate assentar no paradigma igualitário (p.615).

E que pensar da noção da candidata de *direito à livre expressão das diferenças*, também expresso na p.471, e que a candidata pretende ver expressamente consagrado no artigo 13.° da Constituição (p.387)? Trata-se de quê? De tolerar, se não mesmo reconhecer efeitos civis, à poligamia? De admitir a mutilação genital feminina? De deixar morrer num hospital público uma criança necessitada de uma transfusão de sangue porque os pais, sendo testemunhas de Jeová, não a autorizam? De permitir sacrifícios de animais? São estas as diferenças que a candidata deseja ver livremente expressas? Ou estaremos já, nas suas palavras, para além do limite do tolerável (p.320)? Se assim for, por onde passa então tal limite?

Existe, todavia, uma matéria em que a rejeição do paradigma igualitário parece fazer hesitar a própria candidata. Refiro-me às chamadas *discriminações positivas*.

A candidata conhece perfeitamente o problema e domina a doutrina, nomeadamente norte-americana, sobre ela produzida.

Em certo ponto do seu texto reconhece expressamente que, na lógica inerente ao paradigma igualitário, *as medidas de discriminação positiva são justas na medida em que contribuem para uma maior igualdade real entre os portugueses* (p.403). Todavia, não deixa de reconhecer também que tais medidas podem ter efeitos perversos, degradando os critérios de selecção aplicáveis aos grupos destinatários das medidas de compensação em causa e fazendo baixar o nível dos membros destes (p.185). Apesar de tudo, defende a discriminação positiva, rejeitando quaisquer riscos de discriminação inversa, isto é, de as medidas de discriminação positiva poderem conduzir a uma inversão das relações de poder favorável ao grupo originariamente discriminado (p.191). E mantém tal defesa no domínio da discriminação genética positiva para tratamento de doenças ou deficiências (p.649).

Supomos que resta à candidata reconhecer que a sua posição, um tanto ziguezagueante, parece reflectir algumas dúvidas quanto à suposta "maldade" do paradigma igualitário. É que as discriminações positivas, na medida em que assentam na mesma categorização que a proibição das discriminações, deveriam justificar a mesma rejeição de princípio.

A verdade, mesmo que dela se não goste, é que o paradigma igualitário, que a candidata tanto critica, permitiu às mulheres o exercício de toda e qualquer profissão, o que não sucedia quando eu e a Professora Teresa Pizarro Beleza éramos estudantes da licenciatura em direito; impôs quotas para deficientes; rampas de acesso e elevadores nos edifícios públicos; sinais sonoros nos semáforos; assistência médica e escolaridade para os filhos emigrantes, ainda que ilegais.

É certo que não foram abolidas todas as desigualdades, mas deram-se passos extraordinários nessa direcção. O que a Mestra Helena Melo propõe, permita-me que lhe diga com toda a franqueza, é a troca de uma mão cheia de garantias de progresso com provas dadas por uma mão vazia de utopias perigosas e desadequadas ao estado da nossa sociedade. Seria, creio, um péssimo negócio.

Um outro ponto da dissertação me suscita as maiores dúvidas. Volto à interpretação constitucional para apreciar o entendimento da candidata quanto àquilo que designa, a p.355, por *modelo de justiça deliberativa*. Escreve: *a teoria da interpretação constitucional que propomos remete, desta forma, para um modelo de justiça deliberativa em que é o juiz que traça agora a linha de separação entre o jurídico e político.*

Compreendendo embora aquilo que propõe, pergunto-me se não se assume assim um risco significativo, o de fazer oscilar as condicionantes jurídicas fundamentais da comunidade ao sabor da cultura dominante entre os juízes. A ideia de *relações circulares, não assimétricas,* como as qualifica – isto é, em português corrente, *simétricas* –, entre o legislador e o juiz não põe em causa a superioridade da lei, princípio fundamental do Estado de direito? Não transforma o juiz, que não sendo exclusivamente um aplicador do direito, o é principalmente, num criador deste?

Sustenta a candidata, na parte final da sua dissertação, que o genoma humano faz parte do *património comum da humanidade.* Não contesto, nem subscrevo tal afirmação, que se me afigura relativamente inócua. Mas impressiona-me que a sustente, não obstante dar por demonstrado que o genoma humano não preenche todas as exigências que tal qualificação exigiria. A circunstância de apenas *alguns dos critérios* se verificarem – nas suas próprias palavras (pp.636/637) – é minimizada pela Mestra Helena Melo, que nem sequer hesita em manter a qualificação que lhe parece conveniente.

Termino a minha intervenção comentando a frase de Dostoïevski que Sartre cita e a Mestra Helena Melo evoca, ao que suponho por merecer a sua con-

ARGUIÇÃO DA DISSERTAÇÃO DE DOUTORAMENTO EM DIREITO DA MESTRE HELENA MARIA PEREIRA

cordância, na p.618 da sua dissertação: *Todos os seres humanos são responsáveis por tudo perante todos.*

Vou fazer-lhe uma confissão, correndo o risco de que muitos a considerem ousada, se não mesmo pretensiosa: considero a frase em questão, se aplicável num contexto jurídico e pesem embora a autoria e a abonação, uma tolice, bem intencionada, mas perigosa. Se todos os seres humanos fossem responsáveis por tudo perante todos, o que isso significaria, na dura realidade, é que *nenhum seria verdadeiramente responsável por nada, perante ninguém.*

É conhecido que a preferência crescente por regimes de responsabilidade objectiva, ditada pela complexidade da vida social – patente, por exemplo, no direito do ambiente – levou a substituir a procura do culpado, para o castigar, típica da responsabilidade subjectiva, pela mera transferência do dano para aquele que retirou vantagem da actividade que o causou.

O que isto significa é que as sociedades modernas se vão conformando com a substituição da base ética da responsabilidade pela base económica. No final deste percurso estará, receio, a impossibilidade de distinguir o bem do mal: não havendo culpados, todos os danos serão compensados por seguradoras ou, em última análise, pelo Estado – isto é, por todos os contribuintes.

Todos seremos então responsabilizados. Ou seja, ninguém.

Mestra Helena Melo: repito o que lhe disse no início da minha intervenção: não obstante as críticas que lhe dirigi, considero a sua dissertação um trabalho sério e valioso. Está agora nas suas mãos demonstrar-me que as minhas críticas não são merecidas. Espero, sinceramente, que o faça com êxito.

Ensino do Direito do Consumo[*]

Carlos Ferreira de Almeida[**]

§ 1.º Ensino universitário do direito do consumo

I. Num relance pelos *curricula* das universidades, com especial incidência nas europeias e americanas[1], verifica-se que a disciplina de Direito do Consumo, com esta designação ou com designações semelhantes, não faz parte do núcleo duro do ensino graduado e pós-graduado em Direito, mas marca uma presença que não pode ser menosprezada.

O quadro geral apresenta-se do seguinte modo:

1.º Como disciplina autónoma de opção ou de especialização, em cursos de licenciatura ou equivalentes, faz parte do *curriculum* apresentado por Faculdades de Direito ou por outras escolas superiores em que se ensina Direito, com as seguintes designações:

- *Derecho del Consumo*, nas universidades de Alicante, Oviedo, Jaume I (Castellón) e Universidad Nacional de Educación a Distancia (Espanha);
- *Droit de la Consommation*, nas universidades de Genève, Catholique de Louvain e Laval (Quebeque, Canadá);
- *Diritto dei Consumi*, na Universidade de Messina;
- *Derecho de los Consumidores*, na Universidade Carlos III (Madrid);
- *Dret dels Consumidors*, na Universidade de Barcelona;
- *Consumer Law*, nas universidades de Stirling (UK), Carleton (Ottawa, Canadá), McGill (Quebeque, Canadá), Loyola (Chicago), Suffolk (Boston), Oregon e New Mexico;
- *Protección de los Consumidores*, na Universidad Autónoma de Madrid;
- *Consumer Protection*, na Santa Clara School of Law (Califórnia);

---

[*] O texto que agora se publica corresponde ao capítulo III do relatório sobre o programa, o conteúdo e o método da disciplina de Direito do Consumo, que apresentei para provas de agregação em Direito Privado realizadas na Universidade de Lisboa em Fevereiro de 2005. Os dois primeiros capítulos, intitulados "Direito do consumo" e "Direito privado do consumo", foram publicados, em *Direito do consumo*, Almedina, Coimbra, 2005.

[**] Professor da Faculdade de Direito da Universidade Nova de Lisboa.

[1] Os elementos subsequentes são extraídos das páginas na internet das respectivas universidades, com referência aos anos lectivos de 2002-2003 e 2003-2004.

CARLOS FERREIRA DE ALMEIDA

- *Tutela del Consumatore*, na Universidade de Siena;
- *Consumer Law Litigation Clinic*, na Universidade de Wisconsin;
- *Comparative Consumer Protection Law*, na Universidade de Georgetown (Washington, DC);
- *Direito das Relações de Consumo*, nas universidades federais da Bahia e de Uberlândia (Minas Gerais);
- *Consumer Transactions*, na Universidade de Hofstra (Nova Iorque);
- *Droit Européen de la Consommation*, na Universidade de Genève;
- *Diritto Europeo dei Consumatori*, na Universidade de Roma 3;
- *European Consumer Law*, na Universidade de Utrecht.

2.º Como disciplina autónoma de opção ou de especialização, em cursos de licenciatura ou equivalentes, mas associada a outras matérias, nas seguintes univer-sidades, com as designações que vão indicadas:

- *Contract and Consumer Law*, na Universidade de Wales;
- *Business and Consumer Law*, na universidade de Southern Queensland (Austrália);
- *Sales and Consumer Law*, na Universidade de Manitoba (Canadá);
- *Schuldrecht IV (Verbraucherrecht und europarechtliche Bezüge)*, na Martin-Luther-Universität (Halle-Wittenberg);
- *Europäisches Wirtschafts- und Verbraucherrecht*, na Hamburger Universität für Wirtschaft und Politik;
- *Consumenten- en Patiëntenrecht*, na Universidade de Utrecht;
- *European Community Social, Environmental and Consumer Law*, na Universidade de Oxford;
- *Trademark, Unfair Competition and Consumer Protection*, na Universidade de Illinois.

3.º Como disciplina autónoma ou associada a outros temas em cursos de mestrado e noutros cursos de pós-graduação, nas seguintes universidades, com as seguintes designações:

- *Derecho del Consumo*, na Universidade de Valladolid;
- *Diritto dei Consumatori*, na Universidade de Roma La Sapienza;
- *Droit Français, Suisse et Comparé de la Consommation*, na Universidade de Lausanne;
- *Relações de Consumo*, na Faculdade de Direito de Campos (Rio de Janeiro);
- *Commercial and Consumer Contracting Law*, na Universidade de Sheffield (UK);

ENSINO DO DIREITO DO CONSUMO

– *Concurrence et Consommation,* em DEA conjunto das universidades de Montpellier e de Perpignan.

4.º Como objecto central de cursos de pós-graduação, nas seguintes universidades:

– pós-graduação em *Direito do Consumidor,* na Universidade do Estado do Rio de Janeiro;
– pós-graduação em *Direito das Relações de Consumo,* na Pontifícia Universidade de S. Paulo.

II. Um outro bom índice para avaliar a efectiva relevância de uma disciplina no ensino universitário é o número de obras (manuais e compilações de textos) escritas por professores e destinadas prioritariamente a estudantes universitários.

Em relação ao Direito do Consumo, o rol é indicativo de presença não despicienda mas distante da densidade própria das disciplinas tradicionais:

– na Europa: três manuais espanhóis[2], um francês[3], um italiano[4], um alemão[5], um holandês[6], quatro ingleses[7], além de uma obra de *cases and materials*[8], um escocês[9] e dois manuais focados no direito comunitário do consumo[10];
– na América: dois manuais nos Estados Unidos[11], um manual canadiano (centrado no direito do Quebeque)[12], além de um livro de *cases and materials* em cada um destes países[13].

---

[2] *Curso sobre protección jurídica de los consumidores* (org. Botana García & Ruiz Muñoz), Madrid, 1999; *Derecho de consumo* (org. M.ª José Reyes López), Valencia, 1999; LEÓN ARCE e o., *Derechos de los consumidores y usuarios (doctrina, normativa, jurisprudencia, formularios),* Valencia, 2000.

[3] CALAIS-AULOY & FRANK STEINMETZ, *Droit de la consommation,* 5.ª ed., Paris, 2000.

[4] ALPA, *Il diritto dei consumatori,* 4.ª ed., Roma, 1999.

[5] BORCHERT, *Verbraucherschutzrecht,* 2.ª ed., München, 2003.

[6] *Consumentenrecht* (org. Hondius & Rijken), Deventer, 1996.

[7] BORRIE & DIAMOND, *The Consumer, Society and the Law,* 4.ª ed., Harmondsworth, 1981; CRANSTON'S *Consumers and the Law* (por Colin SCOTT & Julia BLACK), 3.ª ed., London, 2000; HOWELLS & WEATHERILL, *Consumer Protection Law,* Aldershot, Brookfield, Singapore, Sydney, 1995; OUGHTON & LOWRY, *Consumer Law,* 2.ª ed., London, 2000.

[8] MILLER & HARVEY, *Consumer and Trading Law – Cases and Materials,* London, 1985.

[9] IRVINE, *Consumer Law in Scotland,* Edinburgh, 1995.

[10] KENDALL, *EC Consumer Law,* London, New York, Chichester, Brisbane, Toronto, Singapore, s/d (mas 1994); HOWELLS & WILHELMSSON, *EC Consumer Law,* Ashgate, Brookfield, Singapore, Sydney, 1997.

[11] ALPERIN & CHASE, *Consumer Law. Sales Practices and Credit Regulation,* St. Paul, Minn., 1986; MARSH, *Consumer Protection Law in a Nutshell,* 3.ª ed., St. Paul, Minn., 1999.

III. Em Portugal, só a Faculdade de Direito da Universidade Nova de Lisboa inclui actualmente no currículo da licenciatura em Direito uma disciplina de Direito do Consumo.

A cadeira está prevista no plano do curso, desde o seu primeiro ano de funcionamento em 1997, com o estatuto de disciplina de opção[14].

A abertura efectiva da disciplina ocorreu no 1.º semestre do ano lectivo de 2000-2001, sob a minha regência e com o seguinte programa:

> Fundamento para a protecção jurídica dos consumidores. Fontes de direito. Conceito de consumidor. Associações de consumidores. Resolução de conflitos de consumo. Mediação e arbitragem. Acções colectivas. Publicidade. Contratos de consumo. Formação dos contratos. Contratos celebrados fora do estabelecimento. Direito de arrependimento. Cláusulas contratuais gerais. Qualidade. Preço. Saldos. Incumprimento do contrato. Garantias e outras obrigações pós-contratuais. Crédito ao consumo. Responsabilidade do produtor. Sobre-endividamento[15].

Nos dois anos lectivos seguintes, sob a mesma regência, manteve-se o essencial do programa, com aditamento da matéria de venda para consumo, que entretanto se tornara particularmente importante com a iminência de transposição da Directiva 1999/44/CE. Em contrapartida, alguns outros temas ficaram circunscritos a trabalhos de estudantes. No ano lectivo de 2003-2004, a regência esteve a cargo da Professora Mariana França Gouveia, sob a minha orientação. O programa não sofreu alteração sensível, salvo o desenvolvimento do regime do crédito ao consumo[16].

Entretanto, na Faculdade de Direito de Coimbra, foi criado o Centro de Direito do Consumo[17], que no ano lectivo de 1999-2000 promoveu o 1.º Curso de Pós-Graduação em Direito do Consumo. A iniciativa tem sido retomada todos os anos, sempre sob a coordenação do Professor António Pinto Monteiro e leccionado quase exclusivamente por professores e assistentes das Faculdades de Direito portuguesas[18].

---

[12] L'HEUREUX, *Droit de la consommation*, 4.ª ed., Cowansville (Québec), 1993.

[13] SPANOGLE e o., *Consumer Law: Cases and Materials*, St. Paul, Minn, 1991; OGILVIE, *Consumer Law: Cases and Materials*, 3.ª ed., Toronto, 2000 (obra a que não tive acesso directo).

[14] FACULDADE DE DIREITO DA UNIVERSIDADE NOVA DE LISBOA, *Guia 97-98*, Lisboa, 1997, p. 20.

[15] ID., *Guia 2000-2001*, Lisboa, 2000, p. 43.

[16] ID., *Guia 2001-2002*, Lisboa, 2001, p. 45; ID., *Guia 2002-2003*, Lisboa, 2002, p. 49 s; ID., *Guia 2003-2004*, Lisboa, 2003, p. 48 s.

[17] "O CDC – Centro de Direito do Consumo", *EDC*, n.º 1, 1999, p. 7 ss.

[18] PINTO MONTEIRO, "Apresentação do 1.º Curso de pós-graduação em Direito do Consumo", *EDC*, n.º 1, 1999, p. 35 ss. Os volumes seguintes têm publicado os discurso proferidos pelo Professor Pinto Monteiro nas sessões de abertura dos cursos seguintes.

ENSINO DO DIREITO DO CONSUMO

O Centro de Direito do Consumo tem editado anualmente um volume de *Estudos de Direito do Consumidor*, que é (quase) uma revista de Direito do Consumo onde, além de outras contribuições nacionais e estrangeiras, estão reunidos muitos artigos com as matérias correspondentes às aulas leccionadas pelos autores.

A estrutura do 6.º Curso (2003-2004), semelhante à dos cursos anteriores, é a seguinte:

Disciplinas: Direito dos Contratos; Direito da Publicidade; Direito Internacional e Comunitário do Consumo.

Módulos: introdução ao Direito do Consumo; direitos fundamentais do consumidor; sistema organizatório de protecção do consumidor; responsabilidade civil por informações; responsabilidade civil do produtor; obrigação geral de segurança; garantias; preços; viagens organizadas; *time sharing* – direito de habitação periódica; sinais distintivos; protecção do consumidor de serviços financeiros; direito penal do consumo; a tutela jurisdicional do consumo em Portugal; meios processuais de defesa do consumidor; o endividamento dos consumidores: perspectiva sócio-económica; o sobre-endividamento.

Paralela é a criação na Faculdade de Direito de Lisboa de um Instituto de Direito do Consumo que, sob a coordenação do Professor Luís Menezes Leitão, organiza anualmente, desde 2000-2001, um Curso de Pós-Graduação em Direito do Consumo. O programa do 4.º Curso, relativo a 2003-2004, muito semelhante ao programa do 1.º Curso[19], tem a seguinte composição:

Módulo I – Direito do Consumo. Questões gerais: concepções dogmáticas do direito do consumo; endividamento dos consumidores; análise económica do consumo; as novas linhas do direito do consumo.

Módulo II – Direito Constitucional e Administrativo do Consumo: Constituição e o Direito do Consumo; instituições administrativas de defesa do consumidor; consumo e procedimento administrativo; tutela administrativa económica do consumo.

Módulo III – Direito Comunitário do Consumo.

Módulo IV – Direito Internacional Privado do Consumo: Convenção de Roma, contratos com os consumidores; competência judiciária dos conflitos do consumidor.

Módulo V – Situação jurídica do consumo em geral: direitos gerais dos consumidores; cláusulas contratuais gerais e contratos pré-formulados; publicidade e tutela do consumidor; protecção do consumidor contra as práticas comerciais agressivas; responsabilidade civil do produtor; garantias dos contratos de consumo.

---

[19] "Programa do I Curso de Pós-graduação em Direito do Consumo da Faculdade de Direito de Lisboa", *EIDC*, vol. I, 2002, p. 7 ss.

CARLOS FERREIRA DE ALMEIDA

Módulos VI a X – Situações jurídicas especiais do consumo; serviços públicos administrativos; fornecimento de bens essenciais; serviços de telecomunicações; serviços bancários; depósito bancário; crédito à habitação; crédito ao consumo; emissão de cartões de crédito; contrato de viagem organizada; prestação de serviço turístico; espectáculos públicos; contrato de transportes públicos; contrato de transportes públicos marítimos; contrato de transportes públicos aéreos; contrato de seguro em geral; contrato de seguro de vida; contrato de seguro automóvel; contrato de mediação; contrato de constituição de direito real de habitação periódica; venda fora do estabelecimento; venda com redução de preços; compra e venda em grupo.

Módulo XI – Consumidor e sociedade da informação: protecção do consumidor na base de dados; protecção do consumidor na internet.

Módulo XII – Direito Penal e Contra-Ordenacional do Consumo.

Módulo XIII – Resolução dos Conflitos do Consumo: acção popular no Direito do Consumo; arbitragem no Direito do Consumo; jurisprudência de Direito do Consumo.

§ 2.º OBJECTO, ESTATUTO E OBJECTIVOS DA DISCIPLINA

I. O objecto de uma disciplina com a designação de "Direito do Consumo" pode flutuar consoante a posição teórica adoptada[20], corrigida com recortes ou ampliações ditadas por razões pedagógicas.

Numa Faculdade em que o currículo da licenciatura compreende um tão elevado e variável conjunto de cadeiras de opção, não se justificaria a fusão curricular com disciplinas afins. A necessidade em que porventura se baseia, nalgumas escolas estrangeiras, a formação de pares de disciplinas (consumo + concorrência, consumo + ambiente, consumo + contratos) é resolvida na Faculdade de Direito da Universidade Nova de Lisboa através da abertura, sequente ou periódica, de cursos integralmente dedicados àqueles outros assuntos. Não se vislumbra pois razão para ampliar o objecto.

Parecem-me, pelo contrário, aconselháveis reduções do objecto teórico do Direito do Consumo. Se, como sustentei, o Direito do Consumo tem por objecto todas as situações jurídicas de consumo, abrangendo portanto temas de direito privado (incluindo Direito Internacional Privado), Direito da Economia, Direito Penal, Direito Processual Civil, Administrativo e Penal, o seu estudo numa só disciplina não só seria incomportável com o estatuto que a seguir se referirá como também inconveniente sob o ponto de vista pedagógico.

As restrições não têm de obedecer a um qualquer critério hierárquico das matérias. Nada obsta a que, em diferentes anos lectivos, o núcleo da disciplina

---

[20] Cfr. o meu *Direito do Consumo*, cit., p. 17 ss, 51 ss.

ENSINO DO DIREITO DO CONSUMO

varie, privilegiando sucessivamente temas de direito privado, de direito da economia, de direito processual ou mesmo de direito penal e contra-ordenacional. É, de resto, este o espírito geral das disciplinas de opção na Faculdade.

O objecto pedagógico – e o consequente programa que a seguir se propõe – corresponde portanto a uma opção pessoal, muito marcada pela formação e pelos gostos do proponente. Fora da preparação jurídica básica e comum, a liberdade de escolha não deve estar disponível apenas para os estudantes.

Não será portanto surpreendente que o programa "deste" curso de Direito do Consumo tenha especial incidência sobre o direito privado do consumo, com algumas incursões no processo civil, que é o direito privado posto em acção. A sua flexibilidade deixa ainda assim espaço para outras selecções pontuais, segundo preferências particulares dos estudantes.

Em favor da opção tomada, não se deixará de alegar todavia que, na época actual, o fulcro da aplicação e do desenvolvimento do Direito do Consumo tende a centrar-se nos contratos e na responsabilidade civil.

II. Outra condicionante do programa é o estatuto da disciplina. Prefiro pôr assim a questão (como o arquitecto a quem se encomenda um projecto para um espaço inalterável) do que, ao invés, pretender forçar o estatuto da disciplina em ordem a encontrar mais espaço para um programa que, nesse caso, ficaria desenquadrado da estrutura curricular global.

A disciplina de Direito do Consumo na Faculdade de Direito da Universidade Nova de Lisboa é semestral (como é regra na Faculdade) e optativa, dispondo de duas aulas semanais de 75 minutos cada, isto é, de um total de 24 a 26 aulas (entre 30 e 32 $1/2$ horas).

Tem como precedência recomendada a disciplina obrigatória de Direito das Obrigações II e pertence ao conjunto das disciplinas especialmente orientadas para os estudantes que pretendam obter uma menção na área social[21]. Nestas circunstâncias, nela se inscrevem geralmente estudantes finalistas ou que frequentam o penúltimo ano da licenciatura, inclinados ou não a escolher a menção social. Tem também atraído alguns estudantes estrangeiros (ao abrigo do programa Erasmus) e externos (licenciados em regime de inscrição livre[22]).

Na previsível redução do curso de licenciatura em Direito para 4 anos, é provável que se mantenha como disciplina de opção ou que se integre nalgu-

---

[21] FACULDADE DE DIREITO DA UNIVERSIDADE NOVA DE LISBOA, *Guia 2003-2004*, cit., p. 22, 19. Só uma observação: tal como sucede em relação a outras disciplinas, poder-se-á encarar a inclusão adicional na área forense e/ou na área empresarial. O "custo" provável será o aumento do número de estudantes inscritos na cadeira.

[22] *Guia 2003-2004*, cit., p. 28.

221

mas das especialidades de mestrado de curta duração, cuja criação é sugerida pela adaptação ao espírito da Declaração de Bolonha.

Prevê-se que, no 2.º semestre do ano lectivo de 2004-2005, a disciplina, com a designação de "Direito Europeu do Consumo", esteja aberta à frequência simultânea de licenciandos da Faculdade de Direito da Universidade Nova de Lisboa e de mestrandos enquadrados na rede *Master Erasmus Mundus*. Este mosaico relativamente heterogéneo dos actuais e dos futuros estudantes destinatários não perturba a concepção do programa, que se deseja estar adaptado a diversos perfis e a diversas conjunturas.

III. Os objectivos da disciplina devem ser apropriados ao seu estatuto e ser servidos pelo seu programa. Sendo uma cadeira de opção, não pode aspirar a participar na formação jurídica de base. Tal não impede que o seu principal objectivo seja a formação jurídica complementar, a obter em combinação, conjugada mas alternativa, com outras disciplinas de opção.

A obtenção de informação, que também é um propósito digno, fluirá naturalmente do enquadramento formativo, do qual constitui um pressuposto insubstituível. Excluída está a pretensão de o professor fornecer e de os estudantes alcançarem informação completa ou mesmo extensiva sobre a totalidade das matérias, porquanto um tal objectivo prejudicaria a flexibilidade do programa, o aprofundamento dos temas e a criatividade dos estudantes.

Em (quase?) todas as disciplinas dos cursos de licenciatura em Direito as finalidades metodológicas e de construção jurídica devem sobrepor-se às finalidades de transmissão de conhecimentos, que, além de serem mais ou menos efémeros, se podem obter ou completar durante a vida profissional. Com propositado exagero, diria que qualquer matéria jurídica (até não jurídica) é boa e nenhuma é indispensável para aprender Direito e "pensar como um jurista"[23].

Nesta função de formação, as características do Direito do Consumo conferem-lhe, apesar de tudo, aptidão particular para desempenhar um papel que não está ao alcance de muitas outras disciplinas jurídicas.

Por um lado, o uso de mecanismos de protecção colocados ao serviço do desenvolvimento económico torna evidentes alguns aspectos que são menos nítidos nas disciplinas jurídicas clássicas, despertando quase por intuição o interesse para avaliar os efeitos económicos e sociais das normas, a eficiência

---

[23] Como gostam de dizer os professores de Direito norte-americanos; cfr. KLEIN, "Legal Education in the United States and England: A Comparative Analysis", *Loyola of Los Angeles International and Comparative Law Journal*, vol. 13, 1991, p. 601 ss (p. 630); EBKE, "Legal education in the United States of America", *The common core of Europe and the future of legal education* (org. de Witte e Forder), Deventer, 1992, p. 95 ss (p. 107).

ENSINO DO DIREITO DO CONSUMO

da legislação, a aplicação prática do princípio da igualdade, a função (também) pedagógica das normas legais.

Por outro lado, a circunstância de a matéria ser exclusivamente formada por casos e negócios do quotidiano, de que os estudantes têm vivência directa, pessoal ou familiar, ou que facilmente apreendem, auxilia a compreensão jurídica dos problemas envolvidos, afrouxando as barreiras da complexidade técnica e da conexão inter-disciplinar que com frequência emergem de situações com descrição fáctica muito simples.

A orientação no sentido de centrar no direito privado o ensino do Direito do Consumo constitui oportunidade privilegiada para revisitar matérias básicas do Direito Civil (forma e formação dos contratos, cumprimento e incumprimento, união de contratos, responsabilidade civil), colocando os estudantes perante algumas das tendências actuais dessas áreas.

Uma formação jurídica sólida é o melhor sustentáculo para a preparação profissional, mas o contacto marginal com a prática jurídica não só é compatível com a missão das Faculdades de Direito como constitui veículo eficaz para ancorar conhecimentos teóricos e para descobrir ou reanimar vocações. Sendo esta a justificação para as disciplinas obrigatórias de Prática Jurídica Interdisciplinar I e II, que fazem parte do *curriculum* da licenciatura em Direito na FDUNL, outras experiências não estão excluídas.

Entre elas, recorde-se, por estar ligada à disciplina de Direito do Consumo, a criação da UMAC – Unidade de Mediação e de Acompanhamento de Conflitos de Consumo, criada em 2001 por protocolo celebrado com o Instituto do Consumidor. A UMAC tem competência para a mediação de conflitos de consumo originados por reclamações apresentadas naquele Instituto que não sejam encaminhados para outras estruturas especializadas[24].

Os mediadores (cerca de vinte) que até hoje exerceram a função eram, ou são, estudantes finalistas da Faculdade, seleccionados entre os melhores classificados na cadeira de Direito do Consumo. A oportunidade de intervenção influente em situações jurídicas reais e a remuneração módica que recebem foram pensadas, e têm sido sentidas, como estímulo e prémio para a dedicação ao estudo. O êxito da iniciativa transformou-a, quase espontaneamente, num objectivo adicional da disciplina.

---

[24] Cfr. o meu pequeno texto de apresentação da "UMAC – Unidade de Mediação e de Acompanhamento de Conflitos de Consumo", na *Themis*, n.º 4, 2001, p. 247 ss.

§ 3.º PROGRAMA E CONTEÚDO DA DISCIPLINA

I. O programa que a seguir se propõe pretende harmonizar-se com o objecto, o estatuto e os objectivos da disciplina de Direito do Consumo, tal como ficaram enunciados e justificados. Não difere muito dos programas adoptados nos quatro anos em que a disciplina foi efectivamente leccionada na Faculdade de Direito da Universidade Nova de Lisboa. As alterações são fruto da reflexão que acompanhou a feitura do presente relatório.

1.ª parte – *Introdução.* Evolução, objecto e fundamento do Direito de Consumo. Conceito de consumidor. Associações de consumidores. Fontes de direito português e comunitário do consumo. O problema da autonomia do Direito do Consumo.

2.ª parte – *Contratos de consumo,* com especial incidência nos contratos do comércio electrónico, noutros contratos celebrados à distância e fora do estabelecimento e nos contratos de crédito ao consumo. Forma e formação dos contratos. Deveres pré-contratuais de informação. Composição imperativa do conteúdo. Direito de arrependimento.

3.ª parte – *Contrato de compra e venda para consumo.* Evolução do regime da venda de coisa defeituosa. Conformidade e desconformidade. Direitos decorrentes da desconformidade. Direito de regresso. Garantias negociais autónomas. Quadro geral das obrigações do vendedor e do produtor de bens defeituosos.

4.ª parte – *Crédito ao consumo.* Efeitos da união entre o contrato de crédito e o contrato de fornecimento.

Parte variável – *Temas sugeridos para trabalhos dos estudantes.* Cláusulas contratuais gerais. Qualidade de bens e serviços. Publicidade. Rotulagem. Preços. Viagens organizadas. Serviços públicos. Direito de habitação periódica. Responsabilidade do produtor. Resolução de conflitos de consumo. Sobre-endividamento.

II. *Justificação.* A estrutura geral do programa resulta de uma primeira grande divisão entre temas pré-fixados pelo regente e temas variáveis, seleccionados pelos alunos para trabalhos de grupo dentro de um conjunto que lhes é fornecido no início do semestre.

Os blocos temáticos (tendencialmente) fixos correspondem às quatro primeiras partes do programa.

As matérias constantes da introdução impõem-se em função da necessidade de explicação preliminar sobre a evolução, o objecto e o fundamento do

Direito do Consumo e de um primeiro contacto com o elenco das fontes de direito reguladoras dos institutos a estudar. O conceito de consumidor tem sido a âncora da especificidade desses institutos.

A 2.ª parte tem por objecto os contratos de consumo, porque é no âmbito dos contratos que se insere a maioria das regras jurídicas especiais relativas ao consumo. Concentram-se nesta parte quer as (poucas) regras gerais aplicáveis a contratos de consumo quer as regras comuns a algumas sub-categorias definidas pelo meio ou pelo local de celebração (contratos do comércio electrónico e outros contratos celebrados à distância e fora do estabelecimento) e a alguns tipos contratuais de consumo (v. g., contratos de crédito ao consumo, contratos de viagem organizada). Os aspectos em que tal se verifica (forma, formação, deveres pré-contratuais de informação, composição do conteúdo, invalidades, ineficácia) são propícios para demonstrar o seu relacionamento com regras mais gerais do direito comum.

A 3.ª parte trata do contrato de compra e venda para consumo, seleccionado por ser o mais comum dos tipos contratuais de consumo e aquele que, em vários pontos, tem servido de modelo para o regime de outros tipos contratuais de consumo (empreitada, locação e prestação de serviços). O estudo circunscreve-se porém ao regime da venda de coisa defeituosa e ao seu homólogo moderno, que é o regime da desconformidade da prestação do vendedor. Para a compreensão plena das repercussões económicas e jurídicas da verificação de defeitos, o estudo prolonga-se para os regimes do direito de regresso do revendedor e da garantia autónoma concedida ao consumidor, enquanto negócio complementar ou sucedâneo do regime legal imperativo aplicável à desconformidade.

A 4.ª parte aborda apenas um ponto específico do regime do crédito ao consumo. Considerando que os aspectos de forma, de formação e de conteúdo imperativo dos contratos de crédito ao consumo terão sido já referidos na 2.ª parte, elege-se para estudo adicional apenas o regime dos efeitos unilaterais ou recíprocos da união entre o contrato de crédito e o contrato de fornecimento. As razões são várias e de peso: a relevância social do problema (recente mas crescente em Portugal), a sua relação com institutos estudados em partes anteriores do programa (v. g. direito de arrependimento, desconformidade da coisa ou do serviço), contornos teóricos que ultrapassam os limites do crédito ao consumo.

A colocação em último lugar dos temas sugeridos para trabalhos dos estudantes não indica uma posição cronológica correspondente. A ideia é antes que sejam distribuídos ao longo do semestre, intercalados com os restantes temas. O elenco, não taxativo, obedece a mais do que um critério:

- Contratos de consumo que só podem ser esboçados na parte fixa do programa. Indicam-se a título de exemplo os contratos de viagem organizada e os contratos de fornecimento de serviços públicos, mas a escolha pode também recair noutros tipos ou subtipos de contratos.
- Outros temas de direito privado (cláusulas contratuais gerais; responsabilidade do produtor; direito de habitação periódica) que só não são candidatos à selecção como temas fixos por já terem sido estudados em disciplinas obrigatórias (Teoria Geral do Direito Civil, Direito das Obrigações, Direitos Reais). Retomar tais temas na disciplina de Direito do Consumo constitui um ensejo para aprofundar alguns aspectos ou relacioná-los com novos conhecimentos.
- Temas de Direito Processual Civil (resolução de conflitos de consumo; sobre-endividamento). Só por limitações de tempo não é possível integrá-los na parte fixa do programa. Espera-se porém que, além da breve referência feita a acções colectivas a propósito das associações de consumidores, haja em todos os cursos oportunidade para oferecer aos estudantes uma perspectiva processual mais desenvolvida do Direito do Consumo.
- Temas que envolvem, ou podem envolver, aspectos próprios do Direito da Economia (qualidade de bens e serviços; publicidade; rotulagem; preços). A repercussão privada de qualquer destes temas surge a propósito das matérias abordadas na 2.ª e na 3.ª partes do programa. Mas a preferência pela vertente privada do Direito do Consumo não é tomada como excludente absoluta das áreas de direito público pelas quais também se estende. Os estudantes interessados terão assim oportunidade de abordar aqueles mesmos temas sob a perspectiva da regulação do exercício da actividade económica, com a vantagem, para todos, de uma parte do programa ser tratada com aproximação interdisciplinar.

III. Sumário das aulas da 1.ª parte – *Introdução*.

1. Evolução do consumerismo e do Direito do Consumo.

1.1. Antecedentes legislativos: protecção da saúde pública e regulação dos mercados de abastecimento público.

1.2. Cooperativismo e associativismo de consumo.

1.3. Alguns casos célebres ocorridos em meados do século XX: deformações causadas por um medicamento (talidomida) tomado durante a gravidez; acidentes causados por automóveis com defeito (Nader contra a General Motors).

1.4. Marco histórico e simbólico: mensagem dirigida pelo presidente Kennedy ao Congresso dos Estados Unidos, em 15 de Março de 1962.

Ensino do direito do consumo

1.5. Desenvolvimento na Europa: a Carta do Consumidor do Conselho da Europa (1973). Programa preliminar da CEE (1975). As directivas comunitárias.

1.6. A expansão para o terceiro mundo: *Guidelines for consumer protection* (Nações Unidas, 1985).

1.7. Evolução no direito português: movimento associativo (fundação da DECO em 1973). A primeira Lei de Defesa do Consumidor de 1981. Consagração constitu-cional dos direitos dos consumidores na revisão de 1982. A segunda Lei de Defesa do Consumidor de 1996. Transposição das directivas comunitárias.

2. Objecto do Direito do Consumo.

2.1. Critério clássico: o Direito do Consumo como conjunto das normas jurídicas de protecção dos consumidores.

2.2. Relação histórica entre o objecto do Direito do Consumo e o conceito de consumidor.

2.3. Crítica; bases justificativas de ampliação do objecto. O objecto do Direito do Consumo delimitado por referência às situações jurídicas de consumo.

2.4. Exclusão do direito da concorrência, do direito do ambiente e dos direitos fundamentais do objecto próprio do Direito do Consumo.

2.5. Terminologia: direito do consumo, direito do consumidor ou direito dos consumidores?

3. Fundamento do Direito do Consumo.

3.1. A razão de ser dessas normas (por quê?). Inadequação do direito privado do liberalismo à "revolução comercial". Desprotecção decorrente da aplicação dos princípios da liberdade, da igualdade e do efeito relativo.

3.2. A oportunidade das normas (em que circunstâncias?). Alteração dos hábitos na "sociedade de consumo". Pressão do movimento associativo dos consumidores e da opinião pública.

3.3. O objectivo das normas (para quê?). O Direito do Consumo como correcção do mercado e como complemento do mercado. O Direito do Consumo como instrumento para a criação de confiança dos consumidores no mercado. O Direito do Consumo como instrumento da concorrência.

3.4. Objectivos específicos: estabelecer padrões de qualidade; incrementar a informação; compensar desigualdades do poder negocial; conferir meios efectivos para a resolução dos litígios ("acesso à justiça").

3.5. A crítica marxista (benefício do grande capital) e a crítica liberal (desigual-dade e paternalismo).

4. Conceito de consumidor.

4.1. Elemento subjectivo: apenas pessoa física ou também pessoa jurídica?

4.2. Elemento objectivo: bens de consumo; o dinheiro como objecto de contratos de crédito ao consumo.

4.3. Elemento teleológico: formulação positiva (uso pessoal ou familiar) e formulação negativa (uso não profissional); uso misto. Consumo final e consumo intermédio.

4.4. Elemento relacional: consumidor e fornecedor.

4.5. Conceitos comunitários e conceitos do direito português.

4.6. Conceitos concorrentes: aderente, cliente, adquirente, utente, destinatário.

4.7. Disfunções do conceito de consumidor: entre a ficção e a política legislativa. Implicações decorrentes da concepção restrita e da concepção ampla de consumidor.

5. Associações de consumidores.

5.1. Movimento associativo nacional e internacional de consumidores.

5.2. As associações de consumidores no direito português: associações de âmbito nacional, regional e local. Direitos das associações de consumidores.

5.3. Legitimidade processual das associações de consumidores: representação de interesses colectivos e de interesses difusos; acção popular, acções inibitórias e participação em processo penal e contra-ordenacional.

6. Fontes de direito português.

6.1. Constituição da República, artigos 60.º e 81.º, h).

6.2. Lei de Defesa do Consumidor.

6.3. Leis avulsas.

6.4. Referência ao Código do Consumidor (em preparação).

6.5. Costume e usos; jurisprudência (incluindo sentenças de tribunais arbitrais); doutrina.

6.6. Aplicação das normas comuns dos vários ramos de direito.

7. Fontes de direito comunitário.

7.1. Competência das instituições comunitárias em matéria de Direito do Consumo. Do Acto Único ao Tratado de Amsterdão.

7.2. Harmonização mínima e harmonização máxima através de directivas. Impacte no direito português.

7.3. Regulamentos comunitários.

7.4. Jurisprudência do Tribunal de Justiça.

7.5. Doutrina sobre o Direito do Consumo da União Europeia.

ENSINO DO DIREITO DO CONSUMO

8. O problema da autonomia do Direito do Consumo.

8.1. Teses favoráveis à autonomia.

8.2. Teses contrárias à autonomia.

8.3. Direito comunitário do consumo e direito privado do consumo.

IV. Sumário das aulas da 2.ª parte – *Contratos de consumo.*

9. Contrato de consumo.

9.1. Conceito.

9.2. Direito aplicável. Regras especiais, regras comuns a várias sub-categorias e a vários tipos contratuais de consumo e regras comuns a todos os contratos de consumo. Inserção no regime de direito privado comum.

10. Forma.

10.1. O (chamado) formalismo nos contratos de consumo.

10.2. Regras especiais de forma em contratos de consumo.

10.3. Questões de forma no comércio electrónico.

11. Modelos de formação.

11.1. Aceitação de proposta. Convite a contratar e proposta ao público nos contratos de consumo. Formação de contratos em estabelecimentos de auto-serviço. Vendas através de máquinas. Proibição de envio de bens não encomendados (ineficácia do silêncio).

11.2. Formação de contratos por via electrónica e por outros meios de comunicação à distância. Formação do contrato através da aceitação de proposta (ao público). Confirmação por escrito.

11.3. Formação de contratos através de declarações contratuais conjuntas quando a lei exige escritura pública ou documento particular concentrado.

12. Deveres pré-contratuais de informação.

12.1. Consagração difusa na LDC.

12.2. Informações pré-contratuais precisas exigidas, por exemplo, na contratação à distância e nos contratos de viagem organizada.

12.3. Distinção e relação entre deveres pré-contratuais de informação, ónus de comunicação e composição imperativa do conteúdo.

13. Composição imperativa do conteúdo.

13.1. Requisitos legais de conteúdo nos contratos celebrados fora do estabele-cimento e nos contratos de crédito ao consumo.

13.2. Invalidade por inobservância dos requisitos.

13.3. Finalidades (preventiva, pedagógica e probatória) da composição imperativa do conteúdo contratual.

14. Direito de arrependimento.

14.1. Situações previstas no direito comunitário e no direito português.

14.2. O direito de arrependimento como direito *ex lege*, temporário, gratuito e potestativo, que se exerce por declaração unilateral e imotivada.

14.3. Teses sobre a natureza jurídica do direito de arrependimento quanto aos efeitos. Predomínio da tese da revogação da declaração contratual do consumidor.

14.4. Razões de política legislativa: o direito de arrependimento como sucedâneo jurídico dos vícios da vontade e como instrumento de política legislativa para reforçar a confiança dos consumidores.

V. Sumário das aulas da 3.ª parte – *Contrato de compra e venda para consumo.*

15. Antecedentes do regime da venda de coisa defeituosa.

15.1. Da garantia edilícia ao regime da venda de coisas defeituosas no Código Civil português de 1966. Preconceitos subjacentes. Leitura tradicional e leitura moderna do regime do Código Civil.

15.2. Regime dos artigos 4.º e 12.º da Lei de Defesa do Consumidor de 1996.

15.3. Regime da Directiva 1999/44/CE. Referência ao regime da Convenção de Viena sobre venda internacional de mercadorias.

15.4. Síntese: do *caveat emptor* ao *caveat venditor*.

16. Regime jurídico vigente.

16.1. Transposição da Directiva pelo Decreto-Lei n.º 67/2003, de 8 de Abril. Perda da oportunidade de unificação ou de harmonização dos regimes aplicáveis à venda para consumo e a outros contratos de compra e venda.

16.2. Âmbito de aplicação do Decreto-Lei n.º 67/2003: aplicação à compra e venda de móveis e de imóveis; extensão à empreitada de obra a fabricar ou a produzir e à locação para consumo; aplicação à instalação acordada dos bens vendidos, fabricados ou locados.

16.3. Subsistência do regime da Lei de Defesa do Consumidor em relação a outros contratos (de prestação de serviço).

17. Conformidade e desconformidade.

17.1. Padrões de qualidade relevantes para a determinação da conformidade do objecto contratual com o contrato: descrição feita pelo vendedor;

amostra ou modelo apresentados pelo vendedor; uso específico indicado pelo comprador; expectativas legítimas correspondentes à utilização habitual ou criadas pela publicidade e pela rotulagem.

17.2. Obrigação de o vendedor entregar e direito de o comprador receber coisa conforme com o contrato.

17.3. Unificação dos regimes aplicáveis à venda de coisa genérica e à venda de coisa específica.

17.4. Indiferença em relação à origem da desconformidade; unificação dos regimes aplicáveis aos vícios da coisa, à falta de qualidade (*peius*), à diferença de identidade (*aliud pro alio*) e à insuficiente quantidade (*minus*).

17.5. Equivalência conceptual entre conformidade da prestação e cumprimento da obrigação e entre desconformidade da prestação e incumprimento da obrigação.

18. Direitos decorrentes da desconformidade.

18.1. Responsabilidade objectiva do vendedor pela desconformidade; factores de exclusão da responsabilidade.

18.2. Direitos previstos na lei especial sobre venda para consumo: reparação, substituição, redução do preço, resolução.

18.3. Ordem de exercício dos direitos: comparação entre a solução da Directiva e a solução do direito português; casuística dos critérios da impossibilidade e do abuso de direito.

18.4. Ónus de denúncia, presunção de desconformidade originária e caducidade; articulação entre os prazos; suspensão dos prazos.

18.5. Outros direitos resultantes do direito comum: recusa da prestação; excepção de incumprimento (*exceptio non rite adimpleti contractus*); indemnização.

19. Direito de regresso.

19.3. Requisitos.

19.4. Exercício.

19.5. O direito de regresso do revendedor: um ponto de viragem no objecto do Direito do Consumo?

20. Garantias negociais autónomas.

20.1. A prática da emissão de certificados de garantia pelo produtor.

20.2. "Garantia legal" e garantias comerciais, voluntárias ou autónomas; comparação com a garantia de bom funcionamento prevista no Código Civil.

20.3. Estrutura e efeitos das garantias autónomas (do produtor e do vendedor).

20.4. Suporte textual: certificados de garantia e publicidade.

20.5. Requisitos legais de forma e de conteúdo; efeitos da sua inobservância.

20.6. Natureza jurídica: contrato ou promessa pública? Aplicação directa (ou analógica) do regime das cláusulas contratuais gerais.

21. Quadro geral das obrigações do vendedor e do produtor de bens defeituosos.

21.1. Articulação entre a responsabilidade legal do vendedor e a garantia autónoma que eventualmente tenha emitido.

21.2. Responsabilidade solidária do produtor ou do seu "representante" por desconformidade da coisa com o contrato.

21.3. Articulação entre este regime e o regime da responsabilidade do produtor por acidentes.

21.4. Articulação entre as obrigações do vendedor e as obrigações do produtor ou do seu "representante".

VI. Sumário das aulas da 4.ª parte – *Crédito ao consumo.*

22. União entre contratos de crédito e contratos de fornecimento.

22.1. As práticas e os regimes jurídicos de financiamento da aquisição de bens de consumo.

22.2. Requisitos da união de contratos: finalidade do crédito; acordo de colabo-ração entre financiador e fornecedor.

23. Efeitos unilaterais ou recíprocos da invalidade e da ineficácia do contrato de crédito e do contrato de fornecimento.

23.1. Efeitos da invalidade e da ineficácia do contrato de crédito no contrato de fornecimento; em especial, efeitos do exercício do direito de arrependimento pelo consumidor.

23.2. Efeitos da invalidade e da ineficácia do contrato de fornecimento no contrato de crédito; em especial, efeitos do exercício do direito de arrependimento pelo consumidor em contratos celebrados fora do estabelecimento.

24. Efeitos para o financiador do incumprimento pelo fornecedor.

24.1. Requisitos: exclusividade; subsidiariedade.

24.2. Excepções e direitos invocáveis pelo consumidor perante o financiador.

ENSINO DO DIREITO DO CONSUMO

§ 4.º MÉTODOS PEDAGÓGICOS

I. O ensino desta disciplina, como da generalidade das disciplinas do curso de licenciatura em Direito, tem base presencial, na sala de aula. Segundo o regulamento da Faculdade, a disciplina de Direito do Consumo dispõe de duas aulas semanais (uma aula teórica e uma aula teórico-prática). O número normal de aulas da disciplina oscila pois entre 24 e 26.

Não tenho feito, nem me parece necessário fazer, distinção clara entre aulas teóricas e aulas teórico-práticas. Em todas as aulas há diálogo entre o professor e os estudantes, em todas as aulas a matéria nova se intercala com referência a matéria já conhecida da mesma ou de outras disciplinas.

Tal não obsta à programação da sequência das aulas logo no início do curso, sujeita porém a alguma adaptação e improvisação, que são sinais de dinamismo. De acordo com a experiência anterior, as aulas poderão ser assim distribuídas:

– 13 aulas centradas na matéria fixa do programa, das quais 3 para a 1.ª parte (introdução), 3 para a 2.ª parte (contratos de consumo), 5 para 3.ª parte (contrato de compra e venda para consumo) e 2 para a 4.ª parte (crédito ao consumo);
– 3 ou 4 aulas a cargo de personalidades convidadas a expor matérias da sua especialidade[25];
– 8 ou 9 aulas destinadas à apresentação de trabalhos apresentados por estudantes.

Nos quatro cursos leccionados em anos anteriores foram apresentados nas aulas por grupos de estudantes (geralmente 3 por cada grupo) trabalhos sobre os seguintes temas sugeridos na parte variável do programa:

– Cláusulas contratuais gerais em leilões de antiguidades.
– Cláusulas contratuais gerais em apólice de seguros.
– Introdução de medicamentos no mercado.
– Medicamentos genéricos.

---

[25] Participaram na leccionação em cursos anteriores os Professores Pinto Monteiro (da Universidade de Coimbra), Teixeira de Sousa (da Universidade de Lisboa) e Gravato Morais (da Universidade do Minho), a dr.ª Isabel Cabeçadas (presidente do Centro de Arbitragem dos Conflitos de Consumo de Lisboa), a dr.ª Cristina Portugal (então vice-presidente do Instituto do Consumidor), o dr. João Nabais (presidente da Direcção da DECO), além da Doutora França Gouveia, então assessora da UMAC, acompanhada por alguns dos mediadores, estudantes finalistas da FDUNL.

233

- Segurança dos brinquedos.
- Livro de reclamações.
- Lares para idosos.
- Publicidade.
- Publicidade enganosa e eficácia negocial da publicidade.
- Publicidade: alguns casos ilustrativos do regime jurídico.
- Rotulagem.*[26]
- Regime jurídico das vendas com redução de preço.
- Afixação e redução de preços.
- Viagens organizadas.*
- Serviços públicos essenciais.
- Fornecimento de energia eléctrica.
- Fornecimento de gás natural.
- Chamadas de valor acrescentado na internet.
- *Roaming* em chamadas internacionais por telemóvel.
- *Timesharing* (jurisprudência).

Relativos à parte fixa do programa foram apresentados os seguintes trabalhos:

- Associação Portuguesa para a Defesa do Consumidor – DECO.
- Contratos celebrados no domicílio do consumidor.
- Televendas.
- Efeitos da falta de informações nas vendas à distância.
- Comércio electrónico.
- Cumprimento defeituoso (jurisprudência).
- Garantia legal e garantia comercial: casos práticos.
- Comentário de uma sentença sobre venda de automóvel.
- Crédito ao consumo.*

Algumas observações sobre estes trabalhos e a sua apresentação:

No início do curso, os estudantes têm recebido uma lista com sugestão de temas mais extensa e mais pormenorizada do que a consta do programa publicado no *Guia* e na página *web* da Faculdade.

Os estudantes são advertidos, por escrito, de que "os trabalhos devem ter uma componente de investigação de «campo», com recolha de dados (incluindo estatísticos) junto das entidades observadas (estabelecimentos comerciais, instituições públicas, associações) ou análise de casos reais (ex-

---

[26] Os temas indicados com * foram objecto de mais do que um trabalho em cursos diferentes.

ENSINO DO DIREITO DO CONSUMO

traídos de contratos, de decisões judiciais, arbitrais ou de mediação, obtidas directamente ou reproduzidos em meios de informação)".

A selecção definitiva do tema e do modo como será abordado é acordada com o docente. Não são raros os casos porém em que a iniciativa dos estudantes ultrapassa o campo das sugestões. Os "trabalhos de campo" têm sido os mais variados.

Recordo, pela originalidade: a pesquisa de dados num *outlet shopping* nos arredores de Lisboa como base para tratar o regime jurídico da redução de preços; um inquérito feito nas ruas de Viseu e de Aveiro para obter elementos sobre a sensibilidade ao problema da segurança dos brinquedos; as deambulações de estabelecimento para estabelecimento para testar a prática relativa a saldos ou ao uso de livros de reclamações; a entrevista gravada em vídeo a personalidades ligadas ao processo de introdução de medicamentos no mercado; a celebração real de contratos através de lojas virtuais na internet.

A criatividade dos estudantes revela-se igualmente no acto de apresentação. Destaco: a simulação de vendas por catálogo com prémio, em que os colegas e o professor foram alvo de ludíbrio similar ao ocorrido na realidade; a visualização de imagens de publicidade televisiva, em que uma cláusula restritiva da garantia anunciada só era efectivamente visível com a paragem do filme; a busca em directo (mas preparada) de cláusulas contratuais gerais associadas a contratos a celebrar através da internet; a distribuição pelos presentes na aula de embalagens rotuladas contendo bens alimentares; a apresentação, a explicação e a distribuição pela audiência de embalagens com medicamentos genéricos e com medicamentos originais.

A utilização de meios audiovisuais modernos não tem sequer de ser recomendada, porque entrou já nos hábitos dos estudantes. A projecção de textos e de imagens, por computador ou por instrumentos mais tradicionais, o uso do vídeo ou da internet em directo são hoje veículos banais, que não é preciso incentivar. Muitos estudantes têm, além disso, o gosto de surpreender, pela imaginação, e de colocar uma nota espectacular e de eficácia pedagógica nas suas apresentações.

Se acrescentar que o diálogo do professor com os estudantes e entre estes se foi vulgarizando e tornando fácil nas aulas da Faculdade de Direito da Universidade Nova de Lisboa, terei dito o bastante para se perceber que as aulas de Direito do Consumo são quase sempre muito vivas e interessantes, pelo menos para o professor...

Este regime (quase de seminário) é propiciado pela natureza dos temas, próximos do quotidiano de todos, incluindo de estudantes com 21 ou 22 anos. Factor essencial é também a pequena dimensão dos cursos (entre 22 e 30 nos três primeiros cursos). Como no ano lectivo de 2003-2004 ultrapassou os 40 alunos, talvez se venha a justificar no futuro o apelo ao preceito regulamentar que permite limitar o número de inscrições nas cadeiras de opção[27].

II. Costumo dizer aos estudantes que o primeiro dos elementos de estudo é a frequência das aulas e o uso dos apontamentos que nelas se podem recolher. Mas não se deve menosprezar o trabalho individual e colectivo a fazer em casa e na biblioteca.

Para este efeito os estudantes desta disciplina recebem no início do curso um pequeno documento com o programa, uma lista dos temas sugeridos para os trabalhos dos estudantes, o elenco das fontes de direito português e comunitário e uma lista com as obras recomendadas para o estudo da disciplina, entre obras gerais e monografias sobre temas correspondentes ao conteúdo pré-fixado do programa.

Para um curso que decorresse no presente semestre a lista, composta apenas por obras acessíveis na biblioteca da Faculdade, poderia ser a seguinte:

OBRAS GERAIS

ALPA, *Il diritto dei consumatori*, 4.ª ed., Roma, 1999

CALAIS-AULOY & STEINMETZ, *Droit de la consommation*, 5.ª ed., Paris, 2000

CRANSTON'S Consumers and the Law (por Colin SCOTT & Julia BLACK), 3.ª ed., London, 2000

Curso sobre protección jurídica de los consumidores (org. Botana García & Ruiz Muñoz), Madrid, 1999

FERREIRA DE ALMEIDA, *Os direitos dos consumidores*, Coimbra, 1982

HOWELLS & WILHELMSSON, *EC Consumer Law*, Ashgate, Brookfield, Singapore, Sydney, 1997

MARSH, *Consumer Protection Law in a Nutshell*, 3.ª ed., St. Paul, Minn., 1999

OUGHTON & LOWRY, *Consumer Law*, 2.ª ed., London, 2000

PEGADO LIZ, *Introdução ao Direito e à Política do Consumo*, Lisboa, 1999

MONOGRAFIAS PORTUGUESAS

CALVÃO DA SILVA, *Compra e venda de coisas defeituosas. Conformidade e segurança*, Coimbra, 2001

CALVÃO DA SILVA, *Venda de bens de consumo. Comentário. Decreto-Lei n.º 67/ /2003 de 8 de Abril. Directiva n.º 1999/44/CE*, Coimbra, 2003

---

[27] Artigo 8.º do Regulamento Curricular e Pedagógico (cfr. FDUNL, *Guia 2003-2004*, cit., p. 10).

ENSINO DO DIREITO DO CONSUMO

GRAVATO MORAIS, *União de contratos de crédito e de venda para consumo. Efeitos para o financiador do incumprimento pelo vendedor*, Coimbra, 2004
MOTA PINTO, P., "Conformidade e garantias na venda de bens de consumo. A Directiva 1999/44/CE e o direito português", *Estudos de Direito do Consumidor*, n.º 2, Coimbra, 2000, p. 197 ss

Para a preparação de trabalhos em concreto, indicam-se a cada grupo os elementos bibliográficos complementares que eventualmente se justifiquem.

Os dados fornecidos de início têm sido publicados através da inserção no lugar próprio da página *web* da Faculdade, que regista também alguns trabalhos de estudantes realizados em anos anteriores. Pela internet os estudantes têm também acesso, como qualquer pessoa, aos "casos exemplares" divulgados e resolvidos pela equipa da UMAC.

No final do curso, os estudantes recebem um outro documento que integra, além dos elementos actualizados já referidos, a lista dos trabalhos realizados pelos alunos durante o semestre e o sumário das aulas leccionadas pelo regente da cadeira.

III. A avaliação na disciplina segue o modelo mais comum na Faculdade. A notação final tem como base a classificação obtida na prova escrita realizada no termo do semestre[28], eventualmente majorada com a ponderação de outras prestações nas aulas (trabalhos de grupo, participação oral).

Os testes escritos compreendem questões de modelo intencionalmente diferente:

– a resolução jurídica de uma situação de facto hipotética;
– a redacção de um curto ensaio.

O tipo de discurso jurídico do ensaio é imposto, mas deixa-se em aberto o tema a seleccionar. Além de incentivar e premiar a apresentação de trabalhos nas aulas, pretende-se por esta via desenvolver a aptidão para redigir de improviso um texto sobre um dos temas que o estudante melhor domina.

Para ilustração, transcreve-se a seguir o enunciado da prova realizada no final do curso de 2001-2002:

1.ª parte

Em 15 de Novembro de 2000, Maria comprou, num estabelecimento comercial da Sociedade Electrónica Lusitana S.A., em Lisboa, um computador portátil

---

[28] Cfr. artigo 28.º do Regulamento Curricular e Pedagógico (*Guia 2003-2004*, cit., p. 12).

da marca *Certus* pelo preço de 400 mil escudos. Na ocasião da compra, o empregado da sociedade vendedora entregou à compradora um documento impresso, com o título de "certificado de garantia", do qual consta que *"A Certus garante o computador contra defeitos de fabrico durante o período de um ano".*

A partir de meados de Agosto de 2001, o computador começou a revelar progressivas deficiências no sistema de arranque, até que, em 10 de Setembro, se tornou totalmente inoperacional. Em 2 de Outubro de 2001, Maria entregou o computador para reparação no estabelecimento onde o comprara. O computador foi-lhe devolvido pela vendedora em 2 de Novembro de 2001, mas só funcionou bem durante cerca de uma semana, após a qual os mesmos defeitos reapareceram. Em 12 do mesmo mês, o computador foi entregue de novo para reparação no estabelecimento da vendedora, que o devolveu em 2 de Dezembro. Maria verificou nesse mesmo dia que os defeitos se mantinham.

Ainda em Dezembro, Maria reclamou sucessivamente junto da vendedora e do fabricante do computador, exigindo a entrega de um computador novo com as mesmas características ou a devolução do preço pago, além de uma indemnização de 100 mil escudos pelos danos morais decorrentes da perturbação que as sucessivas avarias lhe causaram.

Tanto a vendedora como o fabricante se recusam a satisfazer qualquer das pretensões de Maria. Ambos alegam que a garantia já caducou e refutam qualquer obrigação de indemnização por danos morais. O fabricante alega ainda que o caso não se insere no âmbito da garantia por não estar provado que a avaria resultou de defeito de fabrico.

1.º Pronuncie-se sobre quem tem razão, em face do direito português vigente.

2.º Admita que a Directiva 1999/44/CE já tinha sido transposta para o direito português. Em que medida se modificaria a solução do problema?

2.ª parte

Suponha que faz parte de um grupo de trabalho encarregado pelo Governo de apresentar sugestões para alteração do direito português em matéria de protecção dos consumidores.

Redija a proposta que, nestas circunstâncias, formularia. A proposta deve ser constituída por duas partes:
– uma breve exposição de motivos;
– o enunciado do preceito ou dos preceitos legais propostos.

Duração da prova: 3 horas. Cotação: 1.ª parte – 32 pontos; 2.ª parte – 28 pontos.

O Poder dos Professores[*]

Carlos Ferreira de Almeida[**]

Fui convidado pelo senhor Reitor para usar da palavra nesta cerimónia de imposição das insígnias aos novos doutores da Universidade Nova de Lisboa. Como me concedeu liberdade acerca do tema da intervenção, lembrei-me de falar sobre um assunto pouco tratado – o poder dos professores – que pudesse estimular o interesse de um auditório com significativa participação de doutores no início da função de professor.

Não é um discurso científico no domínio da pedagogia, da psicologia, da sociologia, da semiótica ou da história, porque para tanto me falta o saber. Nem é sequer – como se poderia esperar de um jurista – um discurso jurídico, apesar de a minha formação de jurista se notar porventura no estilo e numa ou noutra passagem.

É antes um discurso próximo do empírico, produto de reflexões proporcionadas pela minha experiência e pela minha observação enquanto professor que sou e estudante que fui. Está pois fortemente influenciado pela vivência nas Faculdades de Direito portuguesas do passado e do presente. Está, além disso, circunscrito ao poder dos professores universitários na sua relação com os estudantes tanto de cursos de licenciatura como de pós-graduação.

I – Os actos de poder dos professores

Em que actos e actividades se revela tal poder?

O poder dos professores assenta, em primeiro lugar, na delimitação do programa das disciplinas leccionadas. Na formação, como na informação, nenhuma selecção é neutra. Embora a formação universitária não desfrute (felizmente) do monopólio de fonte do saber, o seu recorte deixa no perfil cultural e profissional dos estudantes marcas que são quase insubstituíveis e as mais persistentes.

O poder dos professores concretiza-se, em segundo lugar, como poder de convicção, gerado pela orientação científica que cada um imprime ao "seu"

---

[*] Alocução solene na cerimónia de imposição de insígnias aos novos doutores, proferida na Universidade Nova de Lisboa, em 3 de Dezembro de 2004.

[**] Professor da Faculdade de Direito da Universidade Nova de Lisboa.

programa, quer através das recomendações bibliográficas quer, principalmente, através da sua própria opinião e da argumentação, expressas por escrito ou oralmente, dentro e fora da sala de aula.

O poder dos professores exerce-se, em terceiro lugar, na direcção de trabalhos e de dissertações de mestrado e de doutoramento. Em comparação com as duas anteriores funções, não há diferença substancial, mas este poder, sendo menos extenso por não se dirigir a uma classe, é mais intenso por ter um só estudante como alvo na escolha temática e na receptividade das opiniões.

O poder dos professores é veiculado, em quarto lugar, pelos métodos pedagógicos, determinantes directos das acções dos estudantes, da sua liberdade ou do seu constrangimento, e instrumentos indirectos do poder de persuasão.

O poder dos professores está presente, em quinto lugar, na sala de aula (cuja subsistência e relevância não parecem afinal seriamente afectadas pelas potencialidades das inovações técnicas na comunicação à distância). A aula presencial desenrola-se em espaço e em tempo marcados pela disciplina e pelos ritos, em conformidade com regras e tradições interpretadas e adaptadas por cada professor. Os protagonistas estão geralmente colocados frente a frente, em posições relativas predeterminadas, desempenhando papéis correspondentes às suas funções: o professor, só, num dos lados da sala e frequentemente sobreelevado pelo estrado, assume a sua autoridade sobre o comportamento dos estudantes, instruídos acerca dos movimentos de entrada e saída, dos actos permitidos e dos actos proibidos, do silêncio e da oportunidade de intervir, da linguagem adequada e até do modo de tratamento correcto. A sequência do diálogo (quando existe) admite variações, mas está sujeita a algumas regras básicas, a mais significativa das quais atribui ao professor o poder de ter geralmente a primeira e sempre a última palavra.

Em sexto lugar, o poder dos professores prolonga-se para fora da sala de aula, através de imposições sobre o ritmo, os meios, o local, o modo e o objecto dos contactos entre professor e aluno.

Em sétimo lugar, o poder dos professores assume a máxima evidência e o maior simbolismo na avaliação dos estudantes, tanto por via da decisão genérica sobre o sistema de avaliação como nos actos individuais de exame. Nas provas escritas, o poder assume aspectos quase policiais na função de vigilância. Nas provas orais, o poder assume aspectos quase jurisdicionais, teatralizados numa espécie de julgamento inquisitório, sem igualdade de armas e sem recurso. Em qualquer fórmula, incluindo as provas práticas, radica a sua força na escolha das perguntas e na decisão sobre a exactidão e a qualidade das respostas.

O PODER DOS PROFESSORES

Este elenco incompleto corresponde a uma simples verificação, desprovida de qualquer valoração. Para a maioria dos actos descritos não se vislumbra sequer alternativa. Não está portanto em causa a legitimidade do poder dos professores, que é condição necessária para o exercício responsável da sua função.

II – OS ABUSOS E OS DESVIOS DO PODER DOS PROFESSORES

Como qualquer poder, o poder dos professores pode ser exercido de modo abusivo ou desviado.

Em relação ao conteúdo programático e à orientação científica, os mais frequentes riscos de desvio consistem na falta de isenção, na sobrevalorização das obras e da opinião científica próprias e, pior, no proselitismo em favor de convicções (políticas, culturais, morais, religiosas) alheias ao objecto do ensino. Riscos similares ocorrem na direcção de trabalhos académicos, susceptíveis, além disso, de apropriação em benefício pessoal do labor dos discípulos orientados. Em todas estas actividades, mais grave ainda é a omissão ou a desactualização de conhecimentos, que corta as asas ao progresso. No ensino da ciência, a ignorância constitui a forma mais degradante de abuso do poder.

Em relação à orientação pedagógica e às relações na sala de aula, o abuso revela-se, no limite máximo, através do autoritarismo e da humilhação, mas pode revestir fórmulas mais subtis: a apreciação depreciativa e os comentários jocosos, na sala de aula ou nos exames orais ou escritos; a limitação do espírito crítico e o contra-incentivo à criação; a multiplicação desproporcionada de trabalhos, que gera dependências temporais ou pessoais; a ausência inesperada e os atrasos sistemáticos, que são sinais de falta de respeito.

Nas relações fora da sala de aula, em que os padrões são mais livres e diversificados, os desvios colocam-se num de dois extremos: o distanciamento, que faz do professor uma caricatura de funcionário, e a excessiva proximidade, que abre a porta à permissividade, ao proteccionismo e até ao assédio.

Nos actos de avaliação, os riscos de exercício abusivo do poder são ainda mais óbvios, em especial, se – muitas vezes com a cumplicidade activa dos estudantes – se inverter a função do exame, encarado como um fim em si mesmo, quando não deve (na minha opinião) passar de meio e de subproduto do ensino. Os exemplos são conhecidos: reprovação injustificada, critérios de aprovação demasiado exigentes nas circunstâncias, desajustamento dos exames em relação ao objecto e aos objectivos do ensino, arbitrariedade das classificações, opacidade da sua fundamentação, excesso na vigilância para prevenção da fraude.

III – CONTROLO JUDICIAL DOS ACTOS DOS PROFESSORES

O poder de que venho falando não é um poder difuso, embora haja também um poder difuso dos professores em relação a sociedade, que se confunde com o poder da Universidade e que, na Europa, está ligado há séculos ao poder político, construído sobre a ilustração e a cultura.

Este poder exerce-se sobre pessoas determinadas ou sobre grupos determinados, neste caso, estudantes individualmente considerados ou classes de estudantes. Nas Universidades públicas cada um destes actos tem pois a natureza de acto administrativo discricionário (o que não significa arbitrário). Nas Universidades privadas os mesmos actos inserem-se no âmbito dos contratos de prestação de serviço celebrados entre a escola e cada um dos alunos. Uns e outros são portanto, em teoria, actos impugnáveis ou, de outro modo, sujeitos a controlo judicial.

Nas Universidades públicas, as decisões relativas a exames são certamente susceptíveis de anulação através de acção judicial fundada, por exemplo, em incompetência (no sentido jurídico da palavra), falta de fundamentação, desvio de poder ou violação do princípio da igualdade. Discutível é a admissibilidade de controlo judicial de outros actos, bem como de recurso hierárquico, porque não é claro que na função docente os professores estejam na dependência hierárquica de qualquer dos órgãos da escola.

Nas Universidades privadas, todos os actos inadequados dos professores na sua relação com os estudantes se podem configurar como incumprimento ou cumprimento defeituoso do contrato, eventualmente gerador de indemnização devida pela Universidade, que é responsável pela actividade dos seus professores enquanto auxiliares no cumprimento dos contratos de prestação de serviço docente.

Os actos ofensivos da dignidade dos estudantes ou de outros direitos de personalidade podem, tanto nas Universidades privadas como nas Universidades públicas, fundar acções judiciais destinadas à suspensão do comportamento ou ao pagamento de indemnização.

IV – A falta de controlo efectivo do poder dos professores

Este controlo judicial é legalmente possível mas muito pouco usado na prática. São raras as acções intentadas com tal objectivo. Recordo apenas uma pela recusa de admissão de tese de doutoramento e um ou outro caso de reclamação hierárquica informal.

Esta omissão é comum às Universidades públicas e às privadas, o que demonstra que não deriva da diferente natureza jurídica dos actos e do seu diferente regime jurídico. A autoridade educativa nas Universidades constitui, sob este aspecto, uma realidade una, um poder em relação ao qual o direito é, de certo modo, alheio, um poder de facto imune ao direito.

Aproxima-se assim do poder parental como é, ainda hoje, exercido no seio das famílias e do poder patronal como era exercido, há um século, no seio das empresas. O direito ficava então à porta da fábrica, como continua, sob vários aspectos, a ficar à porta de casa e à porta da escola.

O contraste é flagrante com outras modalidades do poder:

- o poder dos políticos, sujeitos em democracia a diversas formas de controlo judicial, à divisão de poderes e ao veredicto eleitoral periódico;
- o poder dos juízes, sujeitos, em boa parte, à revogação das sentenças;
- o poder dos funcionários, sujeitos ao controlo hierárquico e judiciário;
- e até o (novo) poder dos jornalistas, sujeitos ao controlo judicial e também ao controlo difuso da opinião pública e do mercado.

São conhecidas as fragilidades destas vias de controlo. Mas parece inegável que os sistemas são, pelo menos em abstracto, mais completos do que o sistema de controlo dos professores e que a sua utilização efectiva é bem mais frequente.

Repare-se que falta no Estatuto da Carreira Docente Universitária o enunciado dos limites dos poderes dos professores e dos seus deveres para os estudantes. Não tenho, de resto, notícia de qualquer movimento em Portugal para definir o auto-controlo através de um código deontológico dos professores universitários.

Este quadro deixa, ainda assim, algum espaço para acções judiciais ou queixas contra os abusos de poder dos professores. Por que razão são tão raras?

Há para isso uma boa razão: os excessos manifestos são pouco frequentes. Mas há também más razões. As mais óbvias são: o temor reverencial, o receio de represálias e o obstáculo criado pela natureza científica ou pseudo-científica do acto, que determina também a forte probabilidade de inêxito da reclamação. Outras, talvez subliminares, residem, por um lado, num certo pudor repulsivo da intromissão de estranhos em algo que se sente como parte reservada e íntima da vida e, por outro lado, numa espécie de complexo de culpa dos estudantes, indutora de pensamentos do tipo "sei lá se afinal não sou apenas vítima da minha ignorância".

V – As soluções para o controlo efectivo do poder dos professores

Deverá então concluir-se que o controlo efectivo do poder dos professores não tem solução?

Não sou assim tão céptico. Limito-me a verificar que as soluções mais eficazes terão de ser procuradas fora dos instrumentos jurídicos, porque, como se viu, o essencial do problema não é jurídico.

Uma parte do remédio encontra-se nos mecanismos institucionais internos, usados em todas as suas dimensões e com todas as suas virtualidades, que têm sido incompletamente exploradas.

Os programas e a orientação científica dos respectivos conteúdos são apreciados em provas para a progressão na carreira académica. A medida é idónea para avaliar a competência científica de cada professor, mas não serve como meio de acompanhamento sequente da sua aplicação. Nos termos da lei e da generalidade dos Estatutos das Faculdades, esta função cabe aos conselhos científicos que evitam porém exercê-la com o pretexto de uma mal entendida autonomia científica dos docentes. Julgo antes que tal autonomia não entra em conflito com providências materiais efectivas no sentido de os programas e o trabalho científico dos docentes serem periodicamente submetidos à apreciação do Conselho Científico ou serem pelo menos levados ao seu conhecimento antes do início de cada ano lectivo.

A direcção de dissertações de pós-graduação só teria a ganhar com a generalização, comum nalguns países, de partilha da responsabilidade com outros professores, seja através de co-orientação seja através de fórmulas mitigadas em que alguma via de apreciação colectiva intermédia antecede a avaliação final pelo júri.

Em relação a aulas, métodos pedagógicos, sistemas de avaliação e exames, o controlo institucional compete aos conselhos pedagógicos, com a participação, em regra paritária, de professores e de estudantes. Mas há outros meios que podem e devem ser introduzidos ou reforçados. Estou a pensar em práticas mais ou menos generalizadas como a publicação dos sumários das aulas, dos sistemas de avaliação e dos enunciados das provas escritas. Mas estou a pensar também noutras práticas menos frequentes como a plena transparência dos critérios de classificação das provas escritas, a publicação de protótipos da sua resolução e a fundamentação clara e bastante das decisões dos professores. Estou a pensar finalmente na avaliação anónima pelos estudantes acerca do desempenho pedagógico de cada professor, que considero indispensável, sem prejuízo da diversidade dos modelos e do grau de divulgação.

Adivinho uma objecção genérica: Não serão estes mecanismos institucionais excessivos ou desproporcionados em função da dimensão do problema ? A resposta é negativa, pela razão simples de que o seu objectivo directo é a melhoria da qualidade do ensino. Embora sejam igualmente meios de controlo do poder dos professores, o resultado não é mais do que um efeito indirecto do exercício responsável e transparente da função lectiva.

Penso, porém, que estas medidas não são suficientes nem talvez as mais eficientes. A eficácia máxima para o controlo do poder dos professores reside porventura no auto-controlo. Ora este depende, por um lado, da consciência individual da existência do poder como professor e, por outro lado, da indagação sobre as motivações para o seu exercício correcto ou para desvios mais ou menos notórios e graves.

Para um e para outro destes factores é fundamental a formação pedagógica, infelizmente quase ausente da vida académica universitária portuguesa. Como se os professores universitários apenas tivessem de aprender ciência, porque para a pedagogia lhes basta a experiência e a inspiração!

Regra geral, os professores não têm, ou não querem ter, consciência do seu poder sobre os estudantes. O problema ou é omitido ou é implicitamente recusado. Vou tentar reconstituir algumas ideias e reacções que a propósito se tecem, que talvez algum dos presentes esteja neste momento mesmo a congeminar.

"Poder dos professores?! Qual poder?! O que me ocorre, pelo contrário, são os deveres dos professores: deveres de estudo, de publicação dos resultados da investigação, de realização de sucessivas provas, de preparação das aulas, de horários rígidos, de atendimento de estudantes mal preparados, de correcção monótona de exames, de leitura e arguição de teses fastidiosas, de reuniões constantes, de trabalho administrativo. Tudo isto sem contrapartida de remuneração condigna e sem reconhecimento social da função. Pelo seu lado, os estudantes vão às aulas que querem, estudam quanto e como querem. E agora nem sequer os posso reprovar, porque se diz que isso afecta a taxa de sucesso da escola!".

Caricatura? Certamente, mas uma boa parte de nós já disse ou pensou uma boa parte destas coisas. Não vou contrariar estas ideias uma por uma, embora discorde radicalmente da maioria delas. Vou apenas assinalar que este discurso nada tem que ver com o poder.

O poder não pertence apenas aos poderosos pela função política ou pela força do dinheiro. O poder não depende da contrapartida e não se detecta nem se mede só pela extensão. Existe mesmo quando esteja diluído entre muitos deveres e pode ser intenso mesmo que seja um pequeno poder. O que disse no início ilustra bem – tenho essa pretensão – que o poder dos professores em relação aos seus alunos pode ser pequeno em extensão mas é certamente forte em intensidade. Quem não tiver consciência disto corre o risco de o exercer com incorrecção.

A consciência do poder não é porém suficiente para arredar os desvios. É ainda indispensável compreender quais são, além de possíveis estímulos materiais, os estímulos psicológicos que para cada um de nós foram e são determinantes para a escolha da profissão de professor universitário. Nem sempre é fácil distinguir com lucidez e com coragem entre as motivações louváveis e a sua perversão.

O rigor corre o risco de inflexibilidade; a firmeza propicia o capricho; o respeito não anda longe do medo; o prestígio do saber não é imune à tentação das vantagens patrimoniais indirectas e do tráfico de influências; a afectividade e a generosidade disfarçam por vezes intuitos de submissão e de gratidão; a clareza e a elegância do discurso despertam o gosto por se ouvir a mesmo; a auto-estima pode degradar-se em narcisismo.

Vale a pena fazer periodicamente este exame introspectivo, que é talvez o melhor remédio preventivo contra os abusos do nosso pequeno, mas forte, poder como professores.

VI – EXALTAÇÃO DO PODER DOS PROFESSORES

Não vou concluir em acto de contrição.

O poder dos professores, como o poder político, o poder judicial ou o poder parental, é um poder funcional, isto é, é um poder-dever que só pode e deve ser exercido como instrumento de uma função, no caso, a função docente. A função limita o poder, mas a função não pode ser desempenhada cabalmente sem esse poder. Tudo o que se disser em prol da função docente serve como sustentação e como defesa do poder docente. Este é pois intrinsecamente não só um poder legítimo como um poder exaltante.

O PODER DOS PROFESSORES

Como qualquer poder, é, repito, susceptível de abusos e de desvios. Na função docente, o exemplo paradigmático da sua exibição grosseira é a reprovação arbitrária, mas reveste outras formas bem mais subtis.

Esta potencialidade não desvanece porém as virtudes do seu exercício equilibrado, que serve como meio para partilhar o saber, despertar a curiosidade, incentivar a autonomia e provocar a inquietação criativa dos estudantes. É indispensável que os professores estejam conscientes destes usos e destes fins alternativos. Cada um fará a sua escolha.

Durante meia hora usei do meu poder de orador, impondo quietude, silêncio e atenção para as minhas palavras. Espero não ter abusado.

Arguição da dissertação de doutoramento do Licenciado Tiago José Pires Duarte – "A Lei por detrás do Orçamento: a Questão Constitucional da Lei do Orçamento"[*]

Prof. Doutor Jorge Bacelar Gouveia[**]

1. Introdução

I. Submete-se hoje a provas de doutoramento na Faculdade de Direito da Universidade Nova de Lisboa o Licenciado Tiago José Pires Duarte, que para o efeito apresentou uma dissertação intitulada "A Lei por detrás do Orçamento", com o subtítulo "A Questão Constitucional da Lei do Orçamento".

O candidato dá assim termo ao percurso iniciado no 1.° Programa de Doutoramento e Mestrado de 1997 e que esta instituição universitária desde então tem desenvolvido em Portugal.

Certamente que este não é um momento qualquer na vida profissional – e até pessoal – do candidato ao doutoramento que agora se sujeita a provas, como, de resto, a este momento ninguém pode ficar indiferente.

Mas esta é também uma assinalável ocasião para a Faculdade de Direito da Universidade Nova de Lisboa, que assim vê chegar ao fim da estrada do doutoramento o primeiro candidato na especialidade de Direito Público.

Indubitavelmente que para a Faculdade de Direito da Universidade Nova de Lisboa – que pioneiramente lançou, em Portugal, e com a adesão que se sabe, esta nova modalidade de obtenção do grau de doutor de Direito, de resto, por outras Faculdades, rapidamente copiado – é motivo de regozijo ver como surgem os bons frutos de uma formação que aposta nas gerações mais

---

[*] Apresentada na Faculdade de Direito da Universidade Nova de Lisboa e discutida em provas públicas, em 17 de Novembro de 2005, perante um júri presidido pelo Professor Doutor António Manuel Hespanha, em representação do Reitor da Universidade Nova de Lisboa, e também composto por pelo Professor Doutor Vital Moreira (orientador), pelos Professores Doutores Rui Medeiros e Jorge Bacelar Gouveia (arguentes) e pelos Professores Doutores Eduardo Paz Ferreira, João Caupers e Maria Lúcia Amaral.

[**] Professor da Faculdade de Direito da Universidade Nova de Lisboa

novas, que prescinde o grau de mestre como posição intermédia necessária para se chegar a doutor e que quer uma formação científica mais especializada, dirigida e actualizada.

II. A dissertação de doutoramento apresentada pelo Licenciado Tiago Duarte tem, no total, 715 páginas de texto, com 1362 de notas de rodapé, ao que acresce um resumo em português, inglês e francês, bem como uma lista de bibliografia, finalizando-se com o índice geral das matérias versadas.

A estrutura do texto da tese apresentada à obtenção do grau de doutor em Direito Público comporta quatro partes, antecedidas por uma Introdução e encerradas por uma Conclusão, a saber:

- 1.ª Parte – A Investigação Histórica;
- 2.ª Parte – A Lei do Orçamento na Constituição de 1976;
- 3.ª Parte – O Conteúdo da Lei do Orçamento; e
- 4.ª Parte – O Procedimento de Iniciativa e de Aprovação da Lei do Orçamento.

III. O percurso que agora termina com a discussão desta dissertação não foi feito sem que o Licenciado Tiago Duarte – que não é propriamente um desconhecido para o Direito Público Português – não se tivesse dedicado a múltiplos outros domínios jurídicos, esforço bem visível num *curriculum vitae* com variedade temática, incluindo ainda uma monografia sobre um tema de Bioética e uma obra conjunta sobre a Ciência da Legislação.

Noutro prisma, cumpre referir a dedicação do Licenciado Tiago Duarte à causa da academia, ensinando diversas disciplinas, com a grande proficiência por todos reconhecida, e sempre se mostrando com notável versatilidade perante a diversidade das matérias que lhe foram sugeridas ensinar, tendo chegado mesmo a ministrar disciplinas exteriores ao Direito Público, como foi o caso do Direito da Família e das Sucessões.

2. Apresentação geral da dissertação

I. O tradicional sentido das arguições de doutoramento tem sido equacionado nos termos de ser uma prova árdua para o candidato, em que este se defende das ferozes críticas, mais ou menos enfaticamente apresentadas, que lhe são dirigidas pelos arguentes.

Também aqui a Faculdade de Direito da Universidade Nova de Lisboa – se bem se interpreta o espírito que presidiu à sua criação – pretendeu inovar,

ARGUIÇÃO DA DISSERTAÇÃO DE DOUTORAMENTO DO LICENCIADO TIAGO JOSÉ PIRES DUARTE

encarando esta prova do lado da substância que ela deve ter, rejeitando-se, portanto, tanto o *show off* que por vezes se pratica, como a conversação amena e suave, em que o auditório muitas vezes se interroga sobre o sentido útil de um exercício mais ou menos combinado...

Uma arguição de doutoramento é uma arguição de doutoramento, ou seja, uma prova pública em que, à vista de todos, os professores com essa função – no caso, dois – assumem o dever de discutir com o candidato os méritos e as fragilidades da obra proposta.

É esse o entendimento que perfilho e que tem sido já uma prática reiterada, a que não faltará a convicção da obrigatoriedade, desta Faculdade, pelo que me parece necessário e, sobretudo, leal falar não só das coisas más desta dissertação, mas também das coisas boas que ela encerra, dando naturalmente às primeiras mais tempo de análise e de discussão, porque as boas, sendo boas, não merecem alusão para além do que fica escrito.

II. São essencialmente quatro os méritos da presente dissertação, pelo que antes de serem desferidas as adequadas críticas que esta prova académica postula, cumpre fazer a sua apresentação breve:

- a importância do tema da investigação e as perspectivas novas conseguidas, num domínio pouco estudado e sobretudo há muito abandonado, assim contribuindo para questionar algumas certezas tidas por verdades adquiridas e absolutas;
- a fluidez e a elegância da escrita, com um discurso correcto, objectivo, agradável à leitura, permitindo matizar a aridez dos temas constitucionais de índole organizatória, em grande medida potenciada quando também respeitantes a assuntos financeiros;
- o significativo acervo bibliográfico com que trabalha, revelando um bom conhecimento da doutrina e da jurisprudência, dando com isso nota de um elevado esforço de séria investigação;
- o equilíbrio entre a dimensão descritiva e a dimensão problematizante, nunca deixando o autor de, objectivamente, expor as opiniões dos outros, para depois dar a sua, ainda que às vezes num tom crispado em relação às opiniões da restante doutrina.

III. Mas a maior parte do tempo que me é atribuído, como não podia deixar de ser, vai ser dedicado à apresentação das coisas criticáveis que a sua dissertação também tem, sugerindo-se a sua arrumação lógica em quatro ordem de críticas, sequência que depois se utilizará na respectiva explanação:

- descuidos de natureza formal;

JORGE BACELAR GOUVEIA

– reparos de natureza metodológica;
– críticas substantivas na especialidade; e
– críticas substantivas na generalidade.

3. DESCUIDOS DE NATUREZA FORMAL

I. Num plano formal, não obstante o inegável mérito de a dissertação do candidato estar bem escrita e não apresentar dificuldades de ortografia e de sintaxe, o que muito se louva, ela é passível de críticas em aspectos absolutamente imprevistos e que o autor deve evitar quando publicar a sua dissertação:

– a separação entre os parágrafos não é feita com a tabulação, mas com a apresentação de uma linha de intervalo, não sendo essa a tradição portuguesa e desse jeito pagando tributo a estilos estrangeiros discutíveis;
– a separação entre palavras compostas por hífen não é correcta, porque o hífen não é repetido na linha seguinte, sendo certo que qualquer programa de computador sabe fazer isso;
– a citação de frases doutrinais ou jurisprudenciais, por incrível que pareça, é feita em itálico e não entre aspas, quando se tem por adquirido que o itálico serve para frisar passagens do discurso, devendo ser as aspas – e só estas – o instrumento adequado para as citações.

Há também alguns erros de português, como a palavra "percursor", em vez de "precursor", a expressão "depositório", no lugar de "repositório" (p. 326), ou a palavra "constrangente", no lugar de "constringente".

II. No final da obra, o autor tem a preocupação de oferecer uma bibliografia, que condiz com aquilo que foi citando ao longo das páginas do texto da sua dissertação.

Mas a organização dessa bibliografia mostra insuficiências formais incompreensíveis, uma vez que nunca refere o local da edição dos títulos, nem sequer a editora, neste caso menos condenável para evitar a publicidade das mesmas.

Só que, nestes termos, as citações bibliográficas não estão convenientemente formuladas, já que lhes falecem um elemento fundamental e que permitiria ao investigador apoiar-se na obra e proceder a posteriores leituras.

Algumas das entradas são incorrectamente referidas: no caso dos títulos com mais de um autor, esses títulos são citados tantas vezes quantos os auto-

ARGUIÇÃO DA DISSERTAÇÃO DE DOUTORAMENTO DO LICENCIADO TIAGO JOSÉ PIRES DUARTE

res indicados, sendo citadas três vezes no caso de haver três autores: mas o resultado é o de uma citação bibliográfica errónea em duas das três citações porque a ordem dos autores em cada título não é arbitrária e a simultânea citação do mesmo título, mudando a ordem dos autores, dá a entender algo que, na verdade, não existe.

Em matéria de elementos complementares, é ainda de lamentar a ausência de um índice jurisprudencial, uma vez que, sendo tantas as decisões analisadas, haveria toda a conveniência de se fornecer a listagem dessas decisões, dando-se um elemento informativo suplementar em relação ao trabalho, aliás, bem importante, desenvolvido na dissertação.

III. Ainda no plano formal, há algumas referências que não estão certas, pelo que importa corrigi-las, sendo certo que não foi apresentada, pelo menos até agora, qualquer errata por parte do candidato.

A data da actual Constituição Italiana é referida (p. 13, nota 10) de um modo diverso, tendo começado por ser de 1948, para depois se estabilizar em 1947 (pp. 75 e 321), se bem que o candidato cuide de esclarecer o seu início de vigência a 1 de Janeiro de 1948. Em que ficamos: a Constituição Italiana é de 1947 ou é de 1948?

A alusão que o autor faz ao 1.º Acto Adicional da Carta Constitucional de 1826 (p. 96) está também incorrecta, ao referir-se ao ano de 1842, quando foi em 1852, tendo daquele ano de 1842 sido, sim, o do golpe de Costa Cabral, que também refere na mesma frase e que representou o início da 3.ª vigência da Carta Constitucional de 1826.

Na qualificação que acaba por fazer da Constituição de 1933 (p. 129), utiliza o adjectivo "semântica", presumindo-se que na esteira da importante classificação de KARL LOEWENSTEIN. A verdade, porém, é que parece querer dizer "nominal", já que aceita que aquele texto constitucional ainda tivesse a pretensão de comandar a realidade constitucional, não sendo um seu instrumento, como sucede com os textos constitucionais semânticos.

Aquando do estudo da versão originária da CRP, o autor dá-se ao trabalho – e bem – de analisar os diversos projectos de Constituição, para neles encontrar o lastro da formação do sistema dualista inicial da CRP. Mas não refere a análise de dois outros projectos de Constituição – do MDP/CDE e da UDP – e não apresenta qualquer motivo: é certo que tais projectos não referem a questão orçamental, mas um investigador completo deveria neste caso dizer que em tais projectos constitucionais, depois de consultados, não se encontraram matérias de interesse para o tópico em apreciação (pp. 144 e ss.)

A certo passo, na explicação do conteúdo da lei orçamental britânica, afirma-se que "...a Câmara dos Lordes não intervém na aprovação do Money

253

Bill...", o que não é inteiramente exacto, participando só que com um poder meramente retardador (p. 356, nota 654, p. 446, p. 455). A consulta do Parliament Act de 1911, já com revisões, resolveria este problema.

IV. Finalmente, cumpre dizer que o título desta tese de doutoramento, nos termos em que está formulado, mesmo com o subtítulo, é enganador, ao não delimitar, com rigor, o tema da investigação.

Em primeiro lugar, a alusão que se faz ao orçamento é demasiado genérica para se perceber que se cuida, apenas, do orçamento do Estado, sendo certo que em Portugal há outros orçamentos que são também aprovados por leis: os orçamentos das regiões autónomas.

Em segundo lugar, a plástica alusão ao facto de haver uma lei "por detrás" do orçamento dá ao leitor a ideia errada de que, pelo menos pensando em Portugal como o ordenamento jurídico fundamental da análise, o orçamento é uma coisa e a lei, que está por detrás dele, é outra: puro engano porque são a mesmíssima coisa, o que não transparece do título escolhido.

Em terceiro lugar, a referência à existência de uma questão constitucional, pela sua localização semântica precisa em Portugal como estando associada ao dualismo ideológico e ao pluralismo compromissório do texto constitucional no seu conjunto, parece estar deslocada, pretendendo sobrevalorizar--se algo que não ganha a dimensão hiperbólica que o candidato lhe imprime, ainda que goze da justificação de potenciar o seu contributo para a dilucidação dessa mesma questão.

4. Reparos de cunho metodológico

I. O desenvolvimento metodológico que o candidato segue ao longo da sua dissertação pretende ser estritamente de Ciência do Direito Constitucional, partindo da observação do Direito Constitucional Positivo Português, para o facto contando com o apoio de elementos históricos e de elementos comparatísticos.

Mas aqui a dissertação revela inexplicáveis desequilíbrios, como foi a escolha de cinco ordenamentos jurídicos (italiano, alemão, francês, espanhol e inglês), fundada na ideia de eles serem "...sistemas de base parlamentar e, como tal, comparáveis com o sistema português..." (p. 13, nota 9).

Cabe perguntar: mas há algum sistema que tenha o orçamento aprovado sem qualquer intervenção do Parlamento? Claro que não. Então, o que é a base parlamentar como critério de comparabilidade dos sistemas político--constitucionais, sendo certo que há um abismo entre a lógica profunda dos

ARGUIÇÃO DA DISSERTAÇÃO DE DOUTORAMENTO DO LICENCIADO TIAGO JOSÉ PIRES DUARTE

sistemas de governos francês e britânico, por exemplo, mas que para o candidato são incluídos numa mesma bitola de comparabilidade, que é a vaga ideia da base parlamentar do sistema político-constitucional?

É notório que a base parlamentar, insistentemente referida, não é sempre a mesma, não podendo ela, obviamente, ser separada da forma institucional ou do sistema de governo adoptado.

II. Por outra parte, deve dizer-se que a presente dissertação de doutoramento é atravessada por uma subreptícia desconfiança em relação ao poder parlamentar que o autor tenta disfarçar com argumentos dogmáticos e teoréticos.

O problema é que o disfarce não conseguiu tapar grande coisa e logo o leitor fica a perceber que o autor nem sequer teve a gentileza de explicar que não gosta do poder parlamentar e que o acha menor em relação ao poder governamental para lidar com estas coisas "sérias" do orçamento do Estado.

O autor não tem qualquer pré-compreensão favorável à governamentalização do orçamento do Estado, como se apressa em dizer – o que o autor tem é um preconceito em relação à incapacidade funcional e estrutural congénita de o Parlamento poder alguma vez fazer boa figura em matérias orçamentais.

Sendo diversas as passagens em que perpassa este preconceito, há uma que não resisto a transcrever, a qual revela o estado de alma do candidato nestas matérias: totalmente a despropósito, o autor permite-se discorrer sobre a inutilidade do poder parlamentar, dizendo que Portugal enfrenta uma crise do Parlamento como órgão político e legislativo, louvando-se em muitas expressões de conhecidos autores de Ciência Política, mas não de Direito Constitucional, concluindo que "Derrotado nos meios que tem ao seu dispor, por não dominar a máquina administrativa, esmagado pela produção legislativa apresentada por um Governo tecnicamente competente e politicamente legítimo, resta ao Parlamento aceitar o estertor do seu protagonismo, sendo que qualquer tentativa, de resto inexistente, de contra-ataque parlamentar face ao poderio governamental, sempre apareceria semelhante ao de *um cavaleiro de elmo emplumado que galhardamente lançasse um repto a um carro de assalto*" (pp. 206 e 207), envolvendo esta sua afirmação com uma directa crítica a JORGE MIRANDA em relação à sua posição quanto à existência – que considera pretensa – de um domínio do Parlamento no exercício da função legislativa.

É uma posição política, e não científica, que vivamente repudio e que só pode manchar a sua dissertação. Há já muito tempo que a Ciência do Direito Constitucional conseguiu distinguir aquilo que é jurídico daquilo que é político e já não pode, portanto, tolerar que se faça Política através da Ciência Jurídica. Podemos discordar politicamente das soluções jurídicas, mas isso não nos permite transformar as normas constitucionais em afirmações políticas ao sabor dos entendimentos pessoais que se tenha sobre as matérias.

III. Esta verificação é tanto mais curiosa quanto é certo ela estar em sintonia com a mais inexplicável – ou, talvez, muito explicável – omissão desta dissertação de doutoramento: o autor, em todo um trabalho que é extenso de páginas, não consagra uma única linha à importância da questão orçamental e da questão fiscal como elemento fundamental do pensamento constitucional e liberal, bem como do respectivo contributo para a deflagração das revoluções liberais, nos Estados Unidos e na Europa, em modos e em termos diferentes.

Qual a razão de ser para essa ausência? Estamos em crer que é a preocupação expressa – ou o subliminar preconceito – que o autor revela em relação à incapacidade de o Parlamento poder lidar com as questões orçamentais e fiscais, assim rejeitando um forte legado liberal neste domínio, de que derivou um importante lastro histórico-dogmático que nunca quis compreender e explicar.

5. Críticas substantivas na especialidade

I. É altura de se indicar algumas críticas de natureza substantiva, mas que não se dirigem a aspectos centrais desta dissertação de doutoramento, as quais, em todo o caso, apesar de reduzidas, levantam perplexidades.

A primeira delas tem que ver a posição do autor na defesa da inconstitucionalidade da apreciação parlamentar, para efeitos de recusa de ratificação, dos actos legislativos do Governo apenas em sentido formal: "Pratica, pois, um acto inconstitucional, de um ponto de vista orgânico, o Parlamento, se utilizar a apreciação parlamentar dos actos legislativos do Governo para fazer cessar, alterar ou suspender um acto apenas formalmente legislativo" (p. 198).

Não o podemos acompanhar, nem é isso o que resulta da CRP: esta funda-se numa concepção ampla, em que não se distingue, de um modo geral, entre domínios administrativos e legislativos em sentido material. Pensar de outro modo, com o resultado de uma interpretação restritiva, ofende, além do mais, um princípio de hermenêutica constitucional, que é o precioso princípio da correcção funcional, pelo qual se exige que ali não se oblitere a concepção geral do equilíbrio de poderes entre os órgãos de soberania.

II. Entrando na apreciação das vinculações orçamentais trazidas pelo sistema de aprovação monista depois de 1982, o candidato começa por referir que a vinculação da lei orçamental à lei das grandes opções do plano é juridicamente aparente e só politicamente operativa.

Para além de essa sua interpretação contrariar norma constitucional expressa, ela tem um pressuposto que está por demonstrar e que o ajudaria na defesa da posição que toma, mas seguindo outro caminho: é que as opções do plano são de planeamento, o que significou uma importante transmutação da ordem constitucional portuguesa, depois de ter abandonado a planificação imperativa da economia pública.

Contudo, sobre a natureza jurídica do plano, não há uma palavra, a qual seria útil, embora refira uma decisão do Tribunal Constitucional em que este reconhece à lei do plano normatividade jurídica.

Além disso, a lei das grandes opções do plano é um acto legislativo reforçado pelo procedimento, uma vez que carece de parecer do Conselho Económico e Social, que é não dispensável e cuja preterição pode invalidar a produção do acto legislativo posterior modificativo daquele, como, aliás, o próprio candidato vem a aceitar, caindo numa séria contradição.

III. Igualmente no campo das vinculações de conteúdo à lei orçamental, são relevantes as que dizem respeito às obrigações de origem legal, concluindo o candidato no sentido da desvitalização das obrigações legais que não sejam suportadas por uma qualquer razão de reforço procedimental imposto pela CRP, de que dá exemplo os direitos adquiridos, transformando essa obrigação numa mera consideração de natureza política.

Eis um modo absolutamente enviesado de ver o problema porque questiona, na sua profundidade, a própria lógica da consistência do Orçamento do Estado, levando, no limite, a perguntar o seguinte: se a lei orçamental nada disser a respeito da inscrição das obrigações legais pré-existentes, e assim não estabelecer as verbas necessárias do lado da despesa, tal significa a revogação tácita de todas essas leis, numa espécie de "genocídio legislativo-financeiro"?

Noutra perspectiva, o pensamento do candidato acaba por não explicar o porquê de aceitar a vinculação da lei orçamental às sentenças judiciais condenatórias ao pagamento de verbas não cabimentadas, quando nenhuma referência a tal obrigação decorre do texto constitucional, chegando até a invocar o art. 16.º, n.º 1, al. b), (erroneamente dito 13.º) da Lei de Enquadramento do Orçamento do Estado, lei que, para este efeito, pelos vistos, já vale como lei reforçada! (p. 273).

IV. Ainda no domínio das vinculações externas da lei orçamental, surge o tópico das obrigações oriundas do contexto contratual, em reconhecimento da autonomia administrativa contratual da Administração Estadual, sendo certo que o candidato escolhe o caminho diverso, dizendo que, "Ao nível contratual, *a lei do Orçamento constitui um prius jurídico da sua existência e validade,* o que significa que antes da inscrição orçamental não se constitui um direito de crédito contra o Estado, desta forma se mantendo a liberdade orçamental do Parlamento" (p. 292).

Mas são muitas as dúvidas que ficam a pairar com esta esdrúxula solução que se propõe, e que são as seguintes:

- Quer isto dizer que a existência e a validade das obrigações contratuais se submetem a um hiper-dever de especificação orçamental, ao ponto de ser necessário individualizar todas as obrigações que nasçam de cada contrato administrativo celebrado, ou até de qualquer outro contrato de Direito Privado?

- Quer isto dizer que, no decurso do ano orçamental, se for celebrado um contrato, os pagamentos só podem ser feitos no período orçamental seguinte, mesmo que tenha a duração de alguns meses, não chegando, portanto, ao termo do ano orçamental?

- Quer isto dizer que, durante cada ano orçamental, o Estado não pode contratar seja quem for, porque para pagar cada novo salário carece de inscrever essa verba no orçamento, o que só pode suceder pela via, mais ou menos lenta, das alterações orçamentais, nem todas, como se sabe, da competência do Governo?

- Quer isto dizer que o Estado fica impedido, na realização de obras com encargos plurianuais, de proceder a qualquer contratação pública, uma vez que qual é a empresa que se vincula a um contrato administrativo que não tem qualquer contrapartida financeira consolidada e todos os anos espera por uma inscrição do correspondente crédito no orçamento do Estado?

V. A terminar a matéria das vinculações externas da lei do orçamento do Estado, que é assim bastante fértil, o candidato versa ainda as obrigações decorrentes de lei orgânica do Governo, apoiando-se num princípio constitucional de funcionalidade dos órgãos de soberania, ao afirmar o seguinte: "...crê-se ser inconstitucional uma lei do Orçamento que não orçamente (...) verbas que permitam que um determinado departamento governativo, criado pela lei orgânica do Governo, possa funcionar, cumprindo a sua função constitucional e exercendo convenientemente as competências legalmente estabelecidas..." (p. 307).

Porém, pensa-se que neste caso, segundo a sua lógica, se cuida mais da vinculação da lei orçamental a uma obrigação que resulta de lei reforçada

ARGUIÇÃO DA DISSERTAÇÃO DE DOUTORAMENTO DO LICENCIADO TIAGO JOSÉ PIRES DUARTE

– a lei orgânica do Governo – e não se percebe como da CRP deriva uma obrigação suficientemente precisa para impor o respectivo acatamento.

Além disso, lamenta-se que nem uma única palavra o candidato apresente em relação ao grande tema orçamental do momento – em Portugal e na Europa comunitária – que reside nas vinculações externas, agora em termos macro-económicos, insertas no Pacto de Estabilidade e Crescimento. Está neste caso a lei orçamental também juridicamente limitada ou é apenas uma limitação política?

Infelizmente, nem uma única palavra sobre este problema, questão que se poderia generalizar em termos de Direito Internacional Público, em cuja órbita são múltiplos os compromissos assumidos pelo Estado Português.

6. CRÍTICAS DE ORDEM SUBSTANCIAL NA GENERALIDADE

I. Passando agora a uma lógica substancial mais geral, creio que a tese do candidato suscita críticas em quatro temas que, pelo modo como os encara, podem ser gerais, ainda que não apresentados como tal, a saber:

– o conceito de lei de valor reforçado;
– a proibição de o Parlamento aprovar leis com conteúdo administrativo;
– o enquadramento constitucional dos cavaleiros orçamentais;
– a concepção geral acerca do sistema de governo.

II. O primeiro tema está relacionado com a qualificação da lei orçamental como lei de valor reforçado, dizendo o candidato que "...a lei de enquadramento orçamental poderia ser alterada pela Assembleia da República, sem necessidade de qualquer procedimento especial, utilizando, para esse efeito, inclusivamente, como veículo, a lei do Orçamento, que é, desde o alvor da Constituição de 1976, uma lei com potencial materialmente inovador no ordenamento jurídico" (p. 169).

Juntando esta concepção do reforço legislativo com outros elementos, chega-se à conclusão de que não concebe a lei reforçada como tendo uma função paramétrica, mas apenas pela perspectiva do procedimento, ilustrada por diversos índices de subordinação jurídica, como a existência de uma diversa reserva para a lei reforçada e para a lei comum, o reforço dado pela maioria agravada a aplicar e a existência da lei reforçada como acto-condição, devendo pré-existir à lei subordinada (p. 221).

Ora, não se pensa assim e tudo deve partir do agora conceito positivo de lei de valor reforçado que consta do art. 112.º, n.º 3, da CRP: "Têm valor reforçado, além das leis orgânicas, as leis que carecem de aprovação por maioria de dois terços, bem como aquelas que, por força da Constituição, sejam pressuposto normativo necessário de outras leis ou que por outras devam ser respeitadas".

Daqui decorre que o problema das leis reforçadas, que deve ser ligado à fiscalização da legalidade pelo Tribunal Constitucional, é um problema de relação entre actos legislativos, e não um problema de construção, individual e separada, de actos legislativos à luz das regras aplicáveis ao respectivo procedimento.

Há sempre um mínimo de autonomização da lei reforçada em relação à lei comum para que esta se subordine àquela, devendo a expressão das respectivas competências ser funcionalmente distinta, no acto legislativo em causa, na intenção e no procedimento: no caso de a lei reforçada ter uma maioria agravada na sua aprovação, basta à lei comum ser aprovada pela mesma maioria agravada para validamente poder alterar a lei reforçada? Claro que não e tal só pode ser feito autonomamente.

Mesmo no caso de lei reforçada por ser um acto-condição, o candidato cai em contradição na mesma nota de pé de página porque, depois de considerar o acto-condição como elemento de reforço procedimental da parametricidade, vem a dizer que, afinal, ele pode nada valer, como sucede no caso da lei-quadro da criação das regiões administrativas.

Eis um entendimento que não parece constitucionalmente adequado, uma vez que nem sequer o reforço procedimental é exigido pela parametricidade material: qual é o mal se o próprio órgão que fez uma lei, depois a modifica, para a seguir fazer uma lei subordinada em sentido diferente?

Mas uma coisa parece certa: as alterações foram feitas no lugar próprio e isso tem também uma resposta no plano da segurança jurídica, assim como na respectiva projecção na opinião pública, pois que o Parlamento tem de passar pelo exame de uma apreciação pública que especificamente visa alterar uma importante lei paramétrica.

III. O segundo tema geral que o candidato aflora, embora ao mesmo se refira de passagem, é o do exercício de competências administrativas por parte da Assembleia da República, mostrando-se frontalmente contra essa possibilidade, dela ainda derivando a proibição da apreciação parlamentar de actos legislativos governamentais que contenham actos administrativos.

Creio que sem razão porque não demonstra esse sentido geral presente da CRP. Precisamente milita contra essa ideia o facto de a função legislativa ser aberta no tocante às suas características materiais e formais, apenas se mostrando preenchida em relação a alguns aspectos, como no caso da restrição de direitos, liberdades e garantias.

Estou em crer que a invocação do princípio da separação de poderes não habilita a dele extrair uma orientação geral firme porque, a ser funcional, só opera para um núcleo central inequivocamente administrativo e, ainda assim, não é inteiramente plausível que o princípio da interdependência de poderes seja directamente aplicável, mas antes uma linha de síntese de um regime que está topicamente consagrado e distribuído por cada competência de cada órgão.

Simplesmente, sobram inúmeras actividades e regimes nos quais a mais ligeira dúvida suscita a concepção de sobre elas a Assembleia da República manter a possibilidade de livremente legislar.

IV. O terceiro tema geral diz respeito aos cavaleiros orçamentais, defendendo o candidato que as normas parasitárias do orçamento de Estado, por não gozarem de qualquer reforço procedimental, porque além do conceito de orçamento, não são realmente relevantes (pp. 479 e ss.).

É posição que parece ser de aceitar, mas a questão acaba por se transferir para um outro problema, esse passando completamente ao lado da reflexão levada a cabo, que é a do conceito material de orçamento: repare-se nas drásticas consequências desta distinção de regime, porque se é orçamental está reforçado, se não é não está.

Todavia, sobre isto nem uma única linha e fica o leitor com a frustração de não saber até onde vai a matéria considerada orçamental, sendo certo que o conceito constitucional de orçamento é fluido, pelo que se impunha uma posição na matéria.

V. O quarto tema geral refere-se à caracterização do sistema de governo feita no final da dissertação, na qual o candidato formula várias críticas em relação ao equilíbrio de poderes orçamentais que a CRP plasmou (pp. 683 e ss.), chegando a encontrar "…uma certa perversidade do sistema constitucional português, que, favorecendo a criação de governos minoritários, os abandona, depois, à sorte de uma oposição dividida e fragmentada, ou ao azar de um boicote sistemático do programa governativo, levando o Governo a executar um Orçamento em que não se reveja ou ao abandono do poder para o qual foi eleito com base num programa (eleitoral e de governo) que depois lhe é impossível levar à prática" (pp. 686 e 687).

Sinceramente, não se consegue perceber a indignação do candidato, porquanto assenta em alguns falsos pressupostos: se é um Governo minoritário, é de supor que existam mais problemas em relação ao orçamento, pois que se a competência é do Parlamento, cabe-lhe sempre decidir se o aprova ou não e em que termos o faz, não é verdade?

Do mesmo modo se refere ao facto de a oposição fazer coligações negativas, ou de ser fragmentada: outra coisa não será de esperar da oposição, que tem de desempenhar o seu papel num regime em que a responsabilidade do Governo é de natureza parlamentar, até parecendo que a regra da aprovação do orçamento está mais adequada à subsistência do Governo, maioritário ou minoritário, do que a regra da aprovação das moções de censura: esta carece de maioria absoluta, enquanto que a aprovação do orçamento, diversamente da rejeição do programa de governo, carece apenas de maioria relativa.

O mais grave da sua conclusão é, no fundo, a grande descrença que está no seu espírito em relação ao poder parlamentar, como se este fosse congenitamente incapaz de perceber os problemas orçamentais e estivesse numa posição de menoridade em relação ao "sábio" Governo.

Se o Governo é minoritário, só lhe resta entender-se com os partidos representados na oposição, não podendo esperar que o caminho seja coberto por uma carpete vermelha!

Por outro lado, não se percebe bem como possa haver a vinculação entre o programa de governo e o orçamento do Estado em cada ano: se o orçamento fosse a tradução financeira do programa, então a CRP vincularia o orçamento à opção do programa de governo. Mas já vimos que não só não gosta desta solução em relação ao plano como manifestamente essa avaliação é puramente política e não tem reflexos financeiros, pelo menos com o rigor que lhe atribui.

Evidentemente que a vida de um Governo minoritário, no orçamento como em qualquer outra lei, como é o caso das leis orgânicas, não é fácil, mas só tem de governar em função dessa realidade.

Não terá o candidato, no fundo, uma enorme saudade do sistema do dualismo legislativo alemão, neste caso aplicado a uma república, mas em que o poder parlamentar, legítimo representante de uma democracia pluralista e pública na decisão política, se encontrava marginalizado?

7. Conclusão

I. Estas, no tempo que foi dado e que é o tempo regulamentar, as observações – elogiosas e críticas – que a sua dissertação me merece.

Naturalmente que agora lhe cabe refutar as críticas que sejam injustas ou corrigir as críticas que sejam fruto de um entendimento erróneo do seu pensamento.

ARGUIÇÃO DA DISSERTAÇÃO DE DOUTORAMENTO DO LICENCIADO TIAGO JOSÉ PIRES DUARTE

Tem a liberdade de começar por onde quiser, na certeza de que a escolha da sequência das respostas, em função das questões levantadas, também é susceptível de avaliação autónoma por parte deste júri.

II. Seja como for, estou em crer que acabei de arguir uma dissertação de doutoramento de elevado valor científico, resultado de uma investigação profunda, num tema que tem sido ingrato, não só pela aridez que o caracteriza como, sobretudo, pelo abandono a que tem sido votado.

E esse mérito é tanto maior quanto é certo o tema da presente dissertação situar-se numa linha de fronteira móvel, por isso nem sempre segura, na passagem entre as matérias constitucionais e as matérias financeiras, mas que só o seu tratamento de conjunto permite eficazmente entender.

Lisboa, 17 de Novembro de 2005.

Comentários

Reflexões em torno da cláusula da nação mais favorecida em direito fiscal comunitário

ANDRÉ VENTURA[*]

> – TENDÊNCIAS ACTUAIS DA JURISPRUDÊNCIA DO TJCE E DA DOUTRINA JURÍDICA EUROPEIA NESTA MATÉRIA. O DOMINIO ESPECÍFICO DA FISCALIDADE DIRECTA
>
> – O ACÓRDÃO DE 8 DE MARÇO DE 2001 DO TRIBUNAL DE JUSTIÇA DAS COMUNIDADES EUROPEIAS: PROCESSOS METTALLGESELLSCHAFT LTD (C-397/98) E HOECHST AG (C-410/98) CONTRA COMMISSIONERS OF INLAND REVENUE E HM ATTORNEY GENERAL

I

> The question whether EC Law may transform the tax benefit clauses of the tax treaties into so-called most-favoured--nation clauses is rather complex and too general to be answered. EC law does not demand a most favourable treatment, it merely imposes certain limits on discrimination"
>
> MICHAEL LANG, *Multilateral Tax Treaties*

[1]A questão de saber se existe ou não, ao nível do direito comunitário, uma "cláusula da nação mais favorecida", isto é, uma emanação do ordenamento jurídico europeu que se traduzisse numa multilateralização obrigatória de privilégios no sentido de que um Estado Membro não deve conceder aos outros Estados Membros um tratamento menos favorável do que o trata-

---

[*] Aluno de Licenciatura na Faculdade de Direito da Universidade Nova de Lisboa.

[1] O autor agradece reconhecidamente ao Prof. Francisco Sousa da Câmara, regente da disciplina de Direito Fiscal Internacional, o apoio e o incentivo dados à produção deste trabalho, bem como a disponibilidade permanentemente demonstrada para a critica e aperfeiçoamento do mesmo.

mento que dá aos nacionais de um outro Estado, seja ou não membro da União, mas com quem celebrou um Tratado, permanece controversa.

Por um lado, e tal questão surge como básica na prossecução à própria discussão nesta matéria, há que saber se uma proposição teorético-normativa existe ou não, isto é, está ou não implícita no direito comunitário vigente. Pode ser derivada do princípio da não discriminação em função da nacionalidade, constante dos arts. 39.º e segs. do Tratado CE? Do princípio da liberdade de estabelecimento no seio da União, expressamente alargado (e garantido, portanto) às agências, sucursais e filiais, como revela o art. 43.º do Tratado? Ou simplesmente da proibição das restrições aos movimentos de capitais, constante do art. 56.º?

Por outro lado, mantém-se presente a problemática da viabilidade de uma proposição jurídica deste género no âmbito específico da fiscalidade europeia, especialmente no domínio da fiscalidade directa. É viável um alargamento da concessão de determinados benefícios a todos os Estados Membros, mesmo do ponto de vista económico? Significará a emergência da cláusula da nação mais favorecida o fim das convenções destinadas a eliminar a dupla tributação, por se tornarem na prática, em instrumentos multilaterais (quando inicialmente, mesmo do ponto de vista politico) se configuravam como ferramentas de negociação bilateral? Como pode uma cláusula densificada desta forma compatibilizar-se com o objectivo (previsto no art. 293.º do Tratado CE) de eliminação da dupla tributação na Comunidade?

A todas estas questões tem respondido de forma diversa a doutrina europeia, tendo suscitado fortes divisões mesmo entre os mais reputados fiscalistas e comunitaristas europeus. Por sua vez, o Tribunal de Justiça das Comunidades Europeias (em diante, TJCE) tem-se esquivado a abordar directamente a questão, deixando no entanto, em diversos acórdãos, pistas teóricas e dados de análise normativa que permitem, pelo menos, aflorar a questão num determinado enquadramento. Não podemos, todavia, deixar de registar uma critica construtiva ao TJCE, pela omissão deliberada a que se tem vetado nesta matéria: com efeito, não poucas vezes teve este órgão jurisdicional comunitário a possibilidade de sobre ela se pronunciar e, por diversas vias, se furtou a tal tarefa, mantendo o nível da questão e da controvérsia numa considerável confusão, o que afecta inevitavelmente a discussão (ao nível da doutrina) e mesmo a aplicação do direito, quer ao nível da administração, quer ao nível dos tribunais nacionais. Deve ainda ser sublinhado, em nosso entender, que a jurisprudência do TJCE poderia constituir aqui um ponto de referência e mesmo de dinâmica do direito comunitário, funcionando ao mesmo tempo como um trampolim em matéria de harmonização fiscal europeia, um domínio particularmente sensível que exige, nos tempos que correm, uma tomada

REFLEXÕES EM TORNO DA CLÁUSULA DA NAÇÃO MAIS FAVORECIDA EM DIREITO FISCAL COMUNITÁRIO

de decisão e uma revelação da dinâmica jurídica comunitária neste pólo que tão decisivo é à própria construção do mercado interno europeu.

Em qualquer caso, como atrás enunciámos, não deve deixar de ser dito que, em alguns processos a ele submetidos, o Tribunal tem deixado algumas pistas e algumas [importantes] notas que podem servir, ao menos, como coordenadas para uma reflexão metódica e enquadrada sobre esta temática. Servem de exemplo – e constituem talvez os elementos mais paradigmáticos – os Acórdãos SCHUMACKER (Processo C-279/93), SAINT-GOBAIN (Processo C-307/97) o célebre Acórdão D. (Processo C-376/03), constituindo este último, em nossa opinião, um certo *volt face* no sentido da jurisprudência comunitária ou, em qualquer caso, um pensamento mais seguro e maduro sobre a cláusula da nação mais favorecida.

No acórdão SCHUMACKER, considerou o TJCE que «*no que respeita mais em particular à República Federal da Alemanha, verifica-se que esta atribui aos trabalhadores fronteiriços que residem nos Países Baixos e exercem actividades profissionais na Alemanha, benefícios fiscais ligados à tomada em consideração da sua situação pessoal e familiar, incluindo o benefício da taxa de "splitting". Se auferirem, pelo menos, 90% dos respectivos rendimentos no território alemão, aqueles cidadãos comunitários são equiparados a cidadãos alemães, com base na Grenzgänger Niederlande de 21 de Outubro de 1980 (lei alemã de aplicação do protocolo adicional de 13 de Março de 1980 à Convenção de 16 de Junho de 1959 entre a Republica Federal da Alemanha e o Reino dos Países Baixos destinada a evitar a dupla tributação)*».[2]

Alguma doutrina e alguns comentários surgidos sobre a jurisprudência SCHUMACKER, propugnaram a existência – implícita – de uma cláusula da nação mais favorecida. Porém, no seguimento de PIERRE DI MALTA, este entendimento não parece o mais adequado, por não se retirar, coerentemente, da sistemática do acórdão.[3] De facto, o que parece estar em causa nesta jurisprudência é a rejeição dos argumentos – apresentados pelo Governo Alemão – da coerência do sistema fiscal (macro-coerência do sistema tributário) e das dificuldades administrativas igualmente alegadas, para a qual releva a referida Convenção bilateral entre a Alemanha e os Países Baixos. Aceitando que assim seja, não deixamos, no entanto, de sublinhar que não é pelo facto de determinados argumentos não serem esgrimidos num sentido específico (ou pelo menos inequívoco) ou por serem apresentados noutro contexto normativo

---

[2] Processo C-279/93 do Tribunal de Justiça das Comunidades Europeias, disponível na Internet em http://europa.eu.int/smartapi/cgi/sga_doc?smartapi!celexapi!prod!CELEXnum-doc&lg=61993J0279&model=guichett

[3] Di Malta, Pierre, *Droit Fiscal européen comparé,* 1ª ed., PUF, Paris (1995), pp. 53 e segs.

(referente à questão *sub judice*) que perdem valor autonomamente. Como resulta evidente da necessária coerência do sistema jurídico comunitário, não podem determinados argumento jurídicos e construções jurisprudenciais (assentes em normas de direito comunitário primário ou secundário) ser aduzidos num sentido face a uma questão concreta e ser erigidos num sentido completamente diferente para fundamentar uma decisão de sentido diverso, noutro contexto fáctico e normativo. Isto é: o contexto não altera necessariamente a validade dos raciocínios e da construção argumentativa – com maior razão no âmbito da jurisprudência europeia, onde esta tem tido um papel importantíssimo na própria construção e coerência do sistema jurídico-institucional – como se esses elementos se circunscrevessem, em termos de validade potencial, ao caso em que se inserem. Em consequência, e tendo presente estas considerações, deve ser retido do acórdão SCHUMACKER o seguinte raciocínio, desenvolvido pelos juízes comunitários:

> *«Foi afirmado pelos Estados-membros que apresentaram observações que o tratamento discriminatório no que respeita à tomada em consideração da situação pessoal e familiar a à concessão da taxa "splitting" se justifica por necessidades de aplicação coerente dos regimes fiscais aos não residentes. Tal justificação, assente na necessidade de garantir a coerência do regime fiscal, foi admitida pelo Tribunal de Justiça no acórdão de 28 de Janeiro de 1992 (Bachmann). Segundo aqueles Estados, existe uma ligação entre a tomada e consideração da situação pessoal e familiar e o direito de tributar os rendimentos a nível mundial. Dado que compete ao Estado da residência tomar em consideração aquela situação, por só ele dispor do direito de tributar os rendimentos a nível mundial, o Estado em cujo território o não residente trabalha não tem que tomar em consideração aquela situação, pois nesse caso seria considerada duas vezes, beneficiando o não residente dos benefícios fiscais daí decorrentes nos dois Estados.*
>
> *Este argumento não pode ser acolhido. Em situações como a do processo principal, o Estado da residência não pode tomar em consideração a situação pessoal e familiar do contribuinte, pois a carga fiscal aí existente não é suficiente para o permitir. Quando tal acontece, o princípio comunitário da igualdade de tratamento exige que a situação pessoal e familiar do não residente seja tomada em consideração no Estado de emprego da mesma forma que para os nacionais residentes e que lhes sejam concedidos os mesmos benefícios fiscais»*

Mais adiante, de forma mais intimamente relacionada com a questão que agora nos ocupa, conclui ainda o TJCE que *«o art. 48 [actualmente, art. 39.º] do Tratado CE deve ser interpretado no sentido de que obsta à aplicação da legislação de um Estado membro que tributa um trabalhador que exerce actividades profissionais no seu território mas é nacional de um outro Estado membro, no território do qual reside, mais gravosamente do que os trabalhadores que residem no seu território e aí ocupam o mesmo emprego, quando, como acontece no processo principal, os rendimentos do nacional do segundo Estado provêm total ou quase totalmente do trabalho exercido no primeiro Estado, não dispondo no Estado da residência de rendimentos suficientes para aí serem submetidos a tributação que permita tomar em consideração a sua situação pessoal e familiar».*

Como se depreende desta exposição, não se pode afirmar com segurança, a partir da jurisprudência SCHUMACKER, a operatividade de uma cláusula da nação mais favorecida, mas não é evidente que tal raciocínio não possa servir como coordenada orientadora ou não possa fornecer elementos sólidos para iluminar o debate sobre a questão.

Outro processo que, em nosso entender, pode contribuir para sedimentar uma posição que vem sendo assumida pelo TJCE – sendo, nessa medida, uma espécie de bússola desta discussão – é o processo SAINT-GOBAIN[4]. Também aqui o Tribunal não aborda directamente a questão da cláusula da nação mais favorecida – quando o contexto e os contornos jurídicos da questão o possibilitavam e eventualmente impunham – mas tece algumas considerações sobre a relação do direito comunitário e as convenções celebradas para evitar a dupla tributação, que podem assumir aqui importância vital. Desde logo porque, como reconhecem JACQUES MALHERBE e DOMINIQUE BERLIN, a relação entre estas duas "entidades" é complexa, nem sempre clara, e dominada, com frequência, por uma incompreensão recíproca entre a doutrina fiscal e a doutrina comunitária.[5]

Configura-se neste processo uma situação triangular internacional, pedindo de empréstimo a densificação do mesmo conceito ao Prof. ALBERTO XAVIER.[6] Descreve-se deste modo: a Compagnie Saint-Gobain é a filial alemã da Compagnie de Saint-Gobain SA, cuja gestão e controlo efectivo se situam em França. O conflito origina-se com a recusa, por parte das autoridades alemãs, da concessão de determinados benefícios fiscais relativos à tributação de participações sociais ou dividendos, previstos quer em medidas legislativas internas da Alemanha, quer em convenções de dupla tributação celebradas pela Alemanha com terceiros Estados, como os Estados Unidos e a Suíça. Como é possível antever, a recusa desses benefícios fiscais radicava no facto de

---

[4] Processo C-307/97, Acórdão do Tribunal de Justiça das Comunidades Europeias de 21 de Setembro de 1999, disponível na Internet em http://europa.eu.int/smartapi/cgi/sga_doc?smartapi!celexapi!prod!CELEXnumdoc&lg=PT&numdoc=61997J0307&model=guichett

[5] Malherbe, Jacques e Berlin, Dominique, "Conventions Fiscales Bilatérales et Droit Communautaire, in *RTDE*, n.º 2 (1995), p. 245.

[6] Cfr. Alberto Xavier, *Direito Tributário Internacional,* Almedina, Coimbra (1997), pp. 120-121.

se tratar de um estabelecimento estável alemão de uma sociedade de capitais com sede em França. Era a sede jurídica da sociedade que determinava a sua exclusão do âmbito de aplicação dos benefícios concedidos pelas leis internas e também – o que constitui o ponto mais polémico – pelas convenções bilaterais celebradas pela Alemanha.

Após concluir, no seguimento aliás da sua jurisprudência anterior, que *«a recusa em conceder os referidos benefícios fiscais, que visa principalmente as sociedades não residentes e se baseia no critério da sede da sociedade para determinar o regime fiscal em causa, torna menos atractiva, para estas últimas, a detenção de participações de filiação através de sucursais no Estado-Membro em causa, o que limita, deste modo, a liberdade de escolha da forma jurídica adequada para o exercício de actividades noutro Estado-membro, que o art. 52.º do Tratado reconhece expressamente aos operadores económicos»*, o TJCE entra na discussão da mesma matéria mas tendo em linha e conta a argumentação alemã da legitimidade proveniente da celebração de convenções de dupla tributação.

Começa aqui o desenvolvimento temático que mais nos interessa no âmbito deste trabalho. Entre outros argumentos, invoca o governo alemão para sustentar a sua recusa que *«o facto de a celebração das convenções bilaterais com países terceiros não se inserir na esfera da competência comunitária. Segundo ele, as imposições fiscais sobre rendimentos e lucros são da competência dos Estados membros, que são, portanto, livres para celebrar com países terceiros convenções bilaterais em matéria de dupla tributação. Na falta de harmonização comunitária neste domínio, a questão de saber se é conveniente conceder, em matéria de dividendos, o privilégio da filiação internacional a estabelecimentos estáveis no âmbito de uma convenção fiscal celebrada com um país terceiro não faz parte do direito comunitário, nem seria compatível com a repartição de competências resultante do direito comunitário»*. Alega-se aqui, no fundo, a subtracção do controlo e da conformidade das convenções de dupla tributação celebradas com países terceiros, da esfera de competência do TJCE e do próprio ordenamento jurídico comunitário. A ser assim, todavia, ficava desde logo resolvida a nossa questão da cláusula da nação mais favorecida (pelo menos no que a este domínio diz respeito), no sentido necessariamente negativo. Com efeito, se as convenções sobre dupla tributação celebradas pelos Estados membros escapam por completo do crivo da legislação comunitária, quer ao nível da sua elaboração, quer ao nível da sua aplicação, então a extensão dos seus efeitos benéficos aos residentes ou aos nacionais dos restantes Estados membros nem sequer se afigurava possível, pelo menos com fundamento comunitário.[7]

---

[7] Tal situação não obstaria, evidentemente, a que esse mesmo efeito irradiador proviesse

Porém, não teve o TJCE o mesmo entendimento e, sem ser todavia claro como deveria ter sido, deixou importantes pistas para o futuro, podendo indiciar-se aqui uma parte do rumo que a jurisprudência deste Tribunal venha a seguir nesta matéria. Com efeito, começaram os juízes comunitários por recordar que «*na falta de medidas de unificação ou de harmonização comunitária, nomeadamente no âmbito do art. 293.º, segundo travessão, do Tratado CE, os Estados membros continuam a ser competentes para determinar os critérios de tributação dos rendimentos e do património, com vista a eliminar a dupla tributação(...), sendo livres de fixar, neste contexto, os factores de ligação para efeitos de repartição de competências*».

No entanto, continua o Tribunal, a questão não se encerra aqui, devendo ter-se em conta os dois níveis de análise: a repartição abstracta do poder de tributar e o exercício desse poder no terreno do mercado interno. Ora, «*quanto ao exercício do poder de tributação assim repartido, os Estados membros não podem, no entanto, deixar de respeitar as regras comunitárias. Resulta, com efeito, da jurisprudência constante do Tribunal de Justiça que, embora a fiscalidade directa seja da competência dos Estados membros, não deixa de ser verdade que estes últimos a devem exercer no respeito do direito comunitário*». Mas são os parágrafos 59 e 60 que marcarão – e concluirão – este percurso, marcando, em nosso entender, um rumo jurisprudencial. Com efeito, continua o TJCE: «*no caso em apreço, tratando-se de uma convenção sobre a dupla tributação celebrada entre um Estado membro e um país terceiro, o princípio do tratamento nacional exige ao Estado membro parte na referida convenção que conceda aos estabelecimentos estáveis das sociedades não residentes os benefícios previstos pela convenção, nas mesmas condições que as que são aplicáveis às sociedades residentes (...). Tal como salientou o advogado geral no n.º 81 das suas conclusões, as obrigações que o direito comunitário impõe à Republica Federal da Alemanha não comprometem minimamente as que resultam dos seus compromissos para com os Estados Unidos da América ou para com a Confederação Suiça. O equilíbrio e a reciprocidade das convenções celebradas pela Republica Federal da Alemanha com estes dois países não seriam postos em causa por uma extensão, decidida unilateralmente pela RFA, do campo de aplicação dos beneficiários, na Alemanha, do benefício fiscal previsto nas referidas convenções, no presente caso, o privilégio da filiação internacional em matéria de imposto sobre as sociedades, pois essa extensão em nada comprometeria os direitos dos países terceiros partes nas convenções, nem lhes imporia qualquer obrigação nova*».

---

de fonte distinta, como por via de legislação internacional ou convencional (de âmbito multilateral). Porém, para além de serem hipóteses de difícil configuração teórica, sairiam manifestamente fora do âmbito deste trabalho, focado exclusivamente no direito fiscal comunitário.

Repare-se que temos aqui várias pistas e vários elementos importantes para uma reflexão estruturada. Por um lado, a ideia de que a controversa relação entre as convenções de dupla tributação e o direito comunitário tem de ser analisada em dois níveis distintos: o da repartição abstracta da competência tributária (em função dos factores de conexão livremente fixados pelos Estados) e, num segundo nível, o do exercício concreto desse poder, da sua extensão e *modus operandis*. Daqui podemos depreender que, para o TJCE, os Estados membros são livres de fixarem os moldes em que pretendem evitar a dupla tributação entre si (se se tratar de uma convenção bilateral) – e, portanto, de repartirem, em função da categorização das situações ou da distribuição e fixação dos elementos de conexão relevantes, o poder de tributação dos sujeitos passivos/operadores económicos – mas a concretização desses efeitos abstractamente estatuídos (a denominada aplicação) não podem introduzir violações ao direito comunitário, impondo, por exemplo, distorções ao mercado interno, ou possibilitando discriminações proibidas pelo Tratado CE. Tal raciocínio é desde logo compreensível e aceitável se tivermos em conta que a proibição de discriminações estatuídas no Tratado CE se refere quer às discriminações directas, quer às discriminações indirectas, introduzidas por via regulamentar ou convencional. Com efeito, será de recordar aqui, mais uma vez, a jurisprudência assente do TJCE segundo a qual não podem os Estados membros invocar o direito interno como forma de se esquivar ao cumprimento do direito comunitário.[8]

O ponto crucial talvez seja, no entanto, a referência à "extensão do âmbito dos beneficiários previsto na convenção bilateral", associada à consideração de que tal operação em nada prejudica o equilíbrio e a reciprocidade das convenções, porque se reporta apenas ao espaço comunitário (aos restantes Estados membros), não afectando o núcleo das obrigações assumidas para com o terceiro Estado. Mas sublinhe-se a expressão "extensão dos beneficiários", porque é disto exactamente que se trata numa eventual cláusula da nação mais favorecida, como se denota pela definição que nos é reportada por GABRIELA PINHEIRO.[9]

Em rigor, o TJCE parece evidenciar aqui uma estrutura de raciocínio com a qual concordamos: o efeito necessário da consagração das denominadas liberdades comunitárias e a consequente proibição de discriminações (não justificadas à luz de critérios do próprio ordenamento comunitário) é o alar-

---

[8] Sobre este ponto ver Maria Luísa Duarte, *Poderes implícitos e delimitação de competências entre a EU e os Estados-membros*, Lex, Lisboa (1997), pp. 400 e segs.

[9] Gabriela Pinheiro, *A fiscalidade directa na União Europeia*, Coimbra Editora, Porto (1998), p. 163.

REFLEXÕES EM TORNO DA CLÁUSULA DA NAÇÃO MAIS FAVORECIDA EM DIREITO FISCAL COMUNITÁRIO

gamento do âmbito de aplicação das normas fiscais nacionais, quer sejam de origem legislativa interna ou de origem convencional (as normas/benefícios resultantes das convenções bilaterais para evitar a dupla tributação), pois só assim, tendencialmente – isto é, salvaguardadas as próprias excepções admitidas pelo Tratado CE – se eliminam as discriminações (directas ou indirectas) e se eliminam os condicionalismos e as distorções artificiais ao funcionamento do mercado interno. No fundo, é o retomar da ideia de ADOLFO MARTÍN JIMÉNEZ de que, numa situação triangular, as normas comunitárias determinam a aplicação multilateral das normas fiscais nacionais.[10]

As consequências derivadas desta interpretação do direito comunitário foram enormes, principalmente em sede de direito fiscal internacional pois dela resulta que um estabelecimento estável deve poder obter os mesmos benefícios fiscais, consagrados por convenções sobre dupla tributação, ainda que celebrados com terceiros estados, pelo Estado onde o estabelecimento estável se situa. Porém, esta decisão não foi isenta de criticas[11] e mereceu, por parte do próprio Tribunal de Justiça, um certo esmorecimento posterior, eventualmente em função dos anseios institucionais e dos agentes económicos envolvidos e também de uma mais aturada reflexão sobre a matéria. Em qualquer caso, parece-nos evidente que uma análise detalhada do presente acórdão e das suas linhas orientadoras levam a concluir que o TJCE tem de facto presente uma cláusula da nação mais favorecida, embora sem uma definição precisa e estável dos seus contornos normativos e da sua base jurídico-comunitária.

Um outro acórdão que nos parece de enorme relevo é o denominado acórdão D., já atrás enunciado. Pela primeira vez, o TJCE depara-se com uma questão – com alegações das partes, evidentemente – que evoca directamente a cláusula da nação mais favorecida. No processo, o Senhor D., residente na Alemanha e com 10% do valor da sua fortuna situado (em bens imóveis) nos Países Baixos, contesta a aplicação da lei tributária deste país, que concede determinados benefícios fiscais (no caso concreto, um abatimento sobre a matéria colectável) aos residentes e nega os mesmos aos não residentes, ao mesmo tempo que alarga o âmbito de aplicação destes benefícios a sujeitos passivos residentes em Estados com os quais os Países Baixos tenham celebrado convenção para eliminar a dupla tributação. Particularmente, contesta

---

[10] Martín Jiménez, Adolfo, "Triangular cases, tax treaties and EC tax law: the Saint-Gobain decision of the ECJ" in *Bulletin for International Fiscal Documentation*, vol. 55, n.° 6 (2001), pp. 241-253.

[11] Ramon Jeffery, *The impact of state sovereignty on global trade and international taxation*, Londres (1999), p. 95.

o Sr. D. a discriminação introduzida pela denominada convenção belgo-neerlandesa, cujo art. 25.º, n.º 3 estatui que uma pessoa singular que resida na Bélgica beneficia nos Países Baixos dos abatimentos e outras vantagens que este último Estado aplica aos seus próprios residentes. Nestes termos, como bem indica o TJCE «*resulta daqui que um residente na Bélgica, encontrando-se numa situação análoga à do SR. D., possuindo nos Países Baixos um bem imobiliário que represente apenas 10% do montante de toda a sua fortuna, beneficia, contrariamente a D., do abatimento concedido pelo Reino dos Países Baixos aos seus próprios residentes em matéria de imposto sobre a fortuna*».

A questão focaliza-se, portanto, no cerne do nosso debate: tem o Sr. D. direito, na óptica do direito comunitário, a um tratamento igual a um belga residente nos Países Baixos (exactamente nas mesmas condições para efeitos de tributação), quando o tratamento jurídico-fiscal concedido ao cidadão belga resulta de uma convenção para eliminar a dupla tributação celebrada entre os dois Estados? Noutros termos, existe uma cláusula implícita ao próprio direito convencional dos Estados membros, segundo a qual os benefícios concedidos a sujeitos/agentes residentes de um determinado Estado membro têm de ser alargados a todos os outros Estados do espaço comunitário?

D. alega, de forma clara, a existência de uma discriminação não justificável quer no âmbito do Tratado CE – e dos princípios que regem as relações jurídicas no quadro comunitário, assim como dos objectivos a que as medidas existentes no domínio fiscal perseguem – quer no âmbito da autonomia cedida aos Estados membros na configuração das suas relações bilaterais. No fundo, alega-se a violação do direito comunitário e afasta-se, desde logo, a sua possibilidade de justificação face à autonomia política, em matéria fiscal, dos Estados membros.

Importa centrar-nos nesta última questão e olvidar a já debatida distinção entre residentes e não residentes. Parece-nos, como já atrás enunciámos, que o TJCE apresenta-se agora bastante mais meticuloso na abordagem e, em certa medida, opera uma inversão de sentido em relação ao que depreendemos da jurisprudência SAINT-GOBAIN.

Com efeito, começa o Tribunal por recordar, mais uma vez, que «*nenhuma medida de unificação ou de harmonização visando eliminar a dupla tributação foi adoptada no âmbito comunitário e os Estados membros não celebraram, nos termos do art. 293.º do Tratado, qualquer convenção multilateral para esse efeito*» e que, para além disso, «*o âmbito de aplicação de uma convenção fiscal bilateral está limitado às pessoas singulares ou colectivas nela referidas*». Repare-se, desde logo, que não é aqui evocada a distinção (operada, como vimos, no acórdão SAINT-GOBAIN) dos dois níveis de análise na aferição da compatibilidade deste tipo de instrumentos convencionais com o direito comunitário, o que pode sugerir eventualmente que o TJCE inclina-se agora para a escassa relevância destas convenções no âmbito do direito comunitário ou, pelo menos, para a sua autonomia (em termos de validade e eficácia) face ao ordenamento jurídico comunitário.

A contribuir para esta nossa conclusão está a forma algo simplista e superficial como o Tribunal conclui o raciocínio e a resposta que dá à questão colocada. Afirmam os juízes que «*o facto de esses direitos e obrigações recíprocos apenas se aplicarem a pessoas residentes num dos dois Estados membros contratantes é uma consequência inerente às convenções bilaterais preventivas da dupla tributação. De onde resulta que um sujeito passivo residente na Bélgica não se encontra na mesma situação que um sujeito passivo que resida fora da Bélgica no que respeita ao imposto sobre a fortuna liquidado com base nos bens imobiliários situados nos Países Baixos*». Ora, com base nestas considerações, decide o TJCE que «*os artigos 56.° e 58.° do Tratado não se opõem a que uma regra prevista numa convenção bilateral destinada a prevenir a dupla tributação, como a que está em causa no processo principal, não se estenda, numa situação e em circunstâncias como as presentes, ao residente num Estado membro que não é parte na referida convenção*».

Independentemente da concordância ou da discordância de fundo com decisão final do TJCE, a verdade é que esta argumentação não pode proceder. Resulta evidente que é inerente à própria estrutura das convenções bilaterais o seu âmbito de aplicação restrito e a concessão mútua e recíproca de benefícios, tal como é evidente que, se tivermos em conta os interesses políticos envolvidos na própria negociação das convenções bilaterais e a sua regular ratificação e eficácia nas respectivas ordens jurídicas, a situação de D. e a situação de um residente na Bélgica não podem ser comparáveis. Isto porque estamos a aferir a identidade de uma situação face à própria ordem jurídica interna, quando a operação deveria consistir na aferição da identidade das situações "diferenciadas" pela ordem jurídica e das razões objectivas para tal diferenciação, e se uma e outra são sufragadas pelos critérios do direito comunitário.

A questão está, em nosso entender, na compatibilidade do resultado das convenções destinadas a eliminar a dupla tributação com o direito comunitário, nomeadamente com os arts. 2.°, 43.°, 56.°, 58.° e 90.° e segs. do Tratado CE, o que não é desenvolvido pelo TJCE. Por outro lado, a aceitar-se a perspectiva do Tribunal, impunha-se, ao menos, explicar e fundamentar juridicamente de que forma pode uma situação como a do Sr. D. (face a um sujeito passivo exactamente na mesma situação mas residente na Bélgica) ser conforme ao direito comunitário. Tal seria até importante como forma de gerar um entendimento adequado a propósito da integração das convenções fiscais bilaterais no âmbito do direito comunitário actual. Há que concluir, portanto, que o TJCE se quedou muito aquém do esperado – e do possível – na resposta a esta questão. Em qualquer caso, há a registar aqui uma certa revisão de sentido e o início de uma jurisprudência que, a seguir este percurso dogmático-argumentativo, inclinar-se-á, no futuro, a negar a existência ou pelo menos a eficácia de uma cláusula da nação mais favorecida no âmbito das convenções fiscais.

II

Terminamos esta incursão jurisprudencial com um acórdão que consideramos paradigmático nesta matéria, quer pela situação em causa e submetida à decisão do Tribunal, quer pelo fio condutor do raciocinio que determinou a decisão. Digamos que, pode dizer-se assim, o Acórdão de 8 de Março de 2001 (onde se reunem os processos C-397/97 e C-410/98), expressa com clareza bastante o ponto da situação quanto ao debate em torno da cláusula da nação mais favorecida em matéria de direito fiscal, delimitando igualmente as perspectivas e também os receios neste dominio.

Foram colocadas ao TJCE, neste processo, cinco questões prejudiciais, no âmbito do litigio pendente entre a Mettallgesellschaft Ltd, Hoechst AG e Hoechst (UK) contra Commissioners of Inland Revenue, a propósito da obrigação imposta às sociedades no Reino Unido de pagar antecipadamente o imposto sobre o rendimento das pessoas colectivas a título de dividendos distribuídos às respectivas sociedades-mãe. Há que esclarecer, desde já, que nem todas as questões suscitadas interessarão directamente à abordagem da temática do nosso trabalho, pelo que procederemos a uma selecção de tópicos relevantes.

Importa, contudo, esclarecer os contornos da discussão e o enquadramento juridico em causa. Nos termos da Income and Corporation Taxes Act 1988 (lei de 1998 relativa aos impostos sobre o rendimento e as sociedades, ICTA) do Reino Unido, os lucros realizados ao longo do exercício contabilístico por qualquer sociedade domiciliada no Reino Unido bem como por qualquer sociedade não domiciliada no Reino Unido mas que aí exerça a sua actividade por intermédio de uma sucursal ou de uma agência, está sujeita ao imposto sobre o rendimento das pessoas colectivas («corporation tax»). Para além disso, e aqui consistirá grande parte da problemática jurídica, nos termos da Section 12 do ICTA, qualquer sociedade domiciliada no Reino Unido que proceda a determinadas distribuições, como o pagamento de dividendos aos seus accionistas, <u>tem a obrigação de pagar antecipadamente o imposto</u>

sobre o rendimento das pessoas colectivas («advance corporation tax», ACT), calculado sobre o montante igual ao valor da distribuição efectuada.

A diferença, como bem explicam os juízes, consiste em que «*enquanto o MCT (imposto sobre o rendimento das pessoas colectivas) se torna exigível nove meses ou nove meses e um dia após o encerramento do exercício contabilístico, conforme este encerramento seja anterior ou posterior a 1 de Outubro de 1993, o ACT deve ser pago nos catorze dias seguintes ao final do trimestre no qual a distribuição foi efectuada. Deste modo, o ACT é sempre pago antes de o MCT – ao qual é, em princípio, imputável – se tornar exigível. O tribunal a quo sublinha que o ACT tem por conseguinte, como efeito para a sociedade que distribui os dividendos, antecipar de oito meses e meio a data de pagamento do imposto sobre o rendimento das pessoas colectivas, devido a titulo de dividendos distribuídos*».

Este regime fiscal não é, no entanto, uniformemente aplicado e conhece importantes excepções, quer em função da legislação interna do Reino Unido (as denominadas medidas unilaterais), quer em função de normas convencionais (derivadas, por exemplo, de convenções bilaterais destinadas a eliminar a dupla tributação). A questão consistirá em saber, pois, se estas excepções poderão coadunar-se com o direito comunitário, nomeadamente em matéria de liberdade de estabelecimento e de circulação de capitais.

Em grande medida, o fenómeno prende-se com o denominado crédito fiscal («tax credit»): uma sociedade domiciliada no Reino Unido não está sujeita ao imposto sobre o rendimento das pessoas colectivas a título de dividendos recebidos de uma sociedade igualmente domiciliada no Reino Unido (Section 208 do ICTA). Por conseguinte, qualquer distribuição de dividendos sujeita a ACT efectuada por uma sociedade residente a favor de outra sociedade residente, dará lugar a um crédito fiscal a favor da sociedade que recebe os dividendos, sendo este crédito fiscal igual ao montante do ACT pago pela sociedade que distribuiu dividendos. Contrariamente, como vimos, se a distribuição de dividendos for efectuada para uma sociedade não domiciliada no Reino Unido, não haverá lugar a nenhum crédito fiscal relativamente ao Advance Corporation Tax. Este benefício pode, no entanto, se estendido a sociedades não residentes em virtude da aplicação de uma convenção bilateral celebrada entre os dois Estados em causa. Como esclarece o TJCE: «*se a sociedade mãe não domiciliada tiver direito a crédito fiscal ao abrigo de uma convenção em matéria de dupla tributação celebrada entre o Reino Unido e o seu Estado de residência, fica sujeita ao imposto sobre o rendimento no Reino Unido a titulo dos dividendos recebidos da sua filial residente (...). Quando o benefício do crédito fiscal é concedido a uma sociedade mãe não domiciliada no Reino Unido em aplicação de uma convenção em matéria de dupla tributação cele-*

brada entre o Reino Unido e o Estado da sua residência, aquela pode requerer a imputação desse crédito fiscal ao imposto sobre o rendimento de que, nesse caso, é devedora no Reino Unido a título dos dividendos recebidos da sua filial residente bem como, se o montante do crédito fiscal exceder o do imposto, o reembolso do remanescente».

Sendo esta a situação principal a destacar, cabe ainda lugar a uma referência à denominada tributação de grupo (Group Income Election), segundo a qual *duas sociedades domiciliadas no Reino Unido, uma das quais detenha pelo menos 51% da outra, podem optar pelo regime da tributação de grupo,* sendo que, neste caso, *a filial deixa de pagar ACT a título dos dividendos pagos à sociedade mãe, salvo se declarar que pretende que o regime da tributação de grupo não seja aplicado a uma determinada distribuição de dividendos».* Porém, como se pode observar, este regime só é acessível a sociedades mãe domiciliadas no Reino Unido, sendo excluído das restantes, isto é, sociedades que, domiciliadas noutros Estados membros, exerçam a sua actividade no Reino Unido através de sucursais, por exemplo.

Ora, as sociedades mãe [a Hoechst AG e a Metallgesellschaft AG] alegam que «*dada a impossibilidade para si e para as suas filiais de optar pelo regime de tributação de grupo, o qual teria permitido escapar ao pagamento de ACT, as referidas filiais sofreram um prejuízo de tesouraria que não tiveram de suportar as filiais de sociedades mãe domiciliadas no Reino Unido (...), entendendo este prejuízo como equivalente a uma discriminação indirecta segundo a nacionalidade, contrária ao Tratado CE».* Nestas alegações, parece-se circunscrever a questão à discriminação segundo a nacionalidade das pessoas colectivas mas, no elenco das questões prejudiciais, o TJCE perguntar-se-á:

> *Nas circunstâncias enunciadas no despacho de reenvio, é compatível com as disposições do Tratado CE anteriormente referidas que as autoridades de um Estado membro recusem a concessão de um crédito fiscal a uma sociedade domiciliada noutro Estado membro, quando este concede estes créditos às sociedades nele domiciliadas e às sociedades domiciliadas em certos outros Estados membros ao abrigo das disposições previstas nas convenções sobre dupla tributação celebradas com esses outros Estados membros?*

Começa o Tribunal por recordar mais uma vez o paradigma metodológico que havia descrito na jurisprudência SAINT-GOBAIN (ou a dupla dimensão de análise, como então lhe chamámos), segundo a qual «*embora a fiscalidade directa releve da competência dos Estados membros, estes últimos devem exercer essa competência no respeito do direito comunitário e abster-se de qualquer discriminação em razão da nacionalidade».* A partir desta consideração empreenderá o TJCE todo o seu caminho analítico, deixando claro que o privilégio do crédito fiscal resulta num «*benefício de tesouraria*» (dando razão às alegações das sociedades mãe) e que a diferença de tratamento não se justifica, ao contrário do que alegam os governos do Reino Unido, dos Países Baixos e de outros. De facto, para este efeito, o domicílio da sociedade mãe não justifica, segundo os juízes, a concessão do benefício de tesouraria em que redunda o "tax credit".

Com efeito, conclui o Tribunal que «*conceder às filiais residentes de sociedades não residentes a possibilidade de optar pelo regime de tributação de grupo conduziria unicamente a permitir-lhes conservar as importâncias de outra forma devidas a titulo de ACT até ao momento de o MCT se tornar exigível e, deste modo, gozar do mesmo benefício de tesouraria de que gozam as filiais residentes de sociedades mãe residentes, sem que nenhuma outra diferença, em termos de matéria colectável igual, subsista entre os montantes do MCT de que umas e outras são devedoras relativamente ao mesmo exercício contabilístico*». Ao mesmo tempo, o Tribunal aproveitou mais uma vez, neste acórdão, para destronar o argumento de que a "coerência global do sistema fiscal" pode servir de base a todos os tratamentos discriminatórios perpetrados pelas legislações nacionais. Reconhecendo que «*o TJCE considerou que a necessidade de garantir a coerência do sistema fiscal pode justificar uma legislação restritiva das liberdades fundamentais*», aduz porém que não se verificam, neste caso, os requisitos objectivos para uma fundamentação nesse sentido, na medida em que «*não existe qualquer ligação no caso vertente entre, por um lado, a recusa de reconhecer às filiais no Reino Unido de sociedades mãe não residentes a possibilidade de serem dispensadas da obrigação de pagar ACT optando pelo regime de tributação de grupo e, por outro, a não tributação em imposto sobre o rendimento das pessoas colectivas no Reino Unido das sociedades mãe com sede noutro Estado membro que recebam dividendos das suas filiais no Reino Unido*».

Ora, afastado o argumento do domicilio e também da coerência do sistema fiscal como possíveis fundamentos da discriminação em termos de benefícios concedidos, haveria de concluir, como faz o Tribunal que, «*o art. 52.° do Tratado se opõe à legislação fiscal de um Estado membro, como a que está em causa no processo principal, que conceda às sociedades mãe domiciliadas nesse Estado membro a possibilidade de beneficiar de um regime de tributação que lhes permite pagar dividendos à sua sociedade mãe sem estar sujeitas ao pagamento antecipado do imposto sobre os rendimentos das pessoas colectivas, quando a sua sociedade mãe esteja igualmente domiciliada nesse Estado membro e recuse essa mesma possibilidade quando a sociedade mãe esteja sediada noutro Estado membro*».

O Tribunal responde portanto a esta primeira questão prejudicial (relacionada com a discriminação em função da residência), no sentido da sua jurisprudência tradicional mas tal não esgota a própria situação *sub judice* e muito menos a problemática envolvida. Porém, concluem os juízes comunitário que «*atendendo à resposta dada à primeira questão prejudicial, não é necessário responder às terceira e quarta questões*», isto é, às questões precisamente conexas com a extensão ou a multilateralização dos benefícios concedidos através de convenções fiscais bilaterais (no caso, convenções destinadas a eliminar a dupla tributação) e a eventualidade de surgirem diferenças de tratamento como resultado desses instrumentos convencionais.

Esta é uma solução que nos parece criticável e não merece o nosso acolhimento. Por um lado, esgota a questão num patamar demasiado precoce (o que não chega sequer para a própria situação em análise, em nosso entender), por outro, esquece o papel fundamental que a dinâmica jurisprudencial do TJCE pode e deve ter nesta matéria. Para além disso, este acórdão denota um evidente receio do Tribunal – por motivos de vária ordem – a penetrar no âmago desta questão, o que configura, senão totalmente, pelo menos uma certa dimensão de *non liquet*: o TJCE tem reiteradamente evitado a abordagem desta problemática, mesmo quando, como neste caso, a sua discussão se impõe como um imperativo de realização da justiça face às aspirações das partes e aos interesses em jogo.

Repare-se: o benefício do tax credit é concedido não só às sociedades mãe residentes, mas também às sociedades mãe residentes em Estados com os quais o Reino Unido tenha celebrado uma convenção bilateral para evitar a dupla tributação e preveja esse regime. Ora, a convenção em matéria de dupla tributação celebrada em 26 de Novembro de 1964 entre o Reino Unido e a República Federal da Alemanha, modificada em 23 de Março de 1970, não concede o benefício do crédito fiscal às sociedades domiciliadas na Alemanha que detenham uma participação no capital de sociedades domiciliadas no Reino Unido e delas recebam dividendos. Coloca-se, portanto, a seguinte questão: pode uma sociedade mãe residente na Alemanha receber um tratamento menos favorável (porque, como concluiu o TJCE, o "tax credit" redunda num benefício de tesouraria) em relação a uma outra sociedade mãe, quando o Reino Unido tenha celebrado uma convenção bilateral com o seu Estado de residência?

Esta questão não é aqui respondida, pois o Tribunal esgota a sua análise na discriminação indirecta em função da nacionalidade, proibida pelo Tratado. Porém, todo o tecido argumentativo levado a cabo – e que em parte expusemos atrás – deixa a ideia de uma certa distorção da questão em ordem a não abordar a temática da cláusula da nação mais favorecida.

De facto, o Tribunal de Justiça tem seguido uma linha jurisprudencial de rejeição da equiparação de residentes com não residentes, em matéria de fiscalidade. Já no Acórdão D., o TJCE, socorrendo-se do regime estatuído nos artigos 56.° e 58.° CE, concluiu que a residência do interessado pode justificar (excepto em casos raríssimos, que este não materializa) uma divergência de regulamentação quanto à concessão de certos benefícios (v.g., abatimentos potenciais) no âmbito do imposto sobre a fortuna e da fiscalidade directa em geral. O denominado Processo D. é de 2003, ancorando-se indiscutivelmente – como reconhecem os próprios juízes – numa larga tradição jurisprudencial comunitária – pelo que a decisão agora em análise se configura, em certo sentido, como uma ilha no vasto oceano. Já GABRIELA PINHEIRO afirma que *«regra geral, na área do Direito Fiscal Internacional, não é considerado discriminatório o tratamento fiscal entre um residente e um não residente por se considerar que não se encontram em situações similares».*[12]

Em nosso entender, melhor solução seria reconhecer que, de facto, a situação das sociedades mãe residentes (ou domiciliadas) no Reino Unido não é equiparável à situação das sociedades não residentes, no que toca à operação financeira de distribuição de dividendos. Porém, se esse mesmo benefício, primacialmente apenas concedido às sociedades residentes, é alargado, em função de convenções bilaterais, a sociedades mãe residentes noutros Estados membros, então esse benefício deve ser multilateralizado – isto é, alargado aos residentes em outros Estados membros – sob pena de, caso contrário, se introduzirem de forma indirecta discriminações em função da nacionalidade, proibidas pelo Tratado CE. E estaríamos então no cerne da discussão sobre a cláusula da nação mais favorecida, discussão que o órgão jurisdicional tentou precisamente evitar, acabando por distorcer, em nosso entender, a linha jurisprudencial tradicional e provocando uma autêntica denegação de justiça.[13]

Tendemos a aceitar, portanto, a existência de uma proposição jurídico-comunitária coincidente com o que tradicionalmente se denomina de cláusula da nação mais favorecida, e que nos parece derivar o Tratado CE, uma vez que as liberdades de circulação consagradas no Tratado (arts. 39.°, 43.°, 49.° e 56.° CE) se aplicam, como reiteradamente tem evidenciado o TJCE, a toda e qualquer actividade económica transfronteiriça, pois todas elas estão no âmbito de normatividade do Tratado da Comunidade Europeia.[14] De facto, apesar de os Estados serem soberanos e competentes para celebrar convenções fiscais numa matéria que não está ainda harmonizada a nível comunitá-

---

12 Gabriela Pinheiro, *A fiscalidade...*, cit., p. 165.

13 Sauvignon, E., *La clause de la nation plus favorisée*, Grenoble (1972), pp. 15 e segs.

14 V. Heydt, *Der Einflussder Grundfreiheiten des EG Vertrages auf das nationale Steuerrecht der Mitgliedstaaten und ihre Doppelbesteuerungsabkommen*, in M. Lehner (Ed.), *Grundfreiheiten im Steuerrecht der EU Staaten*, Munique (2000), p. 36.

rio, não deve prescindir de uma regulação conforme ao direito comunitário. Esta é uma das possibilidades em termos de linha jurisprudencial, que deve enquadrar-se no leque no Tribunal de Justiça, como aponta Patrícia Silveira da Cunha, hipótese na qual nos revemos:

«*O Tribunal de Justiça das Comunidades Europeias poderá considerar que, apesar de os Estados membros serem competentes para celebrar convenções internacionais em áreas em que a comunidade não é competente, tais convenções devem respeitar o direito comunitário e, designadamente, as liberdades de circulação consagradas por este. Numa situação em que um acordo internacional não é compatível com o direito comunitário, este prevalece. Assim, no âmbito do art. 43.º CE e do art. 48.º CE, as distorções resultantes da aplicação das convenções sobre dupla tributação celebradas entre Estados membros devem ser abolidas. Deste modo, o art. 43.º CE poderia ser invocado directamente de modo a obter igualdade de tratamento com outros não residentes em situação comparável*».[15]

Estamos em crer, pois, que seria esta a melhor perspectiva para abordar o problema. Melhor perspectiva não apenas no âmbito do direito comunitário consagrado, mas mesmo tendo em vista os objectivos de salvaguarda da coesão do mercado interno e a eliminação das distorções e das discriminações internas. E mesmo numa perspectiva jurisprudencial, somos levados a crer que é esta a linha que concretiza todo um esforço argumentativo e doutrinal que se iniciou na década de 80, segundo a ideia, deixada patente na jurisprudência Wielockx[16], de que poderá resultar impossível justificar uma diferença de tratamento por parte de um Estado membro em relação a dois contribuintes não residentes que residem em diferentes Estados membros, por exemplo.

Porém, mesmo do ponto de vista estrito teorético-normativo, parece-nos, ao contrário de Patrícia Silveira da Cunha, que uma proposição jurídica tal como densificada na cláusula da nação mais favorecida é já uma realidade no direito comunitário actual, tal como resulta da interpretação que ao longo as duas ultimas décadas lhe tem sido confiada quer pelo TJCE – e cotámos atrás inúmera jurisprudência neste sentido, sem obviamente esgotar o leque de análise –, quer pelos inúmeros comentários doutrinais que têm vindo à luz um pouco por toda a Europa, especialmente em matéria fiscal.[17]

---

[15] Patrícia Silveira da Cunha, "Cláusula da nação mais favorecida em Direito Comunitário", in *Estudos em Homenagem a Cunha Rodrigues*, Vol. II, Coimbra Editora (2001), p. 911.

[16] Acórdão de 11 de Agosto de 1995, *Wielockx c. Inspecteur der Directe Belastingen*, processo C-80/94, Colectânea de 1995, p. 2493.

[17] Cfr., por exemplo, o excelente estudo de Salinero, R., "Convenios Bilaterales y Armonización Fiscal en la Unión Europea", in *La armonización legislativa en la Unión Europea*, Jornadas sobre la Armonización legislativa en la UE, Março (1998), Madrid (1999).

BIBLIOGRAFIA

ALBERTO XAVIER, *Direito Tributário Internacional*, Almedina, Coimbra (1997)

CHALMERS, DAMIAN, *European Union Law – Law and EU Government*, I, Ashgate Publishing Limited, Vermont (1998)

DI MALTA, PIERRE, *Droit Fiscal européen comparé*, 1.ª ed., PUF, Paris (1995)

FREITAS PEREIRA, MANUEL HENRIQUE DE, *Fiscalidade*, Almedina, Coimbra (2005)

GABRIELA PINHEIRO, *A fiscalidade directa na União Europeia*, Coimbra Editora, Porto (1998)

GARCIA PRATS, FRANCISCO, "The evolution of income taxation under EC law requirements" in *EC Tax Review*, 2002/03

HINNEKENS, L., "Compatibility of Bilateral Tax Treaties with European Law: the rules", *in EC Tax Review* 1994, p. 154

MALHERBE, JACQUES e BERLIN, DOMINIQUE, "Conventions Fiscales Bilatérales et Droit Communautaire, in *RTDE*, n.º2 (1995)

MARIA LUÍSA DUARTE, *Poderes implícitos e delimitação de competências entre a EU e os Estados--membros*, Lex, Lisboa (1997)

MARIA MARGARIDA MESQUITA, *As Convenções sobre Dupla Tributação* in *Cadernos de Ciência e Técnica Fiscal*, n.º 179, Lisboa (1998)

MARTÍN JIMÉNEZ, ADOLFO, "Triangular cases, tax treaties and EC tax law: the Saint-Gobain decision of the ECJ" in *Bulletin for International Fiscal Documentation*, vol. 55, n.º 6 (2001)

PATRICIA NOIRET CUNHA e SÉRGIO VASQUES, *Jurisprudência Fiscal Comunitária Anotada*, I, Almedina, Coimbra (2002)

PATRÍCIA SILVEIRA DA CUNHA, "Cláusula da nação mais favorecida em Direito Comunitário", in *Estudos em Homenagem a Cunha Rodrigues*, Vol. II, Coimbra Editora (2001)

RAMON JEFFERY, *The impact of state sovereignty on global trade and international taxation*, Londres (1999)

SALINERO, R., "Convenios Bilaterales y Armonización Fiscal en la Unión Europea", in *La armonización legislativa en la Unión Europea*, Jornadas sobre la Armonización legislativa en la UE, Março (1998), Madrid (1999)

SAUVIGNON, E., *La clause de la nation plus favorisée*, Grenoble (1972)

SOUSA DA CÂMARA, FRANCISCO, "A dupla residência das sociedades à luz das convenções de dupla tributação" in *Ciência e Técnica Fiscal*, n.º 403

SOUSA DA CÂMARA, FRANCISCO, "Portugal – Pratical Issues in the Application of the Double Tax Conventions" in *Cahiers de Droit Fiscal International*, Vol. LXXXIII, Edição Kluwer, IFA (1998)

V. HEYDT, *Der Einflussder Grundfreiheiten des EG Vertrages auf das nationale Steuerrecht der Mitgliedstaaten und ihre Doppelbesteuerungsabkommen*, in M. Lehner (Ed.), *Grundfreiheiten im Steuerrecht der EU Staaten*, Munique (2000)

Normas redactoriais

1. APRESENTAÇÃO DOS ORIGINAIS

Entrega em disquete. Programa elegível: *Winword.*
A redação aceita propostas de textos enviados pelos autores. Compromete-se a uma resposta quanto à sua aceitação no prazo de 60 dias. Não se responsabiliza pela devolução dos originais não solicitados.
Endereço: Redacção de *Thémis. Revista de Direito*, Faculdade de Direito, Universidade Nova de Lisboa, Trav. Estevão Pinto, 1070-124 Lisboa.

2. LIMITES DOS TEXTOS

Ensaios: 100 000 caracteres   (= 55 pp. de 30 lin. de 60 caracteres)
Recensões: 7 500 caracteres   (= 4 pp. de 30 lin. de 60 caracteres)
Comentários: 15 000 caracteres   (= 8 pp. de 30 lin. de 60 caracteres)

3. CITAÇÕES BIBLIOGRÁFICAS

É obrigatória a observância da seguinte norma editorial, no caso de citações.

Primeiras ocorrências. Exemplos:

Frédéric Mauro, *Études économiques sur l'expansion portugaise (1500--1569)*, Paris, Gulbenkian, 1970, pp. 13 segs.

Raul Proença (ed.), *Guia de Portugal, 1. Generalidades: Lisboa*, Lisboa, Gulbenkian, 1975.

António Monteiro Alves *et alli, Apectos Recentes da Evolução do Mercado do Vinho em Portugal*, Lisboa, Gulbenkian, 1972, pp. 51-60.

Veronica Ions, *Egyptian Mythology*, London, Hamlyn, 1982.

Carlos Fabião, «Para a história da arqueologia em Portugal», in *Penélope. Fazer e Desfazer a História*, 2(1989), pp. 9 segs. (ou 9-25).

José Mattoso, *Portugal medieval. Novas Interpretações*, Lisboa, INCM, 1985, p. 105.

—, *Identificação de um País*, I. *Oposição*, Lisboa, Estampa, 1985, p. 73.

Robert Durand (ed.), *Cartulaire (Le) Baio-Ferrado du Monastêre de Grijó (XI-XIII siècles)*, Lisboa, Gulbenkian, 1971, p. 70

Paul Teyssier, «Introduction», Eça de Queiroz, *Les Maias*, I, Paris, Gulbenkian, 1971, pp. 3-39.

Ocorrências seguintes. Exemplo:

F. Mauro, *Études* cit., pp. 117 segs.

4. TABELA DE PREÇOS DE PUBLICIDADE.

A revista aceita publicidade adequada ao tipo de publicação.
Tabela de preços: Página – 1 500 €.

5. NORMAS DE EDIÇÃO

É obrigatória a observância da norma editorial da revista, a que obedece o presente número.
Explicitam-se algumas normas.
Não se fazem parágrafos nas notas.
Apenas se usa **negrito** nos títulos.
O destaque é feito pelo itálico (e não pelo **negrito** ou sublinhado).
Toda a frase deve terminar por pontuação (ponto, reticências, exclamação, interrogação).
Grafias aceites e rejeitadas:

ACEITE	NÃO ACEITE
" "	« »
".	".
não?	não ?
diz[1].	diz[2].
"3	4"
diz[5].	diz.[6]
"Esta decisão", diz Raposo	"*Esta decisão*", diz Raposo
"poder"	" poder "

6. REVISÃO DE PROVAS

A revisão de provas será feita pela redacção. Só excepcionalmente será pedida a colaboração dos autores, os quais também só excepcionalmente poderão alterar os originais entregues.

NORMAS REDACTORIAIS

7. REDACÇÃO DE THEMIS. REVISTA DE DIREITO:

Faculdade de Direito, Universidade Nova de Lisboa, Trav. Estêvão Pinto, 1099-032 Lisboa.
Tel.: 21 384 74 37
Fax: 21 384 74 71
E-mail: ifalcao@fd.unl.pt

8. PREÇOS E ASSINATURAS:

Preço deste número: € 16,00 (IVA incluído à taxa de 5%)

Assinaturas (anuais, 2 números)   Portugal: € 32,00 (inclui portes)
                    Europe: € 40,00 (including post / surface mail)
                  Overseas: € 50,00 (including post / air mail)

PEDIDOS PARA:

Livraria Almedina
Arco de Almedina, 15
3004-509 Coimbra
Portugal

vendas@almedina.net

Índice

ÍNDICE

Nota da Redacção 3

Artigos

José de Sousa e Brito, *Teoria da Justiça e Ética* 7

Zeljko Loparic, *O Problema Fundamental da Semântica Jurídica de Kant* 15

Manuel Martins, *Da Justiça e do Estado em Robert Nozick* 47

António Baptista, *A Crítica de Cohen a Dworkin* 85

Lothar Phillips, *Tû-Tû 2 – Sobre conceitos jurídicos e redes neuronais* 95

Wolfgang Däubler, *O futuro do direito do trabalho europeu – abordagem preliminar* 105

Ricardo de Gouvêa Pinto, *Globalização, pobreza e eficiência dos mercados: olhai os lírios do campo?* 117

Estado da questão

Mariana Soares David, *A Resolução de Litígios no contexto da Internet* 149

Vida Académica

Rui Nunes, *Arguição da Dissertação de Doutoramento em Direito da Mestre Helena Maria Pereira de Melo Subordinada ao Tema Implicações Jurídicas do Projecto do Genoma Humano: Constituirá a Discriminação Genética uma Nova Forma de Apartheid?* 189

João Caupers, *Arguição* 203

Carlos Ferreira de Almeida, *Ensino do Direito do Consumo* 215

Carlos Ferreira de Almeida, *O Poder dos Professores* 239

Jorge Bacelar Gouveia, *Arguição da dissertação de doutoramento do Licenciado Tiago José Pires Duarte – "A Lei por detrás do Orçamento: a Questão Constitucional da Lei do Orçamento"* 249

Comentários

André Ventura, *Reflexões em torno da cláusula da nação mais favorecida em direito fiscal comunitário* 267

Normas redactoriais 289

Índice 295